新疆大学"双一流"建设学术著作出版专项资金资助。

国家社会科学基金项目"'双碳'目标下高耗能制造业绿色转型升级研究"（22CJY057）的研究成果。新疆维吾尔自治区社会科学基金项目"高质量发展视域下新疆产业升级的战略选择、机遇窗口与创新体系研究"（编号：2023BJL046）、新疆大学哲学社会科学校内培养项目"深化新疆与中亚五国的全方位国际合作现状与对策研究"（编号：23CPY014）的研究成果。

差异化区域
创新体系构建研究

理论与实践

赵成伟　孙继红　向仙虹　李南　刘一秀　著

中国社会科学出版社

图书在版编目（CIP）数据

差异化区域创新体系构建研究 ： 理论与实践 ／ 赵成
伟等著. -- 北京 ： 中国社会科学出版社， 2024. 6.
ISBN 978-7-5227-3925-0

Ⅰ. F127

中国国家版本馆 CIP 数据核字第 2024VP4032 号

出 版 人	赵剑英	
责任编辑	许 琳	
责任校对	苏 颖	
责任印制	郝美娜	

出　　版	中国社会科学出版社	
社　　址	北京鼓楼西大街甲 158 号	
邮　　编	100720	
网　　址	http://www.csspw.cn	
发 行 部	010-84083685	
门 市 部	010-84029450	
经　　销	新华书店及其他书店	

印　　刷	北京君升印刷有限公司	
装　　订	廊坊市广阳区广增装订厂	
版　　次	2024 年 6 月第 1 版	
印　　次	2024 年 6 月第 1 次印刷	

开　　本	710×1000 1/16	
印　　张	20	
字　　数	288 千字	
定　　价	118.00 元	

凡购买中国社会科学出版社图书，如有质量问题请与本社营销中心联系调换
电话：010-84083683

序　言

当今世界，国际竞争日趋激烈，创新成为竞争的焦点。习近平总书记指出，创新是引领发展的第一动力，是建设现代化经济体系的战略支撑。党的二十大报告明确指出，要强化科技战略咨询，提升国家创新体系整体效能。我国作为世界大国，区域差异显著，因地制宜构建差异化区域创新体系是实现创新驱动发展、提升国家创新体系整体效能和提高创新竞争力的关键路径。在此背景下，《差异化区域创新体系构建研究：理论与实践》一书应运而生。

本书由赵成伟、孙继红等专家学者精心撰写，是一部深入探讨区域创新体系理论与实践的学术专著。作者凭借深厚的学术造诣和丰富的实践经验，在广泛研究国内外创新理论和实践的基础上，为我国区域创新发展提供了全面而系统的分析框架。

在理论层面，本书详细梳理了区域创新体系理论的发展演变历程，从区位理论、产业集聚到三螺旋理论、产学研理论等，深入剖析了区域创新体系的各主体（大学、政府、人才等）在创新过程中的作用与关系，以及区域创新体系的发展动力（内生动力、创新扩散、科技合作等）。通过对国家创新体系和科技创新中心的深入解读，明确了区域创新体系在国家创新战略中的地位与作用。特别是在创新要素和创新链的研究上，本书提出了构建创新要素统一大市场、畅通创新链底层逻辑的重要思路，为区域创新资源的优化配置提供了理论依据。同时，本书运用实证分析方法，以省级面板数据为基础，深入研究了异质性创新研发活动对区域创新质量的空间溢出效应，为区域间创新合作与协同发展提供了有力的数据支持和理论指导。

在实践层面，本书聚焦我国京津冀、长三角、粤港澳大湾区、东北地区、长江中游地区、黄河中下游地区、成渝地区、甘宁青（西蒙）地区、甘肃省等多个区域的创新体系建设，详细分析了各区域的创新资源分布、创新政策体系、创新发展现状、面临的挑战以及未来的发展路径。通过对各区域创新体系的深入研究，总结了成功经验，提出了针对性的政策建议，为各地政府制定创新发展战略提供了重要参考。例如，京津冀地区作为研发导向型区域创新体系，应加强协同创新，推进场景创新驱动产业与技术、研发的融合；长三角地区凭借其强大的创新要素集聚能力，应进一步深化区域一体化发展，提升创新资源开放共享水平；粤港澳大湾区以产业创新为导向，需不断完善区域协调创新体制机制，加强产学研合作，推动创新成果转化等。

新中国建立特别是改革开放以来，我国国家创新体系建设不断夯实基础、完善基本制度、健全政策环境，经历了全面、系统、快速的发展演进，未来我国国家创新体系建设需要从国际和国内两个维度推进，围绕创新核心融合，包括创新发展和协调发展融合，创新发展和绿色发展、开放发展、共享发展之间融合等，推动国家创新体系与区域创新体系协同发展。

中国科学学与科技政策研究会副理事长

前　言

尊敬的读者：

在您即将正式阅读这本专著前，请允许我向您表达最诚挚的感谢。感谢您选择这本著作，并给予我们坚定的信任与支持。

《差异化区域创新体系构建研究：理论与实践》这本专著基于"国际创新竞争加剧＋国内创新驱动不足＋区域创新差异凸出"的三维现实困境，从理论与实践双维视角，探讨中国创新体系构建中存在较大的区域差异性问题，以期实现中国创新体系要素协同与区域协同的双轮驱动发展，推动国家创新体系整体效能提升。首先，分析了差异性创新活动提升创新质量的空间溢出效应，肯定了区域创新多样性、差异化是国家创新体系的活力所在；其次，厘清了国家区域创新布局现状与存在的问题，根据区域创新资源禀赋优势特征，提出构建具有中国特色的差异化包容性创新体系思路；最后，遵循整体→局部的思维逻辑，分别构建中国 274 个地级市整体和京津冀地区、长江三角洲地区、粤港澳大湾区、东北地区、长江中游区城市群、黄河中下游地区、成渝地区和甘宁青（西蒙）地区 8 个区域创新体系差异化评价体系，根据评价结果，总结凝集具有差异化、可实践推广的政策建议与启示。

这本专著是赵成伟老师团队经过长时间的研究、探索和实践的成果。我们深信，这本专著的观点和结论对党的二十大提出的"强化科技战略咨询，提升国家创新体系整体效能"具有重要的理论与实践意义，为相关单位建言献策。在撰写该专著的过程中，团队尽可能地收集了最新的研究成果和数据，并进行了深入的分析和探讨差异化区域创新体系构建与评价问题。我们希望通过这本书，能够与读者产生学术共鸣与交流，能为大家提供提升对创新质量更全面、更深入的理解和认识。

然而，我们也深知，这本著作仍然存在诸多不足之处。我们希望读者在阅读过程中能够提出宝贵的意见和建议，以便我们在未来的研究中不断完善和提高。

最后，再次感谢您选择阅读这本专著。我们相信，这本书将为您带来新的思考和启示，为您的研究和工作带来更多的帮助和指导。

敬礼！

2024 年 6 月 26 日

编写团队

赵成伟，工学博士（后），男，山东人，新疆大学副教授、硕士生导师，自治区"天池英才"，科学学与科技政策研究会青工委理事，研究方向为科技创新、数字经济与农业科技，博士毕业于北京邮电大学，在科技部中国科学技术发展战略研究院，撰写内部报告30余篇，部分内部研究报告获得省部级领导批示，主持或参与科技部、自治区社科基金等各类课题十余项，发表各类论文50余篇，多篇论文被人大复印全文转载，出版专著3部。

孙继红，男，山东人，管理学博士，中国教育科学研究院高等教育研究所研究员、副所长，新疆教育科学研究院院长（中组部第十、十一批援疆干部），中国优选法统筹法与经济数学研究会灰色系统专业委员会常务理事，研究方向为高等教育评估、系统评价等。在 Grey Systems：Theory and Application（SCI）、Complexity（SCI）《教育研究》《中国软科学》《中国高教研究》《数理统计与管理》等期刊发表学术论文30余篇；已出版个人学术专著2部、参编著作若干；主持或参与国家社科基金、国家自然科学基金等课题项目10余项。

向仙虹，经济学博士，新疆大学经济与管理学院副教授，博士研究生导师，入选2021年新疆"天池博士"高层次人才培养计划，是中国技术经济学会环境技术经济分会理事。近年来始终围绕"资源与环境经济"展开研究，已经积累了一定的研究成果，主持承担项目13项，其中国家级1项，省部级项目5项，厅局级1项，获批3项校级教改项目；公开发表核心期刊论文十余篇；博士学位论文获评校级优秀博士论文；指导本科生、硕士生获得新疆大学优秀学位论文，指导本科生获批国家级、自治区级创新训练计划项目3项；获得校级教学成果奖（8/8）。

李南，男，湖南娄底人，新疆农业大学博士研究生，乌鲁木齐市发展和改革委员会国民经济综合科科长，新疆宏观经济与体制改革学会会员，研究方向为：区域经济、农业机械化等。参与省部级课题5项，主持地市级课题1项，参编专著若干，撰写经济领域专题研究报告多次获得省部级领导批示。

刘一秀，女，新疆大学商学院研究生，研究方向为科技创新、数字经济与农村科技，本科毕业于河北农业大学。

本书由赵成伟、孙继红、向仙虹、李南和刘一秀全文统筹撰写，其中，赵成伟负责第一、二、四、五、十一、十三和十五章，孙继红负责第六、十章，向仙虹负责第三、七、十二章，李南博士负责第八、九章，刘一秀负责第十四章。除此之外，还有翟瑞瑞副教授为第三章、李文雅为第十一章、夏丹尼为第十三章、王亚鑫和李俊兰为第十四章做出了巨大贡献。

目　　录

理 论 篇

实 践 篇

理论篇

第一章 绪论

本章首先分析了国内创新发展的现状和趋势，阐述了本研究的背景和意义，然后介绍了主要的研究内容和研究方法，最后总结了研究的可能创新之处。

第一节 研究背景

一 国际趋势

世界格局正在深度调整，创新范式发生深刻变化，全球范围内重大创新呈现新的趋势。

（一）全球竞争加剧，我国面临"双重挤压"

国际金融危机以来，世界格局正在深度调整，发达国家推动制造业回归，德国的"工业4.0"、美国的"再工业化"、日本的"再兴战略"、韩国的"新增动力战略"等正在积极实施。一方面，发达国家新一轮贸易保护主义抬头，美欧等发达国家开始重新重视制造业发展，如美国实行大规模减税计划，试图吸引制造业回流。我国部分创新型企业进入技术前沿，与国外的差距逐步缩小，局部实现赶超，引进技术的可获得性降低。另一方面，周边发展中国家利用低成本优势，积极参与全球产业再分工，承接产业及资本转移，我国部分劳动密集型企业向外转移。新的形势下，依靠大规模低成本要素投入和低价竞争的发展模式不可持续，必须转变经济发展方式，依靠技术进步、劳动者素质提高和创新，提升发展质量和效益，培育经济增长新动能。

（二）全球创新范式发生改变

当今全球创新范式发生深刻改变，正由线性范式（创新1.0）、系统范式（创新2.0）向生态系统（创新3.0）范式转变。以跨国公司为主导的全球技术创新网络、以大学为主导的全球知识创新网络与地方创新系统叠加耦合，交织成立体化的"全球—地方"创新网络。① 当今的创新更注重网络化、多主体之间的协同创新，创新行为进一步呈现泛化性，创新资源逐渐由"地方空间"向"流动空间"转变，创新空间格局也呈现由等级化向网络化的演变趋势，创新过程越来越多地表现为涉及多个创新主体的多向、迭代的过程，以及不同地域间的跨区域协同创新。

（三）全球范围内重大创新呈现集聚趋势

基于数字技术、创新平台、网络经济等的先发优势效应，全球科技创新出现大科学、大平台、大投入等趋势，重大原始创新越来越向少数核心城市聚集，越来越需要横向、纵向的合作。在全球产业链分工背景下，没有"创新高地"和"创新尖峰"，就难以掌握创新的主动权和全球价值链分配的主导权。"区域经济一体化"不再局限于共享资源、共建平台、共同市场，而是强调共同打造"创新高地""创新尖峰"或"极点"。

二　国内视角

处于新发展阶段，贯彻新发展理念，构建新发展格局，必须更多依靠创新驱动。

（一）从理论上看，科技创新驱动双循环新发展格局是演化发展经济学的提升

通常认为产业政策一般是指国家层面或地方政府为实现一定的经济

---

① Lucas R., "On the Mechanics of Economic Development", *Journal of Monetary Economics*, 1988, p. 22.

调控目标，而有意识地采取一系列整体或者局部、直接或者间接、支持或限制性涉及流通过程中"价、税、财"等经济领域政策总和，一般包括选择性产业政策和功能性产业政策。针对产业政策的研究存在后古典经济学和演化经济学两种不同的理论范式，即比较优势理论和技术赶超理论。早期，我国便是基于比较优势理论，大力发展劳动密集型产业赚取外汇，大力引进外资和先进技术，虽然在一段时间内经济得到了飞速发展，但是，环境污染、贫困的恶性循环、贫富分化等一系列问题逐渐显现。①

在未来的"十四五"时期，国家产业政策的理论基础应该是技术赶超理论而非比较优势理论，通过技术赶超，实现科技创新驱动"内涵型"增长，推动形成双循环。熊彼特是最早系统研究创新理论的代表人物之一，他认为创新首先是一种基于"求异"的思维活动，将创新的概念由技术创新（质变）扩展到了"生产要素"与"生产方式"的重新排列组合（量变），即创新不仅包括科学发现和技术发明，还包括开发新产品、引入新生产方式、开辟新市场和建立新组织结构等，此外，他还比较关注企业家在创新方面的作用，认为创新是解决生产要素报酬递减和资源稀缺瓶颈问题的有效手段。② 波特发展了熊彼特创新理论在产业发展方面的应用，他认为以自然资源和人力资源要素巨大消耗为代价的要素驱动方式、以大规模资本投入为代表的投资驱动方式的驱动力具有相当的脆弱性和不可持续性，而技术创新意愿与技术创新能力的持续发挥能带动技术的溢出效应，是国家和区域的竞争优势所在。③ 事实证明，以直接购买、破译模仿、集成优化、原始研发等为代表的技术赶超理论为基础的演化发展经济学更适合我国的发展范式，④ 特别是像我国这样

① 杜勇宏、王汝芳：《基于研发枢纽——网络的京津冀协同创新效果分析》，《中国流通经济》2021 年第 5 期。

② Schumpete J. A. , *Capitalism, Socialism and Democracy*, London：Routleduge, 2013.

③ Porter M. , "The Competive Advantage of Nations", *Harvard Business Review*, Vol. 68, No. 2, 1990, pp. 73 – 91.

④ 曹霞、于娟：《创新驱动视角下中国省域研发创新效率研究——基于投影寻踪和随机前沿的实证分析》，《科学学与科学技术管理》2015 年第 4 期。

的超大型发展中国家，以自主创新为基础的产业链、供应链和价值链能否全面升级是我们"十四五"时期面临的新挑战。

（二）从实践上看，科技创新驱动引领新发展格局是必由之路

党的十九届五中全会着力提出"要畅通国内大循环，促进国内国际双循环"，强调"以创新驱动、高质量供给引领和创造新需求"。这是一项既顾及当下又思虑长远的规划谋新，是我国发展强大国内市场、构建新发展格局的战略指针。科技创新正成为我国经济发展的重要动力，必须抓住这个"牛鼻子"，打通国内国际双循环之间的"转化链"，从而推动我国经济实现高质量发展。目前基于"中国威胁论"的过度渲染，中国的崛起发展受到其他世界大国的关注，一些国家基于既得利益和政治短见，对我国的发展虎视眈眈和百般阻挠。尤其是新冠疫情在世界范围内暴发，加剧了国际局势的复杂性、不确定性，在保护主义上升、世界经济低迷、全球市场萎缩的外部环境下，走以国内大循环为主的国内国际双循环新发展格局的发展道路是党中央顺应时代要求所作出的战略深化和战略再定位，是我国步入高质量发展阶段、解决新时期面临的各种中长期矛盾的重要战略举措。

经济发展动力必须由要素驱动转向创新驱动。[①] 从国内来看，支撑发展的条件发生变化，传统发展动力不断减弱，出现了如下问题：劳动力、资源、土地等要素的成本增加，低成本优势减弱；自然资源和环境容量已经接近于警戒红线，长期积累的环境欠账亟待解决；人口老龄化趋势显现，新增适龄劳动人口增长放缓，人口红利下降。我国许多行业大而不强，中低端产能过剩，中高端产品有效供给不足，难以满足人民群众日益增长的多样化需求。

加快科技创新是推动高质量发展的需要、是实现人民高品质生活的需要、是构建新发展格局的需要、是顺利开启全面建设社会主义现代化国家新征程的需要，现在，我国经济社会发展和民生改善比过去任何时

---

① 吕薇：《新时代中国创新驱动发展战略论纲》，《改革》2018 年第 2 期。

候都更加需要科学技术解决方案。我国已进入高质量发展阶段，多方面优势和条件更加凸显，国内需求潜力巨大。正如习近平总书记指出的，"我国经济潜力足、韧性强、回旋空间大、政策工具多的基本特点没有变"。从国民层次上讲，我国拥有1亿多市场主体和1.7亿多受过高等教育或拥有各类专业技能的人才，还有包括4亿多中等收入群体在内的14亿人口所形成的超大规模内需市场；从工业基础上讲，我国具有全球最完整、规模最大的工业体系、强大的生产能力、完善的配套能力，正处于新型工业化、信息化、城镇化、农业现代化快速发展阶段，投资需求潜力巨大。所以，我国走以科技创新为驱动的双循环新发展道路必将实现后发赶超。

三 区域视角

（一）构建差异化区域创新体系是提升国家创新体系整体效能的重大实践

党的二十大报告进一步指出了"健全新型举国体制，强化国家战略科技力量，优化配置创新资源，……提升国家创新体系整体效能"的明确路径。区域创新体系是国家创新体系的重要组成部分，通过构建差异化的区域创新体系，可以有效提升我国国家创新体系整体效能。随着我国逐步迈入创新型国家行列，科技创新事业发生了整体性、格局性的重大变化，对于国家创新体系建设的要求也从完善结构转变到提升整体效能。习近平总书记在多次讲话中强调，我国原始创新能力还不强，创新体系整体效能还不高。在此背景下，应通过不同等级创新体系的完善，构建梯次型、体系化的创新体系，从而达到提升国家创新体系整体效能的目标，以增强国家整体竞争力。区域创新体系是国家创新系统在区域层次的延伸和体现，完善区域创新体系有利于国家创新战略的实现。而像我们这样的发展中大国，在区域层面构建差异化的创新体系是最为合适的尺度。

（二）差异化区域创新体系从"效"和"能"两个维度提升国家创新体系整体效能

共性与个性关系是马克思主义矛盾问题（对立统一规律）的精髓。一个大的系统包括各子系统及各组成元素，各组成部分之间既存在个性又存在共性。一个系统要实现良性循环、整体效能最大，必须实现系统各部分个性与共性的相统一。国家创新体系"效能"是综合性概念，"能"反映的是国家创新体系的结果绩效，体现了国家创新体系的能力水平；"效"反映的是国家创新体系的过程绩效，体现了国家创新体系运行过程中的有效性。差异化区域创新体系构建（个性）着眼于国家创新体系的"效"，区域创新体系的分析框架（共性）更关注国家创新体系的"能"。一方面，国家创新体系各主体应形成各司其职、充分协同的系统结构，推动"体系化能力"提升；另一方面，各主体优化自身结构应以提升自身能力，推动"重点突破能力"提升。基于国家创新体系结构维度，系统功能是由系统结构决定的，结构是功能的基础，良好的功能需要合理的结构来提供，国家创新体系的功能实现也与其结构布局休戚相关，即差异化的区域创新体系。从现有区域创新体系的理论来看，区域创新体系的构建更关注地理、制度及技术的邻近性。

第二节　研究目的

改革开放至今已40多年，中国不断进行经济结构调整，开始由工业化单引擎的发展方式转向工业化与城市化双引擎的共同发展，这一转变带来突破性的经济高速增长。[①] 经过40年的高速增长，中国已经成功解决了"有没有"的问题，由高速增长阶段转向高质量发展阶段，[②] 发展方

---

① 经济增长前沿课题组：《经济增长、结构调整的累积效应与资本形成——当前经济增长态势分析》，《经济研究》2003年第8期。
② 张茂榆、冯豪：《城市群政策助推经济高质量发展的机制研究——基于四个国家级城市群的经验证据》，《经济问题探索》2021年第9期。

式、产业结构、科技水平和增长动力已发生重大变化,[1] 所以,当务之急在于解决"好不好"的问题。吕薇等认为,总体看,我国创新发展进入新阶段,科技水平从跟踪为主转向跟跑、并跑、领跑并存,战略重点从点的突破转向整体能力的提升;创新主体从科技人员为主转向社会参与;创新方式从引进消化吸收和集成创新为主转向原始创新,从相对封闭走向更加开放,产业价值链从中低端向中高端升级。[2] 因此,针对我们这样一个大国,实现创新驱动的最终目标是要因地制宜建立多层次、具有特色的区域创新体系,从而打破行政区划限制,促进创新资源的跨区域共建、共享,推动多样化的区域创新中心和平台建设,为推进京津冀协同创新提供可操作的政策建议及前瞻性指导。

本研究在相关文献和数据整理的基础上,试图回答区域创新的动力是什么?区域创新体系与国家创新体系到底是什么样的关系?差异化区域创新体系构建的理论话语体系发展情况如何?针对我国的发展实践,如何构建差异化区域创新体系?如何构建差异化区域创新体系,才能便利我国的 31 个省份?推动差异化区域创新体系构建的路径选择和具体政策建议是什么?能够为在全国范围内推进区域协同创新带来什么可借鉴的经验?作者带着这些问题开展本研究。

第三节 研究意义、内容和方法

一 研究意义

在理论价值层面,第一,本研究将进一步丰富完善区域创新体系理论,并促进其本土化发展。第二,丰富了国家创新体系理论和区域创新体系理论,有助于打开区域创新体系作用于国家创新体系的路径"黑箱",厘清各不同区域创新体系之间,以及区域创新体系与国家创新体

---

[1] 赵志耘:《创新驱动发展:从需求端走向供给端》,《中国软科学》2014 年第 8 期。

[2] 吕薇、马名杰、戴建军、熊鸿儒:《转型期我国创新发展的现状、问题及政策建议》,《中国软科学》2018 年第 3 期。

系之间的复杂关系，打通创新系统论中宏观层面与微观层面的理论衔接，推动区域经济理论在创新领域的发展。

在实践价值层面，第一，本研究将进一步差异化指导创新资源布局。基于各类创新中心、基地（平台）、开发区和园区等国家区域创新布局的重要手段，促进区域间产业协调发展，实现创新驱动。第二，为区域创新发展提供了系统的分析框架，缩小区域差异。在识别差异化区域创新体系的基础上，总结创新发展较好区域的发展经验，指导欠发达地区实现创新驱动发展，以提升我国国家创新体系整体效能。

二 研究内容

本研究分为理论篇和实践篇两个部分，包含 15 章的内容。第一部分为实践篇，包含前 5 章，主要探讨区域创新体系理论，包括差异化区域创新体系构建的理论分析和实证分析。后 10 章具体探讨了我国 10 个区域创新体系的发展实践。

三 研究方法

（一）文献归纳和系统分析相结合

本研究采用文献归纳法对科技创新机理、科技创新效率、科技创新能力、科技创新溢出效应及协同创新的研究现状进行梳理和归纳，在此评述已有研究的贡献及其不足之处。区域创新系统是一个复杂的"技术—经济—社会"系统，必须运用系统分析的方法，来研究京津冀区域创新系统。

（二）规范分析和实证分析相结合

1. 熵值法。熵权法属于确定指标体系各项指标权重的常用方法，属于客观赋权法，即根据指标变异性的大小确定评价指标体系权重。通常来讲，某个指标的信息熵越小，表明该指标变异程度越大，所能提供的信息量就越多，在综合评价中所能起到的作用也越大，其权重也就越大，相反，指标权重也就越小①。

2. 熵权法。考虑到区位熵是目前考察区域差距和区域发展不均衡常用方法，主要用于衡量某一区域要素的空间分布情况。区位熵又称专业化率，反映某一产业部门的专业化程度，以及某一区域在全国的地位和作用等情况。

3. 引力模型法。Reilly 最早于 1929 年将万有引力应用到经济学领域，城市联系强度是城市间空间相互作用力大小的表征，遵循距离衰减规律，可借用引力模型来衡量，即牛顿万有引力公式，构建经济联系强度模型，综合考虑人口数量、地区生产总值和城市间距离三个因素进行分析②。城市间的经济流的强度最能反映城市间的密切联系程度，表示中心城市对周边城镇的经济辐射力和周边城镇对中心城市辐射力的接受能力。城市间经济联系强度的大小也反映出城市之间经济流的频繁程度，实际上是一种基于等级规模、时间/空间距离对区域创新联系进行刻画的方法。

4. 社会网络分析方法。③ 为区域创新网络空间关联的研究提供了包括网络密度、中心度分析、凝聚子群分析在内的系列指标，主要从整体网络特征、个体网络特征与网络结构特征三个维度进行考察分析。

（三）动态分析与静态分析相结合

区域创新系统本身就是一个动态发展的过程，因此，无论理论分析还是实证分析，都需要在动态过程中进行考察和验证。本研究前 4 章为理论篇，主要从静态的方法分析区域创新体系的现状；后 10 章为实践篇，力求完整全面地分析 9 个区域创新体系的具体实践情况，又对其若干静态的试点截面加以研究，分析在特定时期内各区域之间协同创新的差异性及相互关系。

---

① 刘冬梅、赵成伟：《东北地区建设区域科创中心构想》，《开放导报》2021 年第 6 期。
② 刘冬梅、赵成伟：《成渝地区建设全国科创中心的路径选择》，《开放导报》2021 年第 3 期。
③ 李琳、牛婷玉：《基于 SNA 的区域创新产出空间关联网络结构演变》，《经济地理》2017 年第 9 期。

（四）区域创新体系方法

该方法大量借鉴欧洲市场经济国家区域经济实证研究，认为创新过程就是区域、国家和全球层面的各类网络和创新体系的一部分，有效补充了工业区、区域集聚和产业集聚等概念，挑战并替代了线性创新模型、演化经济学和制度推理，并成为分析和决策的替代性方法。

（五）实地实验室（Living Lab）方法

Living Lab 是需求导向的融合创新的重要政策工具，注重场景驱动创新，是通过用户与各类创新主体充分参与的创新网络和创新技术精准对接，来引导和推动创新。具有开放式创新、社会引导式创新等特征，要求创新过程需要更加接近应用场景。

（六）集群演化方法

集群是区域创新体系中必不可少的一部分，吸取了部分演化经济地理学的有益成分，只有考虑到特定区域的知识基础设施、制度设置、文化层面和政策行动，才能理解区域集群的出现和进一步演化，区域创新体系在很大程度上是随着集群的发展而共同演化的。

第四节　可能创新之处

一　基于知识管理方面知识库方法的视角

在以内循环为主体的双循环新发展格局背景下，区域创新发展可有效助推内循环，强调创新驱动的内生动力，并抓住了区域发展核心问题——区域知识基础设施。尝试以全新的视角，提出科学（分析）型、工程（综合）型和符号（艺术）型三类知识库，顺应全球创新发展趋势，补充了基于艺术的符号型知识库。

二　采用创新体系方法

将区域创新体系视为一种方法，将创新置于经济增长的中心，首次把创新引入多行为主体和组织之间的交互学习过程中，突破了以往"从基础研究经应用研究，再到产品和新工艺"的单向创新线性模型，实现对新的和现有知识、技能和资源的重新组合，能有效解决跨空间的创新活动和经济发展不均衡问题，克服了比较优势理论局限于狭隘市场，而忽视了技术变革和创新以及竞争力优势的弊端。所以，知识库越广泛和多元化，创新的应用范围就越广。

三 构建了差异化区域创新体系

结合现有重大区域规划和城市群、都市圈发展规划，以及各区域的创新发展现状，对现有的 31 个省份提出区域创新体系分类的研究假设，减少了科学研究的盲目性，然后在多种方法的组合下，识别现有区域创新体系。

四 优化区域创新布局

本研究将进一步差异化指导创新资源布局。基于各类创新中心、基地（平台）、开发区和园区等国家区域创新布局的重要手段，促进区域间产业协调发展，实现创新驱动。

第二章　理论与文献综述

第一节　区域创新体系理论的发展演变历程

关于区域创新体系发展的历程，与之相关有最早的区位理论，到后来关系更为密切的产业集聚理论、三螺旋理论、产学研理论等，最终发展到现在的区域创新体系理论。

一　区位理论

区位论有三个分支理论，分别是农业区位论、工业区位论和市场区位论，这三个分支理论中，主要关注单独地理位置对产业发展的影响变化，虽然都具有一定的局限和欠缺，但是，综合起来就能够较好地解释路径变化特点。

（一）农业区位论

杜能的农业区位论对于农业时代的城市功能疏解路径有较强的解释力，他从运费和地租的角度研究农业生产者区位选择，建立"杜能环"（参见图2-1）解释农业时代生产者的"环状"疏解路径，这一疏解路径的动力来自运费和地租。

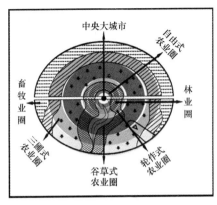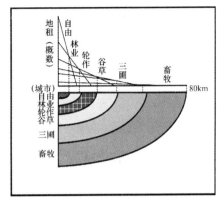

图 2 - 1 杜能环

（二）工业区位论

韦伯的工业区位论对于工业时代的城市功能疏解路径有较强的解释力。有别于农业区位论的是，韦伯并没有将运费视为最重要影响因素，而是将其纳入一般决定因子中，特殊区位因子是气候、环境等。一般因子适用于所有类型工业生产，而特殊因子针对特殊工业生产。他认为工业区位形成有三个阶段：第一阶段运费是最重要的决定因素，工业企业会选择运费最低的区位，并形成初步的工业分布格局。第二阶段决定性因素变为员工工资，但对于企业区位选择起到调整作用，并不会影响工业区位整体布局，此阶段工资较低的地区对工业企业吸引力更强。第三阶段的决定性因素为聚散指向原则，即工业生产企业会考虑规模集聚或分散的经济效益是否大于企业迁出低运费区所增加的运输成本，再决定企业是集聚移动还是分散移动（参见图 2 - 2）。

（三）市场区位论

市场区位论是由德国科学家 Losch 提出，它的出现是由于经济发展进入市场经济时期，农业区位论和工业区位论都已经不能完全解释新时期城市功能疏解的路径特征。Losch 于 1940 年出版的《经济空间秩序》

完善了 Weber 的区位论。[①] 有别于 Weber 的最低成本原则，Losch 认为企业区位选择遵循最大利润原则，不仅要考虑选址的成本，更要考虑收益、供给和需求等因素。这些市场因素是区位形成的决定性因素，同时 Losch 的区位论认为市场的布局为"蜂窝"状，而非工业区位论中的"点"状（参见图2-3）。

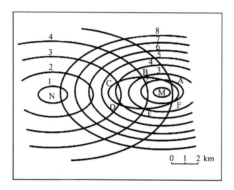

a

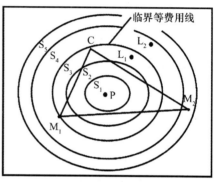

b

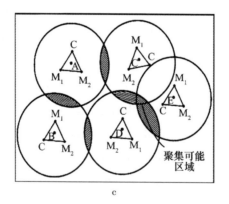

c

图2-2　Weber 的"工业区位"选择变化

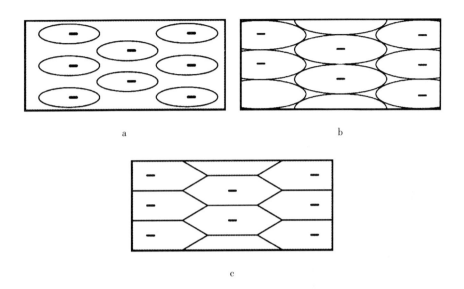

图2－3　Losch 市场区位论中组织的发展过程

二　产业集聚

20 世纪 80 年代，第三意大利等新兴经济增长区域引起学界对地方中小企业合作网络和协同创新的关注，引发了产业集群（Industrial Cluster）和区域创新体系（RIS）等研究热潮。哈佛大学教授迈克尔·波特指出："产业集群是竞争且合作的相互关联的公司，专业供应商、服务提供者、相关产业的公司，以及有关机构在地理上的集聚。"[①] 产业集群是一个产业柔性化的耗散结构系统，其创新系统比企业和产业在创新上更注重群体行为和效应。"产业集群化是现代区域经济改革的新亮点，深刻反映出不同地域的经济基础和特点，能够全面提升地域先天'资源'的效能，直接改善地域经济环境。"正因为如此，当前产业集群已经成为我国区域创新体系的主要载体。19 世纪末 Marshall 的产业区（Indus-trial District）理论认为，产业集聚能起到推进外部经济和促进知识共

---

① Michael E. Porter, "Clusters and the New Economics of Competition", *Harvard Business Review*, Vol. 6, 1998, p. 77.

享的作用，并引发了区域协同创新的研究。[①]

具体到产业集中的重要组成部分产业链的前端，即研发、创新能够获取产品利润的40%，产业链后端，即品牌、销售、售后能够获取全部利润的50%，相比之下，作为产业链的中间环节，生产制造仅能获取总利润的10%。[②]

三　三螺旋理论

Etzkowitz 和 Leydesdorff 提出的三螺旋创新系统，是知识经济的自组织形式，构成了产学研协同创新理论的重要组成部分。三螺旋理论由美国遗传学家理查德·列万廷（Richard Lewontin）在《三螺旋：基因、生物体和环境》一书中最早提出，并对它的思想精髓进行详细阐述。亨瑞·埃茨科维兹（Henry Etzkowitz）首次把三螺旋理论引入经济学领域，提出政府、企业和大学之间的三螺旋动力理论，并用于揭示知识经济时代各种创新主体之间的新关系，深化了对创新结构理论的研究。[③] 勒特·雷德斯道夫（Loet Leydesdorff）阐述了该模型的理论系统，提出三螺旋模型结构由知识生产机构、企业和产业部门、不同层次的政府部门组成，这三个部门在知识创造与传播、技术产生与应用、职能协调与互动中，最终孕育出一种新型的知识创新体系。三螺旋理论认为，在知识创新驱动下，产业、科研院所、政府这三方应相互协作、相互影响，促进知识生产与传播、技术转化与产业化及技术进步，推动创新系统动态螺旋上升，[④] 它强调创新主体的合作关系、知识技术的跨界流动、创新群体的共同价值等。

---

① Marshall A. , *Principles of Economics*, London：Macmillan, 1890.

② 黎梓生：《全球价值链视域下农业产业集群升级的作用机制与推进路径》，《农业经济》2021年第10期。

③ Henry Etzkowitz, *Academic Industry Relations：A Sociological Paradigm for Economics Development*, Boston：Harvard Business School Press, Vol. 4, 1997, pp. 38 – 41.

④ Loet Leydesdorff, *The New Communication Regime of University*, *Industry and Government Relations*, New York：The Free Press, Vol. 9, 1997, pp. 106 – 117.

　　埃茨科维兹和雷德斯道夫是最早提出三螺旋理论的学者，该理论是知识经济的一种创新结构理论，是协同创新理论的重要组成部分。埃茨科维兹首次把三螺旋理论引入经济学领域，分析政府、企业和大学之间的动力学关系，用于揭示知识经济时代各种创新主体之间的关系。① 雷德斯道夫阐述了该模型的理论系统，提出三螺旋模型结构由知识生产机构、产业部门、不同层次的政府部门组成，是通过大学、企业、政府三方之间的相互协作，在知识创造与传播、技术产生与应用、职能协调与互动中，最终孕育出的一种新型知识创新体系，能够助推创新系统螺旋式上升。② 三螺旋理论强调创新主体的合作关系、知识技术的跨界流动、创新群体的共同价值等。③ 另外，基于经济社会发展的现实，还有一些学者在三螺旋理论的基础上提出四螺旋理论等。

四　产学研理论

　　目前产学研协同创新俨然成为国家推动教育改革、提升科技生产力以及推动产业发展的重要路径和攻坚难点。基于目前国际竞争形势日益加剧和高新技术更新换代不断加速的大背景，所有朝着世界科技强国目标迈进的国家，都极力鼓励本国企业与科研院所进行深入交流，进而提高科技创新效率以及增强产品和技术竞争力。当前，产学研合作已经成为推动技术创新和技术进步的重要模式。

（一）产学研协同创新的发展变迁

　　产学研协同创新是产学研合作的高级形式。产学研协同创新是指高校、科研机构、企业等技术创新的上、中、下游相互对接，实现资源共享、优势互补，组成利益共同体，开展科技创新研发，实现成果转化，

---

　　① 黎梓生：《全球价值链视域下农业产业集群升级的作用机制与推进路径》，《农业经济》2021 年第 10 期。

　　② Henry Etzkowitz, *Academic Industry Relations: A Sociological Paradigm for Economics Development*, Boston: Harvard Business School Press, Vol. 4, 1997, pp. 38 – 41.

　　③ Loet Leydesdorff, *The New Communication Regime of University, Industry and Government Relations*, New York: The Free Press, Vol. 9, 1997, pp. 106 – 117.

共享利益，共担风险。随着技术发展和创新形态演变，政府在创新平台搭建中的作用逐渐显现，用户在创新进程中的特殊地位也进一步凸显，未来，知识社会下的协同创新体系会从"产学研"向"政产学研用"，再向"政用产学研"协同发展方向转变。产学研协同创新体系以实现关键共性技术突破的产学研高度协同创新为目标，通过各类创新要素在技术创新的上、中、下游的各类组织循环流通，实现协同发展，具体如图2-4所示。

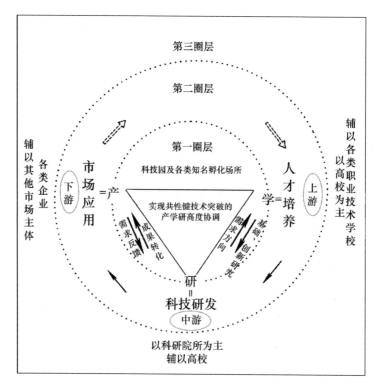

图2-4 产学研协同创新体系

资料来源：作者根据相关逻辑绘制。

（二）产学研协同创新的动力

产学研协同创新发展的推力主要来自两个方面：一是外部推力，主要由政府通过产业政策调控，例如中国、日本和韩国等亚洲国家；二是内部驱动，主要靠各参与方内在利益驱动，例如美国和少数欧洲国家。

（三）产学研协同创新的理论基础

在产学研合作研究的初步探索阶段，由于产学研模式刚刚兴起，外加缺乏相应的研究人员，所以学术界对产学研协同创新基础理论的研究少之又少。在后期的研究中，学者发现熊彼特的创新理论具有一定的适用性，成为产学研的基本理论基础之一。除此之外，罗杰斯等的创新扩散理论也是产学研合作研究的理论基础，在当时也引起了产学研研究者的广泛关注。① 纳尔逊、温特提出的经济变迁的演化理论成为产学研协同创新领域的重要理论支撑。② 随着学者在这一领域研究的不断深入，相关研究进一步深入技术、知识等基础层面。例如，Jaff 和 Etzkowitz 在其代表性文献中都把微观层面的知识溢出作为企业技术创新和生产率提高的主要驱动力。

（四）产学研协同创新与高新技术产业密切相关

相对而言，产学研协同创新的产生与高新技术产业的发展密切相关，这是因为这些产业更迫切需要通过产学研合作来创新和发展。各行各业都离不开技术的创新，也离不开产学研的合作。从高端的航天航空行业、电子芯片行业，再到生物医药行业、机械行业，甚至是农业，同样需要产学研的合作与支持。另外，国家的发展也离不开产学研的合作与支持，企业通过产学研合作不断提高技术含量，可以更好地增加国家的 GDP 收入，提升国家的综合实力。以美国为例，在 1980 年左右，美国政府出台了扶持企业与高校合作的政策，以促进产学研合作的升华。在此大背景下，美国的工业得到了更有力的发展，企业的实力也有了质的飞跃。除了美国以外，日本也是产学研合作收益大的国家之一。20 世纪 90 年代后，我国也愈发重视产学研的发展与研究，加强企业和各高校、各科研院所之间的联系，这对于科研成果的转化有着不可估量的作用。

---

① Rogers, Everett M., *Diffusion of Innovations*, New York: The Free Press, 1995.

② Nelson R., Winter S., *The Theory of Economic Development*, Boston: Harvard University Press, 1982.

　　以斯坦福大学为主要依托的美国硅谷，在第三次世界科技工业革命的强大推动下迅速崛起，充分证明产学研协同创新是推动社会经济发展的强大动力，并由此形成了产学研协同创新的"硅谷模式"，充分发挥了大学教育服务经济社会的功能，并推动技术产业界与学术界之间结成合作伙伴关系。"硅谷模式"一直到现在依旧是中国和其他各国争相学习的重要对象，推动了世界范围内产学研合作创新实践浪潮的迅速崛起，科研院所、相关行业科学技术机构、高科技研发企业以及科学研究型大学等都是该合作模式的重要应用主体。在国家战略层面上，美国是现代产学研各方合作的成功典范，具体如表2－1[①] 所示。

表2－1　　　　　　国外产学研合作关系典型表现形式与主要特点

国别	主要模式	特征
美国	科技工业园	政府、企业或大学建立，服务于已经存在的公司
	专利许可和技术转让	受到法律的保护并有利于其发展，大学科研创新成果产业化
	企业孵化器	由政府或大学建立，培养新型创新企业
	高技术企业发展	科技成果被大学进行产业化，高科技企业因此被创造出
	合作研究中心及工程研究中心	企业的发展需求被大学用来当作研究项目
日本	委托研究	企业不允许派人参加，只是为其提供研发资金
	共同研究	效仿了美国科技工业园
	科学城	企业不派人员参加，只提供研发资金
德国	合作研究中心	集基础研究和应用研究为一体
	联合	以政府主导，类型以应用技术研究为主
	技术转移中心	由政府兴建，主要为企业服务，特别是为中小企业服务

资料来源：作者根据相关资料整理。

---

　　① 李砚忠、赵成伟：《产学研协同创新的发展变迁、实践价值与路径选择》，《科技中国》2021年第1期。

五　其他相关的理论

（一）网络资本理论

Huggins 最早提出了"网络资本"（network resource）概念，① 认为网络主体通过网络关系能够获取知识、信息等创新要素，进而提高预期创新效益；② 并将网络视为和物质资本、人力资本、R&D 资本同等关键的资本投入，纳入区域经济增长模型；③ 随后，其对英国知识网络的实证分析指出，网络对创新绩效的影响存在区域异质性，网络资本应成为衡量区域创新能力的重要指标。周灿等认为以企业、高校、科研机构为节点的网络结构分析研究过于强调城市内合作关系，而过度依赖本地知识网络会导致节点的知识冗余，而以城市为节点的创新网络研究，表征了节点从区域外部获取异质性知识能力，所以城市在创新网络中位置结构差异而形成的网络资本空间格局与城市创新能力空间分布具有一致性，并基于网络资本理论，选取社会网络分析方法中的网络中心性和网络结构洞等指标，间接测度城市的网络资本，得出了结构性网络资本与城市创新能力具有显著相关性，但是该研究缺乏对网络如何影响城市创新内在机理的探讨，而且对网络资本衡量的指标构建也不够完善。④

（二）区域经济韧性理论

区域经济韧性的研究发轫于西方，最初是评估区域抗冲击能力的理论工具，主要用来衡量经济主体抵抗危机、从危机中恢复、自我更新、重新定位的能力。学界对区域创新能力能够强化经济韧性已经达成了较

① Huggins R., "Forms of Network Resource: Knowledge Access and the Role of Inter-firm Networks", *International Journal of Management Reviews*, Vol. 12, No. 3, 2010, pp. 335 – 352.

② Huggins R., Thompson P., Johnston A., "Network Capital, Social Capital, and Knowledge Flow: How the Nature of Inter-organizational Networks Impacts on Innovation", *Industry and Innovation*, Vol. 19, No. 3, 2012, pp. 203 – 232.

③ Huggins R., Thompson P., "A Network-based View of Regional Growth", *Journal of Economic Geography*, Vol. 14, No. 3, 2014, pp. 511 – 545.

④ 周灿、曾刚、曹贤忠：《中国城市创新网络结构与创新能力研究》，《地理研究》2017年第 7 期。

广泛的共识。近年来国内研究进一步探究了创新对多样化集聚和区域经济韧性关系的中介作用。郭将、许泽庆认为多样性对区域经济韧性的作用随创新水平的变化呈现门限效应;[①] 徐圆、邓胡艳提出多样化集聚能够通过激发创新提高经济韧性。[②] 数字经济不仅提高了城市创新能力,而且实现了对经济韧性促进经济高质量发展的调节效应。[③]

Martin 提出的区域经济韧性测度方法[④]被广泛认同,经济韧性计算公式为:

$$Resit = |\ \Delta Yit\ - \Delta Eit\ |\ / \Delta Eit \tag{2-1}$$

其中,ΔYit 为省份 i 在 t 时期实际的 GDP 增长速率,ΔEit 表示根据全国平均值计算的预期 GDP 增长速率。$Resit$ 数值越大表示经济韧性越大。当 $Resit$ 大于 0 时,表示该省份经济韧性高于全国平均水平;反之,表示该省份经济韧性低于全国平均水平。

六 区域创新体系

创新体系以国家、区域、技术、行业划分,有三大核心要素,即行为主体、网络和制度,与产业集群、产学研理论有着千丝万缕的联系。随着创新范式的改变,产业创新越来越需要高校、政府等部门参与。而基于产学研理论的产学合作,打开了学术与产业之间的"旋转门",推动了人员、知识、技术、资本等在两者间的自由流动。

区域创新体系(RIS)作为一个正式概念,最早由英国经济学家库克(Philip Cooke)教授于 1992 年提出,并且对其进行较为全面的理论与实证研究,认为是"地理上确定的、行政上支持的创新网络和机构的安

① 郭将、许泽庆:《产业相关多样性对区域经济韧性的影响——地区创新水平的门槛效应》,《科技进步与对策》2019 年第 13 期。
② 徐圆、邓胡艳:《多样化、创新能力与城市经济韧性》,《经济学动态》2020 年第 8 期。
③ 陈丛波、叶阿忠:《数字经济、创新能力与区域经济韧性》,《统计与决策》2021 年第 17 期。
④ Martin R.,"Regional Economic Resilience, Hysteresis and Recessionary Shocks",*Journal of Economic Geography*,Vol. 12,No. 1,2012.

排，这种安排以有规则的强力相互作用提高了区域内企业的创新产出"。区域创新体系概念提出后，国内外学者从自身的研究视角各自提出不同的理解。关于区域创新体系的构成要素，学界认识存在分歧，但是多数学者认同于"官产学研"及其相关机构的一体化。张其仔等认为，"十四五"时期，我国应构建高水平开放式区域协同创新体系。①

自从 Freedman 提出国家创新体系②以来，国家的创新演化模式开始受到关注。如何依托国家创新体系的构建，提升国家创新能力和竞争力，成为各国政府关注的重点。研究表明创建国家创新型城市可以通过加快试点城市的创新发展和产业升级来促进区域协同创新，③产业融合与区域融合的视角探讨了高技术产业升级韧性研究。④

创新体系概念是在关注竞争力的背景下提出来的，并将创新作为经济增长的核心。⑤ 在原有静态的、基于成本的国际贸易基础上，经济合作与发展组织（Organization for Economic Co-operation and Development, OECD）专家组致力于开发一种更具活力的关于国际竞争力的研究方法，认为国际竞争力可以通过促进社会发展的学习和创新来实现，即竞争力是以国家创新为基础。之后，Porter 采用了这一观点，并论证了集群在推动创新，从而使国家和企业获得竞争优势方面的作用。⑥ Philip Cooke 在其 1992 年发表的文章中首次使用了区域创新体系的概念，区域创新体系

---

① 中国社会科学院工业经济研究所课题组、张其仔：《"十四五"时期我国区域创新体系建设的重点任务和政策思路》，《经济管理》2020 年第 8 期。

② Freedman C., *Technology Policy and Economic Performance：Lessons from Japan*, London：Pinter Publishers, 1987.

③ 种照辉、高志红、覃成林：《创新型城市建设的区域协同创新效应研究》，《西部论坛》2022 年第 6 期。

④ 赵蓉、王鉴雪、李强：《融合发展视角下高技术产业升级韧性研究》，《软科学》2023 年第 2 期。

⑤ Freedman C., "Technological Infrastructure and International Competitiveness", *Industrial and Corporate Change*, Vol. 13, No. 3, 2004, pp. 541 – 569.

⑥ Porter M., "The Competive Advantage of Nations", *Harvard Business Review*, Vol. 68, No. 2, 1990, pp. 73 – 91.

既是国家创新体系的组成部分，又是国家创新体系的有效工具。① 然而，Bengt-Åke Lundvall 却认为，欠发达地区一般不存在真正的区域创新体系。②

随着对创新及其空间差异的研究进一步深入，人们发现国家层面的创新体系理论不足以解释国家内部区域之间的创新差异，因而发展出区域创新理论（Regional System of Innovation）。创新受区域经济和制度环境影响，存在高度异质性且难以复制。③ 创新体系是有内嵌性的，即在特定区域制度和组织设施的环境中互动学习与创新，而制度直接影响交易成本和学习激励。④ 已有文献中区域创新体系的构成可以归纳为：一是企业、高校、科研机构、政府、中介机构等构成的创新主体；二是政策法律、社会文化、公共服务、基础设施等构成的制度环境；⑤ 三是人力资本、金融支持、技术存量等资源禀赋。⑥

像中国这样内部差异较大的大国，在区域层面实施创新体系政策似乎最为合适。基于我国具有组织密集型的根本特征，为促进创新和区域产业新发展路径，大致可以分为三类，便于制定差异化政策指导。一是组织密集型和多元化的区域创新体系，存在数量众多的不同公司、异质的产业结构，促进不同经济和技术领域创新的知识和配套组织，常见于大型核心区域，如京津冀、长三角和粤港澳地区；二是组织密集型和专业化的区域创新体系，仅在一个或几个行业中拥有庞大的集群，知识和配套组织是为有限的工业基地量身定做的，常见于老工业园区和工业区域，容易出现负面锁定，如东北地区；三是组织薄弱的区域创新体系，

---

① ［挪威］比约恩·阿什海姆、［挪威］阿尔内·伊萨克森、［奥地利］米夏埃拉·特里普尔：《区域创新体系概论》，上海市科学学研究所译，上海交通大学出版社 2020 年版。

② Lundvall B. , *The New Knowledge Economy in Europe*, Edward Elgar, 2002.

③ Romijn H. , Albu M. , "Innovation, Networking and Proximity: Lessons from Small High Technology Firms in the UK", *Regional Studies*, Vol. 36, No. 1, 2002, pp. 81 – 86.

④ Cooke P. , Uranga M. G. , Etxebarria G. , "Regional Systems of Innovation: An Evolutionary Perspective", *Environment and Planning A*, Vol. 30, 1998, pp. 1563 – 1584.

⑤ Saxenian A. L. , *Regional Advantage*, Blackwell Publishing Ltd. , 1996.

⑥ Furman J. , Porter M. , Stem S. , "The Determinants of National Innovative Capacity", *Research Policy*, Vol. 31, 2002, pp. 899 – 933.

多见于老少边山穷等边缘地区，如西北地区。三类分法也基本对应着我国区域发展的三个层级。

区域创新体系理论的出现有着独特的时代背景。首先，随着全球分工的不断细化，区域成为参与国际竞争的重要对象；其次，与国家相比，区域呈现出更为活跃的要素流动和网络化特征，因此区域创新体系成为探索要素之间相互作用的新研究主体。早在 2006 年，胡锦涛同志在全国科学技术大会上强调"要建设各具特色和优势的区域创新体系"，同年国务院将其列入《国家中长期科学和技术发展规划纲要》，2021 年修订的《中华人民共和国科学技术进步法》更是明确指出，"国家鼓励地方积极探索区域科技创新模式，尊重区域科技创新集聚规律，因地制宜选择具有区域特色的科技创新发展路径"。可见，国家层面一直在探索区域创新体系的差异化构建问题。

张其仔等认为，进入"十四五"时期，区域创新体系建设已经转向更高水平开放式的区域协同创新体系，[①] 李子彪等认为城市群是区域创新的主体空间。[②] 然而遗憾的是，国外现有关于创新体系的研究大多是基于北欧和西欧国家等具有协调性市场经济的国家经验，或者是英美这些典型的自由市场经济体的国家经验。而国内研究主要集中在区域创新体系的构成[③]、区域创新能力的测度、区域创新体系的演化[④]等方面，涉及差异化区域创新体系研究的较少，尤其是欠发达地区的区域创新体系构建。

数字化，又被称为"信息的DNA"，区域创新范式已历经机械化区域创新 1.0、自动化区域创新 2.0、信息化区域创新 3.0，正在进入智能

---

① 中国社会科学院工业经济研究所课题组、张其仔：《"十四五"时期我国区域创新体系建设的重点任务和政策思路》，《经济管理》2020 年第 8 期。

② 李子彪、李晗、陈丽娜：《知识邻近性对城市间技术协同创新的影响研究——以京津冀城市群为例》，《科技与管理》2022 年第 5 期。

③ 韩海波、刘欢喜、王斌等：《大学与区域创新体系建设的协同路径探析》，《研究与发展管理》2022 年第 6 期。

④ 杨博旭、柳卸林、王宁：《中国区域创新能力时空演变和趋势分析》，《科技管理研究》2022 年第 7 期。

化区域创新 4.0，区域创新的边界、方式与过程发生了颠覆性的变化，数字化重构了区域创新的框架，ICE 和创新网络催生了数据驱动型、平台驱动型和模式驱动型三大创新范式。[①]

第二节　区域创新体系主要主体

一　大学与区域创新体系的关系

2018 年 8 月，教育部、财政部、国家发展改革委员会出台《关于高等学校加快"双一流"建设的指导意见》，国家开始注重区域经济及创新体系的建设，注重支撑区域经济社会发展的高等教育建设，注重以特色学科、优势学科为主导的，为区域经济社会服务的学科投入，不再对重点院校进行政策和资金倾斜，而是实行开放的原则，无论是中央高校还是地方高校，都按照一个标准同等对待、公平竞争。这对于区域高等教育的发展无疑是个契机，它不仅为区域创新体系建设提供了人才发展的政策环境，也为区域高等教育创建一流大学、一流学科提供了千载难逢的机会。[②]

区域高等教育是支撑区域经济社会发展的重要智力源泉，它引领着区域精神和思想的发展方向。然而由于长期以来高校与区域企业间缺少合作，致使高校科研过度注重基础研究，无法有效地服务于区域经济社会发展；而企业又过度依赖于国外的核心技术，我国企业急需创新技术，而科学技术的主要研究基地——高校却未能有效地与区域企业对接、实现优势互补。

（一）关于大学的概述

对比世界主要发达国家高等教育发展历史，大学职能基本按照教育、

① 曹玉娟：《数字化驱动下区域科技创新的框架变化与范式重构》，《学术论坛》2019 年第 1 期。

② 顾拓宇：《区域创新体系建设与区域高等教育一体化探论》，《科技管理研究》2019 年第 11 期。

科研、产业化的发展逻辑在演变。如美国 1862 年出台的《莫雷尔法案》，作为政府对高等教育的一次大规模干预，直接促成了大批"赠地大学"的诞生，并为区域经济尤其农工业培养了大批人才。陈琼琼等基于区域创新体系的视角研究旧金山湾区的高等教育，总结其发展优势为从研究型大学向创业型大学转变、从传统高等教育向中学后教育转变、大学—企业—政府之间的合作不断增强。[①]

按照目前教育部分类方式，高等教育机构包括研究型大学、应用型大学和职业院校三大类。其中，高水平研究型大学属于国家战略科技力量，而地方高水平大学很多都属于这一层次。

2021 年 12 月 17 日，习近平总书记主持召开中央全面深化改革委员会会议，审议通过《关于深入推进世界一流大学和一流学科建设的若干意见》，从学科发展的维度，为地方高水平大学进入"双一流"建设带来了新的机遇。

（二）关于大学在区域创新体系中作用的研究

高校主要是通过人才培养、科学研究、社会服务等基本职能发挥着对于区域创新体系建设的支撑、引领作用。

费尔德曼指出，区域高校的知识溢出对区域内高层次创新活动具有积极影响，这将会增加企业的创新活动并促进区域经济的发展。[②] 埃茨科维兹认为高校的发展趋势是，科研本身在政府政策力量下得以在学术机构之间扩散，高校频繁地参与到企业创新活动中的同时，知识资本化带来了高校知识资本化并带动经济发展。[③] 金姆等基于三螺旋模型并采用定性和定量方法比较了韩国和中国的国家农业创新系统，指出两国农业研发主要由高校和政府主导，企业角色相对有限，两国高校与政府合

---

① 陈琼琼、马近远：《区域创新体系中的深圳高等教育发展——基于三螺旋模式的分析》，《特区实践与理论》2022 年第 1 期。

② Maryann P. Feldman, "The New Economics of Innovation, Spillovers and Agglomeration: A Review of Empirical Studies", *Economics of Innovation and New Technology*, Vol. 8, 1999, pp. 5 – 25.

③ Henry Etzkowitz, *Academic Industry Relations: A Sociological Paradigm for Economics Development*, Boston: Harvard Business School Press, Vol. 4, 1997, pp. 38 – 41.

作均多于高校与企业合作以及企业与政府合作，政府起到主导作用。①

教育部、科技部于 2006 年印发《关于进一步加强地方高等学校科技创新工作的若干意见》，不仅从战略上强调地方高校要加深对地方经济社会发展服务重要性和基本规律的认识，探索中国特色高水平大学建设的新路子，更明确要求地方高校要强化社会服务功能，加大产学研合作，推动成果转化和产业化，推进地方高校服务区域创新体系建设。

地方高水平大学是发展地方高等教育事业的"先锋队"。纵观世界高等教育的发展历程，基本是在服务国家重大战略和区域经济社会发展的进程中，通过解决重大科学技术问题和社会发展难题不断拓展知识边界，推动形成与产业协同发展的良性互动，最终促进高等教育水平的提升。

（三）大学的分类

随着区域创新体系的差异，各类大学的分布情况也不一样。从大学推动区域经济创新发展的研究来看，其作用集中表现在两个方面，一是通过提供持续技术和资源支持区域发展，二是构建开放交流平台和网络扩展资金和影响。纵观大学与所在城市关系的发展历史，从早期的紧张冲突到缓和，再到实现良性互动协同共赢的威斯康星理念的诞生，赋予了大学社会服务的使命，成为继教学、科研之后的第三个重要职能，表现为推进合作创新机制、学科优势对接产业革新②建立成果转化机构、拓展资金渠道等路径。如美国硅谷，波士顿 128 号公路，英国牛津—剑桥创新走廊带，北京中关村等，高水平研究型大学在其中发挥了核心的支撑作用。

研究型、技术型和职业型大学。区域创新发展需要建立满足多样化教育需求的具有强互动性的区域高等教育系统。旧金山湾区高等教育灵

---

① Kim H., Huang M., Jin F., et al., "Triple Helix in the Agricultural Sector of Northeast Asian Countries: A Comparative Study Between Korean and China", *Scientometrics*, Vol. 90, No. 1, 2012, pp. 101 – 120.

② 韩海波、刘欢喜、王斌等：《大学与区域创新体系建设的协同路径探析》，《研究与发展管理》2022 年第 6 期。

活地连通了研究型大学与应用型学院、本科教育与职业教育、学历教育与非学历教育、在校学习与终身学习，呈现多层次、多样化、高灵活性、高整合度的特征。此外，旧金山湾区高等教育还突破了传统高等教育的边界，正视宽口径高校存在的意义和地位，重视继续教育、职业培训、在线教育等多样化的教育方式，满足了不同人士在不同阶段终身学习的需求，保证了湾区人才培养和供给的有效性与可持续性。①

（四）大学的职能

在知识经济时代，应该对大学的定位重新反思。

第一次革命使大学在教学的基础上增加了研究的职能。亨利·埃茨科维兹注意到，在区域创新体系理论中，大学不仅为区域发展提供人才与技术支撑，而且其本身作为主要的创新主体，通过技术转移、创新创业等活动直接参与知识资本化的过程，成为经济活动的主要参与者，并将这种变化称为"大学的第二次革命"，② 使经济、社会与教育、科研一体化发展，在此基础上提出了"创业型大学"（Entrepreneurial University）的概念，不但解释了知识的多重属性，肯定了大学的多重功能，而且也强调了大学与其他社会机构合作的重要性，促使大学走出象牙塔，成为社会经济发展的核心引擎。

1810 年，德国在政府主导下，由洪堡创建柏林大学，科学研究作为大学的第二职能使德国大学办学模式闻名世界；1983 年，德国政府修订《高等学校总法》，赋予应用技术大学从事科研的使命；2014 年，德国国家科学委员会发布《德国科学发展展望》提出现代大学生应为知识转化服务；2017 年起，德国每年投入 500 万欧元与发达国家和新兴国家开展职业培训合作。③

---

① 陈琼琼、李远：《旧金山湾区高等教育发展研究——基于区域创新体系的视角》，《比较教育研究》2020 年第 10 期。

② ［美］亨利·埃茨科维兹：《三螺旋创新模式：亨利·埃茨科维兹文选》，陈劲译，清华大学出版社 2016 年版，第 311、269、413 页。

③ 魏海勇、李少杰：《德国大学科研创新的政策机制与实践借鉴》，《中国高等教育》2018 年第 20 期。

我国加强高校服务创新能力建设起步较晚，2012 年，教育部财政部《关于实施高等学校创新能力提升计划的意见》开始强调高等院校作为创新主体的重要作用；2015 年《统筹世界一流大学和一流学科建设总体方案》鼓励大学发展新兴学科、交叉学科、具有创新能力的学科；2018 年《关于高等学校加快"双一流"建设的指导意见》再次提出大学要提高对产业转型升级的贡献率，从产业技术变革、科研组织形式、产业发展重大需求等多个方面强调了创新的重要性。

二 政府与区域创新体系的关系

在对政府在区域创新体系中角色定位的研判上，国内学者观点不同。一类观点认为，应当发挥市场在资源配置中的决定性作用，以硅谷等欧美国家的区域创新体系为范本，在区域创新体系的构建中"去政府化"，让作为市场主体的企业成为区域创新体系的主导，更多地发挥企业与科研机构及公共服务机构的互动；另一类观点则认为，按照我国国情，政府是区域创新体系中制度的设计者与维护者，同时还是资金的主要拥有者，政府是区域创新体系中资金扶持与制度供给的主体，是区域创新体系中最具资源与信用的主体，应当参考文化土壤相近的日本，由政府统揽区域创新体系整体框架建设、主导区域创新体系发展。

周勇认为，在我国的发展实践中，政府始终是区域创新体系建设的主导者与推动者，因而在我国区域创新体系主体关系的研究中，不能照搬国外的研究成果与经验，必须充分考虑我国的历史背景与文化传统，基于中国发展实际，尤其是基于政府主导的视角研究和探讨这一问题。政府既是创新活动的直接参与者，同时也是区域创新体系制度的制定者，既在区域创新体系内部按照自身利益诉求形成内部推动力，又通过政策改变区域创新体系制度环境进而形成外部推动力，是区域创新体系中的主导力量。[①]

---

① 周勇：《区域创新体系中行为主体的协同关系研究——基于政府主导视角》，《中国特色社会主义研究》2016 年第 5 期。

在明确了区域创新体系中政府应居于主导地位的前提下，需要进一步讨论的是政府在区域创新体系构建中介入的程度：如果介入过深，将难以充分发挥市场在创新资源配置中的决定性作用，或演变为大包大揽式的过度干预模式，导致创新资源配置的低效；而如果介入过浅，则既难以解决市场失灵机制带来的弊端，又无法形成促进各行为主体有效协同的制度环境。因此，在区域创新体系构建过程中，应当明确在资源配置中市场的决定性作用与政府的主导性作用，这是一种互补共生型的关系，不存在孰重孰轻之分，并在此基础之上选择一条介于"全能型政府"与"缺位型政府"两种模式之间的"中间路径"：政府既通过制度设计健全市场体系、规范市场秩序，为发挥市场在创新资源配置中的决定性作用奠定制度基础，同时又通过对教育、科研、基础设施与公共平台等要素的合理投入，引导区域创新体系中各主体的协同合作，在宏观上保障区域创新体系内部供给侧与需求侧的相对平衡，纠正市场失灵。

第三节　区域创新体系发展

一　内生动力方面

文化是创新活动的精神源泉和强大动力，创新文化是催生创新实践的环境基础和基本前提。近代以来，由于创新能力此消彼长而导致的世界科技中心在发达国家之间的更替位移，其背后可以说均蕴含着深层次的文化缘由。诚如柏林科学技术研究院专家所指出的："所有的创新经济都根植于其特定的文化土壤中，文化因素影响着个体和机构的个性和行为，进而在很大程度上决定了一个组织的创新成败。"[①] 文化创新对于科技创新的重要影响，无疑决定了"建设创新型国家不仅需要高素质的创新型人才和活跃创新的科学技术来促进生产力的发展和社会的进步，而且更需要先进的文化特别是创新文化来激荡和引领社会文化的发展"。

---

① ［德］柏林科学技术研究院：《文化 VS 技术创新——德美日创新经济的文化比较与策略建议》，吴金希等译，知识产权出版社 2006 年版，序。

只有着力培育创新文化，大力弘扬创新精神，让创新文化蔚成风气，才能为科技创新提供良好的社会氛围和源源不断的发展动力。

区域创新体系的构建"必须有一套适合生存的创新文化环境，因为一种优秀的文化环境是一切技术与赖以体制创新的前提与基础。而创新文化环境的取得依靠完善的制度建设，同样也需要健全的保障机制"。[①]

二　创新扩散方面

20世纪初熊彼特在边际效用和一般均衡论的基础上提出创新理论，认为创新是"建立一种新的生产函数"，将产品创新、工艺创新、市场创新、供应链创新和生产组织创新等新组合引入生产体系，是资本主义经济增长和发展的动力。世界各国学者纷纷将创新视为经济发展的原动力并加以研究，形成了科技创新的新古典学派、新熊彼特学派、制度创新学派、国家创新系统学派等多个理论学派。从我国改革开放以来的历史经验看，科技创新是促进产业结构优化的主要途径，是引领发展的第一动力。贾蔚文提出科技创新是经济与技术一体化发展的经济概念，过程包括新设想的产生、研究与开发、生产到扩散的一系列活动，具有过程性、综合性、创造性、重在技术应用与市场相连等特点。[②] 柳卸林进一步指出科技创新能够提高消费质量、提高生产效率、影响国家贸易流动，促进市场结构、产业结构的转变。[③]

为促进区域经济的协调发展，Rogers等提出创新扩散理论，认为创新在大范围内的横向与纵向扩散，将带来区域的经济增长与收入提升。关于创新扩散的定义较多，Rogers等认为，创新扩散是创新经过一段时间，通过特定的通道，在某一社会系统成员间的传播过程。[④] 顾淑林认

---

① 赵敏、臧莉娟：《美国大学在国家创新体系中的作用及其启示》，《江苏高教》2006年第6期。

② 何林：《九十年代我国经济新成长的道路——访中国科技促进发展研究中心副理事长贾蔚文教授》，《科技进步与对策》1991年第4期。

③ 柳卸林：《技术创新经济学》（第2版），清华大学出版社2014年版。

④ Rogers, Everett M., *Diffusion of innovations*, New York：The Free Press, 1995.

为创新扩散是最初商业化之后的继续利用，包括创新的被采纳与用途的扩大。[①] 曾刚认为创新是先进的技术成果在经济领域和更大地域空间范围的应用推广。[②] 总体而言，创新扩散与科技创新的关系密不可分，创新扩散是科技创新的子过程，科技创新的效用通过创新扩散得以发挥，创新扩散对经济社会发展产生深刻影响。创新扩散研究的核心主题是提高科技创新扩散的速度。康凯[③]提出创新扩散的采用者要在把握最佳时机，在决策与实施过程中保持先后顺序；林毅夫等[④]认为技术选择与要素禀赋的匹配程度影响创新扩散的速度；王珊珊等[⑤]认为创新扩散效率与技术创新特性及创新企业行为、消费者、网络结构、竞争合作、知识溢出、空间特征、宏观环境等因素有关；孙瑜康等[⑥]在分析京津冀协同创新过程发现，创新能级差距过大、创新链与产业链不匹配、创新环境欠佳、缺乏科技创新通道等因素将阻碍创新扩散。有学者实证发现相似或共同的知识基础是城市间创新合作的前提，[⑦] 也有学者实证发现区域间知识禀赋差异是城市间创新合作的重要驱动力，[⑧] 其中技术协同创新是实现协同发展的重要途径。

三 科技合作方面

区域科技合作是多个区域为提升科技实力、促进经济发展、巩固双边关系等开展的联合行动与方式，以充分利用不同区域间的有利因素，

---

① 顾淑林：《高技术与工业化——高技术发展战略中的一个核心问题》，《国际技术经济研究学报》1990 年第 1 期。

② 曾刚：《技术扩散与区域经济发展》，《地域研究与开发》2002 年第 3 期。

③ 康凯：《技术创新扩散理论与模型》，天津大学出版社 2004 年版。

④ 林毅夫、董先安、殷韦：《技术选择、技术扩散与经济收敛》，《财经问题研究》2004 年第 6 期。

⑤ 王珊珊、王宏起：《技术创新扩散的影响因素综述》，《情报杂志》2012 年第 6 期。

⑥ 孙瑜康、李国平：《京津冀协同创新中北京辐射带动作用的发挥效果与提升对策研究》，《河北经贸大学学报》2021 年第 5 期。

⑦ 周锐波、邱奕锋、胡耀宗：《中国城市创新网络演化特征及多维邻近性机制》，《经济地理》2021 年第 5 期。

⑧ 胡悦、马静、李雪燕：《京津冀城市群创新网络结构演化及驱动机制研究》，《科技进步与对策》2020 年第 13 期。

实现优势互补，是获得最佳经济效益的有效途径。一个欠发达国家（地区）如果能够不断地对技术力量进行积累和革新，而不是一味地求助于国际，该国终究会富裕起来。而如果仅仅是靠要素禀赋，出卖自然资源或廉价劳动力，虽然可能会获得短暂的快速发展，但是终究会受制于人。对于一个工业化较为落后的国家（地区）来说，引进先进技术是推动工业化和经济发展的重要力量。

国际科技合作方面，黄钊坤研究中非科技合作模式发现，我国与他国的科技合作一般采用整套技术移植、共同研究、技术支持等模式。[1] 温军等人指出，我国国际科技合作虽已取得显著效果，但仍存在合作质量不高、掌握与运用国际规则不足、管理体制欠完善、能力有待加强等问题。[2] 国内科技合作方面，李子彪等将知识分为公共知识库和专业知识库，并研究不同知识库对区域创新能力的影响。[3] 张莹等在研究京蒙科技合作时发现，跨地区科技合作通常采用联合研发、园区辐射带动、成果转化、人才支持等模式。[4] 王子丹等通过分析广深港澳科技创新走廊合作现状发现，统筹协调机制尚未形成、创新平台数量不足、人才资源匮乏、创新要素流动阻碍等现象限制了区域科技合作的快速发展。[5]

第四节　国家创新体系

区域创新体系并不是国家创新体系的等比例缩小。国内外学者对创

---

[1] 黄钊坤：《中非科技合作模式与推进策略研究》，《科学管理研究》2019 年第 1 期。

[2] 温军、张森、王思钦：《"双循环"新发展格局下我国国际科技合作：新形势与提升策略》，《国际贸易》2021 年第 6 期。

[3] 李子彪、李晗、陈丽娜：《知识邻近性对城市间技术协同创新的影响研究——以京津冀城市群为例》，《科技与管理》2022 年第 5 期。

[4] 张莹、董晓辉：《京蒙科技合作的典型模式和推进机制研究》，《科学管理研究》2022 年第 2 期。

[5] 王子丹、潘子欣：《推进广深港澳科技创新走廊集聚高端创新资源的路径研究》，《科学管理研究》2022 年第 1 期。

新过程的理解从最初被视为线性的技术推动模式——由不同的步骤链接形成的有序的、单向的活动，到第二代对需求拉动模式的认识，再到后续对"耦合"模型、集成创新过程等的研究，学者们开始逐渐认识到创新过程是动态的系统行为。Lundvall、Nelson、Rosenberg 和 Freedman 等人共同开创了国家创新体系理论。Chaminade 等将国家创新体系分为新兴创新体系、分散（双路径）创新体系和成熟创新体系 3 类。陈劲认为国家创新体系是以政府为主导、充分发挥市场配置资源的基础性作用、各类科技创新主体紧密联系和有效互动的社会系统。

随着对创新及其空间差异的研究进一步深入，人们发现国家层面的创新体系理论不足以解释国家内部区域之间的创新差异，因而发展出区域创新理论。创新体系概念是在关注竞争力的背景下提出来的，并将创新作为经济增长的核心。① 在原有静态的、基于成本的国际贸易基础上，经济合作与发展组织（OECD）专家组致力于开发一种更具活力的关于国际竞争力的研究方法，认为国际竞争力可以通过促进社会的学习和创新来实现，即竞争是建立在国家创新的基础之上。之后，Porter 采用了这一观点，并论证了集群在推动创新，从而使企业和国家获得竞争优势方面的作用。② Philip Cooke 在其 1992 年发表的文章中首次使用了区域创新体系的概念，区域创新体系既是国家创新体系的组成部分，又是国家创新体系的有效工具。然而，Lundvall 却认为，欠发达地区一般不存在真正的区域创新体系。③ 国内外诸多学者对区域创新体系的概念进行了阐述，国外以 Cooke、Asheim、Autio 等的观点为代表，国内以胡志坚、黄鲁成、柳卸林的观点为代表。由于各学者的研究视角不同，区域创新体系的定义仍未达成一致，大家公认的是，创新受区域经济和制度环境影响，存在高度异质性且难以复制。

---

① Freedman C. , "Technological Infrastructure and International Competitiveness", *Industrial and Corporate Change*, Vol. 13, No. 3, 2004, pp. 541 – 569.

② Porter M. , "The Competive Advantage of Nations", *Harvard Business Review*, Vol. 68, No. 2, 1990, pp. 73 – 91.

③ Lundvall B. , *The New Knowledge Economy in Europe*, Edward Elgar, 2002.

创新强国既可由少数几个具有国际影响力的全球科技创新中心来支撑，也可由相对分散的区域创新网络来支持。美国是科技创新的超级大国，但真正支撑其发展的是硅谷、128 公路、北卡"创新三角地"等少数几个全球领先的科技创新中心，极化效应明显，但辐射能力强，不但能辐射美国，而且还可辐射全球。与此不同，德国创新体系依靠的是少数大企业与众多中小企业"隐形冠军"开展紧密协作，通过专业化服务能力很强的中介机构推动各类创新主体的知识、信息、能力等方面的协同共享，公共科研体系和双重教育体系则为创新体系提供源源不断的知识、技术和人才供给。日本创新体系建设更加注重地方化的集群网络，利用集群内部长期积累形成的政产学研有机合作机制，形成从基础研究、应用研究到工程化、产业化的环环相扣、优势互补的链条。

我国区域与区域之间创新能力和创新资源差别大，可以走一条多极支撑的网络化建设之路。具体而言立足科技创新资源空间分布特点，依托北京、上海、深圳、广州、武汉、西安、成都、合肥、沈阳等创新资源相对集中的区域性中心城市，建设各具特色、错位发展的全国科技创新中心，以此辐射带动形成由区域内多个节点城市组成的开放式区域协同创新网络。在国家层面建设跨区域协同、跨部门协作、跨国合作的协同创新机制，实现不同区域创新体系之间彼此相互连接、相互支撑、资源共享。①

第五节　科技创新中心

对于大多数的新区、新城、高新技术园区而言，现阶段特别重要的是苦练"内功"，即构建区域创新体系已经成为发展的关键。② 要克服片面追求规模的弊端，精准化发展。区域创新体系的最终目标是提高区域

---

① 中国社会科学院工业经济研究所课题组、张其仔：《"十四五"时期我国区域创新体系建设的重点任务和政策思路》，《经济管理》2020 年第 8 期。
② 陆大道：《我国新区新城发展及区域创新体系构建问题》，《河北经贸大学学报》2018 年第 1 期。

竞争力。

　　创新中心是高质量发展背景下区域经济发展的动力和增长极。推动科技创新中心建设是党中央做出的一项重要战略部署。截至目前，北京、上海、粤港澳大湾区三大国际科技创新中心及成渝、武汉两个全国科技创新中心的建设正在稳步推进中，"3＋2"科技创新中心的总体布局已经基本形成。党的二十大报告提出，"统筹推进国际科技创新中心、区域科技创新中心建设"，为科技创新中心建设指明了方向。布局建设各级科技创新中心，便于在地理空间上统筹各类创新资源，更好地服务地方和国家发展需求，也为新形势下建设世界科技强国提供有效支撑。

　　从世界范围来看，各世界科技强国也在积极推进科技中心建设。美国推出"区域技术中心"计划。2021年6月8日，美国国会参议院通过《美国创新与竞争法案》，该法案的一个重要目标就是进一步加强区域创新战略的研究制定和实施，推动政府、学术界、私营部门、经济发展组织和劳工组织的战略合作，建立若干区域技术中心，支撑解决美国区域发展和国家安全面临的重大技术挑战，塑造美国参与全球创新竞争的新优势。英国推出北部"科学城"创新计划。为加强落后地区的科技创新，促进区域均衡发展，解决创新资源过度向"伦敦—剑桥—牛津"地区聚集的问题，2000年后，英国政府提出在英国北部发展"科技城"的构想，并于2005年确定将约克、纽卡斯尔、曼彻斯特、伯明翰、诺丁汉和布里斯托等6个城市作为科学城实施的主体。日本推出"区域创新战略支持计划"。为增强区域经济发展的竞争力，日本政府2010年开始实施"区域创新战略支持计划"。以培育具有持续竞争力的特色产业集群为目标，在全国范围内筛选"区域创新战略推进区域"。德国加强推动东部地区创新发展。德国非常重视落后地区的发展，特别是东部地区（原东德地区），支持促进东部地区开展科研和科技创新活动，加强其科研和科技创新能力，是振兴东部经济发展的一项重要措施。

　　柳卸林等认为，每一次工业革命都不断催生国家创新体系的发展和演化。① 欧盟于 2007 年首次提出智慧专业化概念，认为一国或区域创新战略应该根据某个行业、部门或技术的自身优势，集中力量促进该领域内的创新，推动智慧增长。区域创新体系的概念最早是由英国的 Cooke 在国家创新体系的基础上提出的。② 陆大道认为，对于大多数的开发区、新城、园区等而言，现阶段最重要的还是加强各类创新资源的协调性，针对不同区域构建差异化的区域创新体系是关键。③ 但是，无论在理论上，还是在实践中，科技创新中心的建设尚在探索中。

科技创新中心建设受到如此高度重视，那么如何理解科技创新中心？科技创新中心具有什么样的特征？国外的建设情况如何？本部分试图通过创新中心、科学中心、产业中心等类似概念的比较，厘定科技创新中心的概念，并结合我国科技创新中心建设的实践，阐述科技创新中心建设的政策走向。

一　科学中心、科技中心与产业中心的内涵辨析

(一) 科学中心

科学中心的提法最早，用来刻画早期对世界科学研究做出较多贡献的一些欧洲国家，比如文艺复兴时期的意大利、工业革命时期的英国等。根据英国学者贝尔纳和日本学者汤浅光朝的研究，如果一个国家或地区的科学成果总数超过全球的 25%，那么这个国家或地区可以称为世界科学中心，④ 并且每个国家科学成果井喷出现之前，都会伴随着哲学高潮的出现。⑤ 对于世界科学中心的分布，尽管存在世界科学单

① 柳卸林、葛爽、丁雪辰：《工业革命的兴替与国家创新体系的演化——从制度基因与组织基因的角度》，《科学学与科学技术管理》2019 年第 7 期。

② Cooke P. , "Regional Innovation Systems: Competitive Regulation in the New Europe", *Geoforum*, Vol. 23, No. 3, 1992, pp. 365 – 382.

③ 陆大道：《我国新区新城发展及区域创新体系构建问题》，《河北经贸大学学报》2018 年第 1 期。

④ Yuasa M. , "Center of Scientific Activity: Its Shift from the 16th to the 20th Century", *Japanese Studies in the History of Science*, Vol. 1, No. 1, 1962, pp. 57 – 75.

⑤ 刘则渊、王海山：《近代世界哲学高潮和科学中心关系的历史考察》，《科研管理》1981 年第 1 期。

中心说、多中心说、主中心与副中心并存说等，[1] 但是，无可否认的是自 16 世纪以来，一些科学发达国家意大利、英国、法国、德国、美国相继成为世界科学中心。

（二）科技中心

随着科学与技术之间关系日益紧密，单纯的科学中心不足以代表该国在全球中的主导地位。2000 年，美国《连线》杂志最早提出了"全球技术创新中心"（Global Hubs of Technological Innovation）的概念。进入21 世纪以来，一国之内科技力量的中心也逐渐转化为服务经济社会的可持续发展。[2] 以人工智能、信息技术等为基础的第四次革命在世界范围内爆发，故世界科技中心的说法渐渐为人们所接受。潘教峰等认为，从全球来看，与新的创新范围相匹配的生产要素和创新要素正在向亚太转移，未来世界科技中心在形态上表现为多中心并进，在区域上表现为加速向亚太地区转移，并具有网络化、国际化等新特点。[3] 技术中心应为一国或地区的技术创新策源地，在知识创新的基础上，通过聚集科技企业、研发中心，成为新技术、新产品、新产业的发源地。

（三）产业中心

产业与科技有着天然的联系，产业中心一般也被称为"产业创新中心"或者"产业科技创新中心"。国内外类似的概念还有联合国的"全球创新中心"、国家发展和改革委员会的"国家产业创新中心"和我国学者提出的"国际产业研发中心"等。2015 年，在我国江苏省的"十三五"发展规划中，第一次提出了建设具有全球影响力的"产业科技创新中心"。在农业领域，自 2016 年中央一号文件提出建设农业产业科技创新中心以来，农业农村部已经建设了南京、太谷、成都、广州和武汉 5

①　冯烨、梁立明：《世界科学中心转移的时空特征及学科层次析因（上）》，《科学学与科学技术管理》2000 年第 5 期。

②　肖小溪、李晓轩：《关于国家战略科技力量概念及特征的研究》，《中国科技论坛》2021 年第 3 期。

③　潘教峰、刘益东、陈光华等：《世界科技中心转移的钻石模型——基于经济繁荣、思想解放、教育兴盛、政府支持、科技革命的历史分析与前瞻》，《中国科学院院刊》2019 年第 1 期。

个国家级农业科创中心。[①] "产业创新中心"更关注的是新产业、新业态，即聚焦于生产制造这一创新链的后端，更加注重产业创新要素的集聚，[②] 在科学研究、技术创新的基础上，推动产业分工深化、产业迂回度增加、产品附加值提高，促进大量创新型企业不断涌现，从而成为产业升级的驱动地、新兴产业的发源地。

二 科技创新中心的内涵

目前国内对科技创新中心建设的研究尚处于起步阶段，未形成公认的科技创新中心的概念。很多学者认为科技创新中心更应该关注科学、技术和产业的融合，杜德斌等认为，全球科技创新中心除应具备科学研究、技术创新和产业驱动的功能，还应具有文化引领的功能。[③]

本研究认为，科技创新中心是基于创新资源密集、创新成果丰富和产业基础雄厚，而在全球或一国之内价值网络中占据领导和支配地位的城市或城市群，是科学中心、技术中心和产业中心的融合。从形成规律来看，政府通过顶层设计、制度创新、环境构建、基础设施建设、资金投入等方式，对科技创新中心的建设起到了较大的推动和影响作用。从职能上看，在我国的特定环境下，科技中心演变成了科学中心和技术中心的融合，并兼具了产业创新的职能。

三 科技创新中心的外延

在科技创新中心的外延方面，学术的认识基本一致。刘冬梅等认为，根据区域发展的能级特点，科技创新中心可以分为国际科技创新中心、具有全国影响力的区域科技创新中心和省级区域科技创新中心3类，[④]

---

① 于辉、刘现武：《国家现代农业产业科技创新中心建设现状及发展建议》，《中国农业科技导报》2023年第1期。

② 韩子睿、魏晶、张雯、宋艳红：《产业科技创新中心建设的战略路径研究》，《技术经济与管理研究》2017年第6期。

③ 杜德斌、何舜辉：《全球科技创新中心的内涵、功能与组织结构》，《中国科技论坛》2016年第2期。

④ 刘冬梅、陈钰、玄兆辉：《新时期区域科技创新中心的选取与相关建议》，《中国科技论坛》2022年第7期。

而张文忠则采用 4 分法，认为科技创新中心应包括：（1）国际科技创新中心——对接全球创新网络体系；（2）国家级科技创新中心——引领全国科技研发和技术转移；（3）区域科技创新中心——推动区域科技发展和高新技术产业化；（4）地方科技创新中心——促进地方特色技术创新和产业发展。[1]

中国属于幅员辽阔的大国，各区域之间差距较大，因此，多层次的科技创新中心布局建设显得尤为重要。初玉等认为，为对冲创新资源高度集聚引发的区域分化问题，应在中西部、东北地区等欠发达地区布局区域科技创新中心。[2] 刘冬梅等也认为，在现有国际及全国科技创新中心建设的基础上，在东北这样的特定地区建设区域性科技创新中心，有助于培育国家创新体系中的区域增长极核，是区域对接国家和全球创新网络的核心枢纽。[3]

本研究认为，基于创新资源的稀缺性，应进一步加强创新资源的统筹协调，准确定位各创新中心的辐射范围、历史使命与创新方向等。为发挥创新资源的集聚效益，不宜建设过多的科技创新中心，在地方层级更适宜布局一些科技平台基地，以支撑区域科技创新中心建设似乎更为合适，故采用国际科技创新中心、全国科技创新中心和区域科技创新中心的三分法，见表 2 - 2。

表 2 - 2 各等级科技创新中心情况

中心类型	辐射范围	历史使命	创新方向
国际科技创新中心	全球范围	参与全球竞争，抢占科技制高点	以基础研究为主的综合类创新
全国科技创新中心	大区域范围	支撑引领区域高质量发展，落实国家区域发展战略	以应用研究为主支撑引领重点产业发展

---

[1] 张文忠：《中国不同层级科技创新中心的布局与政策建议》，《中国科学院院刊》2022年第 12 期。

[2] 初玉、毕迅雷：《合理布局打造区域科技创新中心》，《学习时报》2021 年 7 月 28 日。

[3] 刘冬梅、赵成伟：《东北地区建设区域科创中心构想》，《开放导报》2021 年第 6 期。

续表

中心类型	辐射范围	历史使命	创新方向
区域科技创新中心	一省内部或相邻省份	发挥省域资源禀赋，对接国家发展战略	以技术应用为主支撑地区重点产业创新发展

（一）国际科技创新中心

国际科技创新中心位于创新链条的最顶端，应充分发挥其引领作用，提高我国在世界创新版图中的领先地位，打通创新链的各个环节，打造多形态多层次创新空间结构。国际科技创新中心是一个国家最高等级的科技创新中心，突出表现为汇聚大量科创资源的大城市或城市群，它是一个国家创新发展的增长极，也是代表国家参与全球竞争的重要载体。通过分析国际一流科技创新中心的发展经验可得，集聚是创新资源最重要的结构特征，成为带动地区经济发展的重要引擎，美国硅谷、波士顿128号公路、韩国大德科学城等大学、科研机构、研发密集型企业空间集聚地区的发展都作了有力证明。

（二）全国科技创新中心

出于促进区域协调发展及重大区域发展战略的考虑，在特定的区域，如传统的四大板块中的西部地区，或者流域板块中的长江中游地区建设全国科技创新中心，有助于培育国家创新体系中的区域增长极核，承担着辐射带动大区域范围、最终实现国内协同发展的职责，是特定地区对接全球创新网络的核心枢纽。[①] 因此，全国科技创新中心是指科技创新资源密集、科技创新活动集中、科技创新实力雄厚、科技成果辐射范围广大，从而在技术创新网格中占据领导和支配地位的城市或城市群，它能够有效对接上一等级科技创新中心的科学研究成果，关注技术创新，并在推动全国范围内实现产业化。全国科技创新中心的辐射带动范围较大，是全国范围内的，建设载体一般也是跨省级的。

[①] 刘冬梅、赵成伟:《成渝地区建设全国科创中心的路径选择》,《开放导报》2021年第3期。

（三）区域科技创新中心

根据对"区域"范围的不同理解，区域科技创新中心有不同的含义。从广义来讲，区域科技创新中心可以泛指各类科技创新中心，因为区域具有相对性，可以指一国甚至几个国家，也可以指一国之内的特定地区。本研究按照通常的理解，将区域解释为一国之内特定的地区，采用狭义的含义，一般指一省范围内。因此，区域科技创新中心是在特定区域的区位和资源禀赋条件下，国家通过资源的空间配置和创新政策的倾斜性支持等举措，推动对接上一层级科技创新中心的技术创新成果，通过产业化应用来打造科技创新高地，以实现区域经济的转型升级和快速发展，其实质就是培育省域及周边地区创新增长极的过程。

第六节　创新链

一　创新要素是什么

创新要素（innovation elements）又被称为研发要素（R&D elements）、创新资源（innovation resources）、科技资源（science and technology resources）等，OECD 认为创新要素是与创新活动相关的所有资源与能力的组合。[1] 许庆瑞认为创新要素包括对创新活动发挥直接作用的投入资源和为创新活动提供条件的支撑要素。[2] 郝汉舟等认为目前多数学者主要从要素论和系统论角度对创新要素内涵进行界定，基于区域创新体系（regional innovation system）和创新生态系统（innovation ecosystem）的概念，创新要素包括由产出科技成果的创新活动投入的资源，其中包括直接要素，包括技术、资金、人才等，除此之外还包括为创新活动提供支撑条件的外部创新环境，即间接要素，包括基础设施、宏观政策、社会环境等共同构成；而在要素论中，很多学者一般把创新要素分为人

---

① OECD, *The Knowledge Based Economy*, Paris：OECD, 1996.
② 许庆瑞：《全面创新管理——理论与实践》，科学出版社 2007 年版。

才要素、资金要素、平台要素、技术要素、社会资本要素、制度及政策要素。①

综上所述，创新要素指创新活动涉及的各类生产要素，② 主要是从市场的角度来定义③，一般指知识、技术、人才、资本、数据、土地、产业、市场等，也包括企业创新精神等虚拟要素。构建创新要素自由流动的全国统一大市场，实际上就是构建"知识、技术、数据、人才、资本等"自由流动的大市场。其中，人才是最具活力的要素，知识资源很多依附在人的身上，技术是最核心的要素，颠覆性创新和原始创新能够实现区域赶超和跨越，数据资源是最具时代特征的要素，是创新要素的重要组成部分。

二 创新要素的特征

一是，创新要素具有强大的发展潜力。相对于普通要素，创新要素稀缺性更强。创新要素有着不同于普通要素的特点，往往是普通要素中的佼佼者，具有再生性、正外部性、边际效益递增等特性，是生产要素的高级形式，在流动中携带了丰富的知识与技能信息，处于金字塔的顶端。比如，数据要素特有的可复制性、分布式及流通加工增值性等特征，通过赋能传统要素，增强原有要素配置的内生力。

二是，创新要素与新兴产业具有强关联性。创新要素配置模式应符合产业转型升级的需要，在聚焦中高端产业的同时，与传统产业转型升级和战略性新兴产业发展相匹配。

三是，创新要素与创新的高风险性相关联。从理论讲，生产活动与创新活动具有本质区别，生产是在确定性条件下开展的低风险活动，而

---

① 郝汉舟、刘彦文、沈琼婕等：《创新要素流动及影响因素研究述评》，《技术经济》2020年第5期。

② 朱婕、徐晔、陶长琪：《优化创新要素配置推动经济高质量发展》，《中国社会科学报》2021年11月3日。

③ 张惠娜、栾鸾、王晋：《创新要素向企业集聚模式与机制分析：以北京地区为例》，北京理工大学出版社2018年版。

创新是在不确定性环境中进行的高风险行为①，所以，创新要素更多地参与一些高风险的创新活动。

四是，创新要素需要在一定的集聚规模基础上，才能释放效力。创新不是简单的量的相加，而是需要质的提升，创新要素发挥创新效益，也具有同样的规律。创新要素资源自由流动是提高经济循环效率的重要保障，核心是引导各类要素资源协同向先进生产力集聚。

五是，创新要素具有较强的国家属性。相较于普通生产要素，创新要素较多属于新兴生产要素，市场化程度偏低，较多地掌握在政府手中，受行政命令的管控较多，但是其国家属性并不排斥将市场作为资源配置的基础。

三　构建创新要素统一大市场、进一步畅通创新链底层逻辑

习近平总书记在十八届中央政治局第九次集体学习时的重要讲话中指出，产业链是链条主导力，创新要围绕产业需求部署和推进，资金要环绕创新过程集聚，产业是整个生态链条的核心和龙头，揭示了产业链、创新链、资金链的层次递进关系。增强领域技术创新能力，通过产业环节要素的高效融合聚集，使产业各环节在生产管理过程中更好地创造价值，促使产业各环节产出增加，促进全产业链增值。

Hansen 认为，创新链包括知识的产生、知识转化和知识扩散的全过程。② Hage 等认为，创新链分为三个基本环节，从最初的创新投入到基础与应用研究，再从应用研究到科技成果，最后从科技成果到技术转化与产品市场化。③ 蔡坚认为，创新链是某个创新主体以市场需求为导向，以创新型知识、技术及产品供给为核心，通过技术、组织及管理创新，

---

① 马胜利、刘希瑶：《系统性风险与创新要素市场扭曲——"双支柱"调控框架的调节作用》，《华东经济管理》2022 年第 7 期。

② Hansen Birkinshaw, "The Innovation ValueChain", *The Harvard Business ReviewJournal*, Vol. 6, No. 85, 2007, pp. 121 – 132.

③ Hage J., Hollingsworth J. R., "A Strategy for the Analysis of Ideas' Innovation Networks and Institutions", *The Organization Studies Journal*, Vol. 5, No. 21, 2000, pp. 971 – 1004.

以实现技术产业化和市场化的过程。[①] 王荣将创新链分为研发、中试与批量生产三个阶段,[②] 此外还有四阶段论、五阶段论及七阶段论等。从创新实现过程来看,创新链可以分为以下几个阶段:需求分析、技术分析与预测、创新构思提出、基础研究、应用基础研究、实验与开发、小试中试、生产制造、市场化等,可以明显看出,创新更多的是被各类市场需求的场景驱动,进入基础研究阶段,政府行为较多,越往后,市场的影响因素越大,随着创新链的不断延伸,每个环节之间并不是简单的线性关系,而是各企业、科研机构、政府和相关的服务机构之间向网络化关系发展(参见图2-5)。

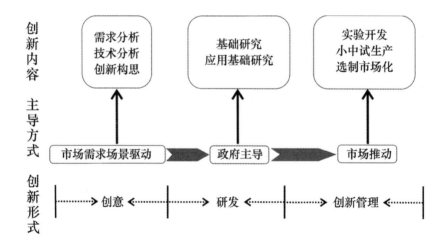

图2-5 创新要素自由流动畅通创新链的底层逻辑

从创新要素自由流动的结果分析,势必会造成创新资源在一定程度的集聚,其中,关键是创新要素集聚的程度。一般来讲,创新资源的集聚存在一定的边界效应。由于创新资源的稀缺性,目前除京津冀、长三

---

① 蔡坚:《产业创新链的内涵与价值实现的机理分析》,《技术经济与管理研究》2009年第6期。

② 王荣:《基于要素视角的产业链与创新链耦合发展研究》,《管理现代化》2021年第6期。

角和粤港澳大湾区创新资源较为集聚外，其他地区集聚程度较低，远没有达到边界规模效应。

因此，创新链畅通的本质要求是科技与经济是否有效结合，最终实现产业化是衡量创新成功与否的标志。所以，在创新的过程中，需要政府把握方向、源头，市场来判断创新的成功与否，创新要素要在集聚中找均衡。而通过构建全国统一大市场，加速推进创新要素市场化，建立国家统一的"创新要素网络"，使政企创新要素融合，必将大大提升其市场价值。

第三章　异质性创新研发活动对区域创新质量的空间溢出效应分析：基础理论

　　本章基于省域的维度，主要研究了三类研发活动对区域创新质量的空间溢出效应，实证说明一省的研发活动不仅仅能提升本身的区域创新质量，还能提升相邻省份的创新质量，为跨省域区域创新体系的构建提供了理论基础。

　　为提升创新质量，破解创新质量低的难题，以研发投入为代表的创新要素成为推动创新质量提升的重要战略资源。本章基于2011—2021年中国31省份省级面板数据，利用CRITIC方法从多维度综合测度创新质量，构建空间计量模型探究三类异质性研发对创新质量的空间溢出效应。研究发现：通过基准回归结果得出中国地区间的创新质量发展和三类异质性研发之间具有相关性。根据莫兰指数结果可知，异质性研发投入会显著影响创新质量的发展水平并呈现出高—高集聚、低—低集聚的空间特征。根据空间溢出效应分解结果可知，应用研究和基础研究对创新质量具有正向的空间溢出效应，而试验发展通过负的空间溢出效应抑制创新质量的提升。最后由空间调节效应结果得出三类异质性研发的任意交叉组合均对本地创新质量产生正向影响，而相邻地区的交叉组合仅有基础研究和应用研究的交叉对创新质量带来正向的空间溢出。因此，各省份应充分利用各自在创新价值链上的差异化优势，加强创新交流，促进创新活动在地域间的互通，尤其在开展试验发展活动上要避免相邻区域的挤占效应。

第一节　国内相关研究概述

中国必须坚持创新在我国现代化建设全局中的核心地位，加快实施创新驱动发展战略，才能缩小与国际上创新起步较早国家之间的差距。据《中国区域科技创新评价报告2022》，自2012年实施创新驱动发展战略以来，我国区域创新水平得到普遍提升，但仍存在一些创新低质量的问题，[①] 诸如部分区域出现创新要素配置"虹吸"或过度极化的现象以及区域创新同质化竞争现象较为普遍等，[②] 未来应该强化从主体协同和地域协同两个方向构建区域协同创新机制，进一步提升区域创新质量。[③] 提升创新质量，破解创新质量低的难题成为加快落实创新驱动发展的关键一环。[④] 而以研发投入为代表的创新要素则是推动创新质量提升的重要战略资源。来自政府、企业、国外、其他等四类研发经费投入会影响区域创新质量，[⑤] 且基于创新价值链的基础研究、应用研究、试验发展资本具有空间自相关效应。这就使我们进一步思考：基于创新价值链的三类异质性研发是否同样存在提升创新质量的空间溢出效应？且这一关系是否受三类研发的交互协同影响？实施的创新驱动战略是否会带来冲击效果？

然而，已有研究主要围绕创新质量的内涵界定及测算、影响因素等

---

① Yu L. P., Li H. Y., Wang Z. G., et al., "Technology Imports and Self-innovation in the Context of Innovation Quality", *International Journal of Production Economics*, 2019, pp. 44 – 52.

② 周麟、叶振宇：《构建高质量区域创新体系促进高水平科技自立自强》，《光明日报》2023年8月1日第11版。

③ 赵伟伟、张孟辉、李文雅等：《京津冀协同创新机制探讨——基于主体协同与区域协同视角》，《中国科技论坛》2023年第12期。

④ 侯建、陈恒：《自主研发、技术转移方式与区域创新质量》，《中国科技论坛》2016年第11期。

⑤ 蔡彬清、黄新焕：《研发经费投入对区域创新质量的影响——区域异质性环境的门槛效应分析》，《电子科技大学学报》（社会科学版）2021年第1期。

展开。自 Haner 首次从产品、服务、生产运作过程以及企业管理等方面提出有关创新质量的整合定义之后，创新质量问题越来越受到学者的关注。① 在创新质量内涵方面，Teemu 提出创新质量包含创新的技术价值和经济价值两方面②；俞立平、张宏如则进一步从创新类型、创新绩效和创新管理等 3 个维度明确了高质量创新的特征。③ 在创新质量的测算方面，主要集中于企业、产业、区域等三个维度上。其中，针对企业层面创新质量的已有研究重点通过专利特征来界定或表征创新质量，包含专利的知识宽度④、被引次数⑤、发明专利申请⑥/授权等⑦；在产业层面，相关研究主要聚焦某一类产业，如高技术产业，通过某一类产业技术创新的新颖性⑧、有效性⑨、技术扩散及转化等来界定和测算⑩；创新类型、创新绩效和创新管理区域层面主要是针对省际和城市，如侯建、陈恒以技术市场成交额替代衡量⑪，金培振等从发明专利申请占 3 类专利申请

① Haner U. E. , "Innovation Quality—A Conceptual Framework", *International Journal of Production Economics*, Vol. 80, Iss. 1, 2002, pp. 31 –37.

② Teemu M. , Tommi I. , "Innovation Quality in Knowledge Cities: Empirical Evidence of Innovation Award Competit-ions in Finland", *Expert Systems with Applications*, Vol. 41, Iss. 12, 2014, pp. 5597 –5604.

③ 俞立平、张宏如：《突击创新驱动高技术产业创新质量：机制、绩效及风险》，《深圳大学学报》（人文社会科学版）2022 年第 6 期。

④ 黎文靖、郑曼妮：《实质性创新还是策略性创新？——宏观产业政策对微观企业创新的影响》，《经济研究》2016 年第 4 期。

⑤ Yu L. P. , Li H. Y. , Wang Z. G. , et al. , "Technology Imports and Self-innovation in the Context of Innovation Quality", *International Journal of Production Economics*, 2019.

⑥ 梁琦、肖素萍、李梦欣：《数字经济发展、空间外溢与区域创新质量提升——兼论市场化的门槛效应》，《上海经济研究》2021 年第 9 期。

⑦ 俞立平、张矿伟、朱晓雨等：《短期与长期创新质量对高技术产业投资的影响》，《科技进步与对策》2024 年第 9 期。

⑧ 姜博、马胜利、王大超：《中国高技术产业创新质量内涵与测度研究》，《社会科学》2019 年第 3 期。

⑨ 袁胜军、俞立平、钟昌标等：《创新政策促进了创新数量还是创新质量？——以高技术产业为例》，《中国软科学》2020 年第 3 期。

⑩ 俞立平、张宏如：《突击创新驱动高技术产业创新质量：机制、绩效及风险》，《深圳大学学报》（人文社会科学版）2022 年第 6 期。

⑪ 侯建、陈恒：《自主研发、技术转移方式与区域创新质量》，《中国科技论坛》2016 年第 11 期。

总数的比重、绿色技术专利、产学研结合专利等测算城市创新质量[①]，黎文靖、郑曼妮[②]以及梁琦等[③]均采用专利申请中的发明专利申请数作为衡量区域创新质量的指标，李拓晨等[④]基于专利被引次数来表征各省际的创新质量，蔡彬清、黄新焕[⑤]则综合运用专利授权量、新产品销售收入、技术市场成交额等 3 个指标评价了各省市的创新质量。已有研究中，R&D 投入、知识、技术积累、政策、区域环境等是影响创新质量的重要因素。[⑥] 其中，与区域知识、技术积累等密切关联的创新投入被认为是最基础、最重要的因素。如侯建、陈恒研究发现自主研发、技术转移与区域创新质量存在非线性动态影响。[⑦] 蔡彬清、黄新焕研究发现企业研发经费投入促进区域创新质量的提升。[⑧] 提升创新质量途径主要有两种：一是区域本身的知识、技术的自身提升途径，二是通过外部合作交流等的溢出途径。[⑨] 有关创新的空间溢出效应，如余泳泽、刘大勇针对中国的研究也已证实创新价值链视角下的知识创新、科研创新、产品创新的创新效率都表现为较为明显的空间外溢效应，[⑩] 已有针对创新知识的研

① 金培振、殷德生、金桩：《城市异质性、制度供给与创新质量》，《世界经济》2019 年第 11 期。

② 黎文靖、郑曼妮：《实质性创新还是策略性创新？——宏观产业政策对微观企业创新的影响》，《经济研究》2016 年第 4 期。

③ 梁琦、肖素萍、李梦欣：《数字经济发展、空间外溢与区域创新质量提升——兼论市场化的门槛效应》，《上海经济研究》2021 年第 9 期。

④ 李拓晨、石孖祎、韩冬日等：《数字经济发展与省域创新质量——来自专利质量的证据》，《统计研究》2023 年第 9 期。

⑤ 蔡彬清、黄新焕：《研发经费投入对区域创新质量的影响——区域异质性环境的门槛效应分析》，《电子科技大学学报》（社会科学版）2021 年第 1 期。

⑥ 何涌：《R&D 投入能促进企业创新质量的提升吗？——基于风险投资的调节作用》，《经济经纬》2019 年第 4 期；李飞、陈岩、张李叶子：《海外并购整合、网络嵌入均衡与企业创新质量》，《科研管理》2019 年第 2 期；侯建、陈恒：《自主研发、技术转移方式与区域创新质量》，《中国科技论坛》2016 年第 11 期。

⑦ 侯建、陈恒：《自主研发、技术转移方式与区域创新质量》，《中国科技论坛》2016 年第 11 期。

⑧ 蔡彬清、黄新焕：《研发经费投入对区域创新质量的影响——区域异质性环境的门槛效应分析》，《电子科技大学学报》（社会科学版）2021 年第 1 期。

⑨ 范德成、李盛楠：《中国高技术产业省际知识溢出对创新质量的影响——基于知识吸收能力的门槛效应分析》，《商业研究》2019 年第 12 期。

⑩ 余泳泽、刘大勇：《我国区域创新效率的空间外溢效应与价值链外溢效应——创新价值链视角下的多维空间面板模型研究》，《管理世界》2013 年第 7 期。

究可以得出创新的空间外溢随着距离的增大而减少,[1] 进一步地在外溢的方向方面,Verspagen & Schoenmakers[2] 利用专利引用数据证实地理邻近可以正向促进知识外溢。

因此,与以往研究不同,本章基于创新质量是实现创新价值过程总和的内涵界定,首先,利用 CRITIC 客观赋权法,从多维度综合测算创新质量;然后,通过构建面板空间计量模型数据实证分析三类异质性研发提升创新质量的空间溢出效应,并致力于探究三类异质性研发交互协同对创新质量空间溢出效应的影响;最后,利用空间双重差分模型,挖掘创新驱动战略的实施对该空间溢出效应的政策冲击影响。本研究结论为各省充分发挥三类研发的空间溢出效应做出规划,统筹区域之间的研发投入,促进区域创新协同,加快推进区域创新体系建设,进而提升创新质量,提供了一定的理论支撑和政策建议。

第二节　实证研究

一　研究假设

(一) 基础研究与创新质量

基于创新价值链理论,研发投入包括基础研究、应用研究和试验发展三类。[3] 作为整个创新活动的基石,基础研究主要通过创造科学知识、提供基本原理、规律等来影响创新,[4] 更高效地吸收和利用外部知识和技术,从而增加创新产出,[5] 促进专利和发明专利的产出,提升国家和

---

① Keller W. , "Geographic Localization of International Technology Diffusion", *American Economic Review*, Vol. 92, 2002, pp. 120 – 142; Verspagen B. , W. Schoenmakers, "The Spatial Dimension of Patenting by Multinational Firms in Europe", *Journal of Economic Geography*, Vol. 4, 2004, pp. 23 – 42.

② Verspagen B. , W. Schoenmakers, "The Spatial Dimension of Patenting by Multinational Firms in Europe", *Journal of Economic Geography*, Vol. 4, 2004.

③ Hansen Morten T. , Birkinshaw Julian, "The Innovation Value Chaiz", *Harvard Business Review*, Vol. 85, 2007, pp. 12 – 19.

④ Rosenberg N. , "Why do Firms do Basic Research (With Their Own Money)", *Research Policy*, Vol. 19, Iss. 2, 1990, pp. 165 – 174.

⑤ 卫平、杨宏呈、蔡宇飞:《基础研究与企业技术绩效——来自我国大中型工业企业的经验证据》,《中国软科学》2013 年第 2 期。

地区创新能力。部分学者认为基础研究能够通过知识生产与积累、人力资本培养以及科技设备建设等途径促进技术进步。[①] Toole[②] 针对美国医药产业的研究发现，基础研究对早期创新具有非常显著的作用。进一步地，李林等[③]的研究表明不断增强的基础研究可以缩小我国先进制造技术与前沿技术差距，促进对人工智能等关键核心技术创新。[④] 此外，余泳泽、刘大勇基于创新价值链视角，已证实表征知识创新、科研创新、产品创新的基础研究、应用研究、试验发展均有比较明显的空间外溢效应，[⑤] 资源共享和知识溢出成为提升区域创新质量的重要渠道。基于此，本章提出假设 1。

H1：基础研究正向影响创新质量，且具有正向的空间溢出效应。

（二）应用研究与创新质量

作为基础研究的后续阶段，应用研究更加侧重围绕新知识进行研究开发、技术测验、成果试制等基于实际目标开展的科研创新活动，[⑥] 其目的更多是为了确定由基础研究带来的新知识的可能用途，或确定实现特定和预定目标的新方法，即应用研究更多是通过对已有知识和技术的利用来完成创新成果的转化，进而影响创新质量，起到连接科学知识和创新成果的作用。应用研究要想取得突破进展，很大程度上需

---

① Prettner K., Werner K., "Why it Pays Off to Pay us Well: The Impact of Basic Research on Eco-nomic Growth and Welfare", *Research Policy*, Vol. 45, Iss. 5, 2016, pp. 1075 – 1090; Salter A. J., Martin B. R., "The Economic Benefits of Publicly Funded Basic Research: A Critical Review", *Research Policy*, Vol. 30, Iss. 3, 2001, pp. 509 – 532.

② Toole A., "The Impact of Public Basic Research on Industrial Innovation: Evidence from the Pharma-Ceutical Industry", *Research Policy*, Vol. 41, Iss. 1, 2012, pp. 1 – 12.

③ 李林、杨晓宇、何建洪：《基础研究是否推动我国先进制造技术向国际前沿收敛——基于追赶阶段与技术子领域差异的分析》，《科技进步与对策》2022 年第 11 期。

④ 袁野、吴超楠、陶于祥等：《基础研究如何推动我国关键核心技术创新？——基于新一代人工智能专利的实证研究》，《科学学与科学技术管理》2023 年第 10 期。

⑤ 余泳泽、刘大勇：《我国区域创新效率的空间外溢效应与价值链外溢效应——创新价值链视角下的多维空间面板模型研究》，《管理世界》2013 年第 7 期。

⑥ 蒋殿春、王晓娆：《中国 R&D 结构对生产率影响的比较分析》，《南开经济研究》2015 年第 2 期；余泳泽、刘大勇：《我国区域创新效率的空间外溢效应与价值链外溢效应——创新价值链视角下的多维空间面板模型研究》，《管理世界》2013 年第 7 期。

要依赖于基础研究，① 基础研究的成果可为应用研究发展提供知识基础，推动应用研究发展，进而对创新产生促进影响。王娟、任小静的研究则进一步发现基础研究和应用研究具有协同作用。② Gersbach、Sorger 强调了基础研究与其他研发活动之间的双向溢出效益，形成知识供给与需求的互动关系。③ 余永泽研究发现创新资本不仅具有创新的空间外溢，还有基于创新价值链的外溢，应用研究投入带动了基础研究投入，基础研究投入也可以带动应用研究投入。综合上述分析，本章提出假设 2。

H2a：应用研究正向影响创新质量，且具有正向空间溢出效应。

H2b：基础研究和应用研究的交互对提升创新质量具有正向的空间溢出效应。

（三）试验发展与创新质量

试验发展作为创新价值链的末端，其更加着眼于涵盖工程设计、市场营销、推广宣传等具体工作的创新和新产品的实际生产。④ 其主要是在基础研究和应用研究创新成果的基础上，根据市场需求的变化，改进和开发新产品、新工艺，其与生产端和销售端密切相连，能够迅速地转化为创新产出和新产品销售收入，进而提升创新质量。刘冠辰等针对异质性研发对区域创新发展的影响研究，发现以全要素生产率表征的区域创新发展受到试验发展的正向促进作用影响。⑤ 此外，基于创新价值链，基础研究和应用研究是试验发展的基础和前提，基础研究可以增强试验

① 苏美丽、刘凤芹：《基础研究投入与企业生产率差异：创新与选择效应》，《经济管理》2022 年第 10 期。

② 王娟、任小静：《基础研究与工业全要素生产率提升——任正非之问的实证检验》，《现代财经》（天津财经大学学报）2020 年第 6 期。

③ Gersbach H. , Sorger G. , "Hierarchical Growth：Basic and Applied Research", *Center of Economic Research at ETH Zurich Working Paper*, Vol. 9, 2009, pp. 110 – 118.

④ 余泳泽、刘大勇：《我国区域创新效率的空间外溢效应与价值链外溢效应——创新价值链视角下的多维空间面板模型研究》，《管理世界》2013 年第 7 期。

⑤ 刘冠辰、乔志林、陈晨：《异质性研发对区域创新发展的影响研究——基于省际面板数据的实证分析》，《云南社会科学》2021 年第 1 期。

发展对于全要素生产率的提升作用。[①] 然而，余泳泽等得出与之不一致的结论，认为过多的试验发展投入会挤占基础研究投入，不利于企业生产率的提高。综上，本章提出假设 3。

H3a：试验发展直接提升区域创新质量且具有显著正向空间溢出效应。

H3b：基础研究和试验发展的交互协同对提升创新质量具有负向的空间溢出。

H3c：应用研究和试验发展的交互协同对提升创新质量具有正向的空间溢出。

H3d：基础研究、应用研究和试验发展的交互协同对提升创新质量具有正向的空间溢出效应。

二　模型设计与变量定义

(一) 基准模型构建

为探究三类异质性研发投入对创新质量的直接影响，本章以 Griliches-Jaffe 知识生产函数为基础，参考蔡彬清、黄新焕[②]的研究，构建如式（3-1）的面板数据模型：

$$LnINNQ_{it} = c + \alpha_i LnControl_{it} + \beta_1 LnJC_{it} + \beta_2 LnYY_{it} + \quad (3-1)$$
$$\beta_3 LnSY_{it} + \mu_i + \delta_t + \varepsilon_{it}$$

式中，$INNQ_{it}$ 表示 i 省市 t 年的创新质量；JC_{it}、YY_{it}、SY_{it} 分别表示 i 省市 t 年的基础研究投入、应用研究投入、试验发展投入；$Control_{it}$ 为控制变量，包含产业结构（CYJ）、政府财政支出（CZ）、对外开放度（OPEN）、外商直接投资（FDI）、技术引进（JSY）；μ_i 和 δ_t 分别表示控制地区固定效应和时间固定效应；ε_{it} 为随机误差项；c 为

① 蒋殿春、王晓娆：《中国 R&D 结构对生产率影响的比较分析》，《南开经济研究》2015年第 2 期。

② 蔡彬清、黄新焕：《研发经费投入对区域创新质量的影响——区域异质性环境的门槛效应分析》，《电子科技大学学报》（社会科学版）2021 年第 1 期。

常数项；α_i 为控制变量估计系数；β_1、β_2、β_3 分别为三个核心解释变量的估计系数。

（二）空间计量模型的构建

创新质量是对各省市创新发展效果的综合评价。随着省际间的要素流动和商品交易的发展，地区之间的联系非常密切，在研究异质性研发投入与创新质量的关系时，若使用普通最小二乘法构建计量模型，将忽略省际之间的空间相关性和空间溢出效应。因此，本研究为考察异质性研发投入对创新质量的空间溢出效应，不仅考虑本地区异质性研发投入对创新质量的影响，还将考虑本地异质性研发投入对邻近地区创新质量的影响，进而在式（3-1）的基础上，通过空间权重矩阵，将其拓展为空间计量模型，见式（3-2）。

$$
\begin{aligned}
LnINNQ_{it} = & \ l + \rho W_{ij} LnINNQ_{it} + \theta_1 W_{ij} LnJC_{it} + \beta_1 LnJC_{it} + \\
& \theta_2 W_{ij} LnYY_{it} + \beta_2 LnYY_{it} + \beta_3 LnSY_{it} + \\
& \theta_3 W_{ij} LnSY_{it} + \gamma_i W_{ij} LnControl_{it} + \alpha_i LnControl_{it} + \\
& \mu_i + \delta_t + \varepsilon_{it}
\end{aligned}
\tag{3-2}
$$

式中，W_{ij} 为空间权重矩阵，θ_1、θ_2、θ_3 为核心解释变量空间溢出系数，γ_i 为控制变量的空间溢出系数，l 为常数项，μ_i、δ_t、ε_{it}、α_i、β_1、β_2、β_3 与式（3-1）相同。

此外，为检验三类异质性研发的"协同"或"挤占"效应，本研究将在基准空间计量模型的基础上构建调节模型，见式（3-3）。

$$
\begin{aligned}
LnINNQ_{it} = & \ l + \rho W_{ij} LnINNQ_{it} + \theta_1 W_{ij} LnJC_{it} + \beta_1 LnJC_{it} + \\
& \theta_2 W_{ij} LnYY_{it} + \beta_2 LnYY_{it} + \beta_3 LnSY_{it} + \\
& \theta_3 W_{ij} LnSY_{it} + \gamma_i W_{ij} Ln\,Control_{it} + \alpha_i Ln\,Control_{it} + \\
& \beta_4 LnJC_{it} \times LnYY_{it} + \theta_4 W_{ij} LnJC_{it} \times LnYY_{it} + \beta_5 LnJC_{it} \times \\
& LnSY_{it} + \theta_5 W_{ij} LnJC_{it} \times LnSY_{it} + \beta_6 LnYY_{it} \times LnSY_{it} + \\
& \theta_6 W_{ij} LnYY_{it} \times LnSY_{it} + \beta_7 LnJC_{it} \times LnYY_{it} \times LnSY_{it} + \\
& \theta_7 W_{ij} LnJC_{it} \times LnYY_{it} \times LnSY_{it} + \mu_i + \delta_t + \varepsilon_{it}
\end{aligned}
\tag{3-3}
$$

三　变量测度与说明

（一）被解释变量

创新质量（INNQ）已有研究针对创新质量的衡量主要从发明专利申请①、发明专利授权②、专利特征③、技术市场成交额④等指标开始研究。且部分学者已开始注意到单一指标衡量的弊端，尝试从综合角度测量创新质量，如蔡彬清、黄新焕⑤采用综合指数法从专利授权量、新产品销售收入、技术市场成交额等 3 个指标综合评价了各省市的创新质量，但其仍忽略了各省市以论文表征的知识创新质量。⑥ 作为衡量创新价值的重要标准，应该从可以全面体现创新价值实现过程总和的指标出发。⑦ 因此，本章将在其基础上，引入各省市在 SCI、EI、CPCI-S 等主要检索工具上的论文发表量。利用 CRITIC 客观赋权法，综合评价各省市的创新

---

①　黎文靖、郑曼妮：《实质性创新还是策略性创新？——宏观产业政策对微观企业创新的影响》，《经济研究》2016 年第 4 期；梁琦、肖素萍、李梦欣：《数字经济发展、空间外溢与区域创新质量提升——兼论市场化的门槛效应》，《上海经济研究》2021 年第 9 期。

②　张古鹏、陈向东、杜华东：《中国区域创新质量不平等研究》，《科学学研究》2011 年第 11 期；蔡绍洪、俞立平：《创新数量、创新质量与企业效益——来自高技术产业的实证》，《中国软科学》2017 年第 5 期；俞立平、张矿伟、朱晓雨等：《短期与长期创新质量对高技术产业投资的影响》，《科技进步与对策》2024 年第 9 期。

③　Lanjouw J., Schankerman M., "Patent Quality and Research Productivity: Measuring Innovation With Multiple Indicators", *Economic Journal*, Vol. 114, Iss. 495, 2004, pp. 441 – 465; Akcigit U., Baslandze S., Stantcheva S., "Taxation and the International Mobility of Inventors", *American Economic Review*, Vol. 106, Iss. 10, 2016, pp. 2930 – 2981; 张杰、郑文平：《创新追赶战略抑制了中国专利质量么？》，《经济研究》2018 年第 5 期；Aghion P., Akcigit U., Bergeaud A., Blundell R., Hémous D., "Innovation and top Income Inequality", *The Review of Economic Studies*, Vol. 86, Iss. 1, 2019, pp. 1 – 45.

④　张欣炜、林娟：《中国技术市场发展的空间格局及影响因素分析》，《科学学研究》2015 年第 10 期；侯建、陈恒：《自主研发、技术转移方式与区域创新质量》，《中国科技论坛》2016 年第 11 期。

⑤　蔡彬清、黄新焕：《研发经费投入对区域创新质量的影响——区域异质性环境的门槛效应分析》，《电子科技大学学报》（社会科学版）2021 年第 1 期。

⑥　余泳泽、刘大勇：《我国区域创新效率的空间外溢效应与价值链外溢效应——创新价值链视角下的多维空间面板模型研究》，《管理世界》2013 年第 7 期。

⑦　喻忠磊、唐于渝、张华等：《中国城市舒适性的空间格局与影响因素》，《地理研究》2016 年第 9 期；王钺：《研发要素流动是否促进了区域创新质量的空间收敛——基于城市舒适性的视角》，《北京理工大学学报》（社会科学版）2021 年第 3 期。

质量。该方法从问题的各个角度和效果进行全面分析，评估指标的优劣，相比于熵权法，能够系统化分析各个因素的关系，对比主观赋权法，避免了单纯凭借经验或直观判断的情况出现，为决策者提供更加可靠的指标计算结果，具体测算步骤如下。

第一步，采用极差法对各指标进行标准化处理，得到标准化指标；第二步，利用标准差的形式来测算指标变异性（S_j）；第三步，用相关系数测量指标冲突性（R_j）；第四步，计算信息的承载量（C_j）；第五步，计算各指标的权重，$W_j = C_j / \sum_1^m C_j$；第六步，根据标准化数值和权重计算各省市创新质量。该值越高，意味着该省市的创新质量越高。

（二）解释变量

本章以三类研发投入为核心解释变量，分析异质性研发投入对创新质量的影响。根据永续盘存法[①]分别测算基础研究投入、应用研究投入、试验发展投入，以 2011 年的三类研发投入作为基期，通过式（3－4）计算各省市不同年份的基础研究存量、应用研究、试验发展存量。其中，δ 为经费折旧率，参考吴延兵[②]的研究，将折旧率定为 15%。

$$K_{it} = (1 - \delta) K_{it-1} + I_{it} \qquad (3-4)$$

（三）空间权重矩阵

空间权重矩阵 W_{ij} 表示各省市在地理位置上的邻接性。即根据各省地理空间是否相邻而构建 0—1 邻接矩阵。若两省市地理位置相邻，则赋予权重矩阵中相对应的元素为 1，否则为 0，具体如式（3－5）所示[③]。为保证估计结果的稳健性，文章用反距离空间权重矩阵进行稳健性检验。

$$W_{ij} = \begin{cases} 1, & i \text{ 和 } j \text{ 相邻} \\ 0, & \text{其他} \end{cases} \qquad (3-5)$$

---

① 张军、吴桂英、张吉鹏：《中国省际物资资本存量估算：1952—2000》，《经济研究》2004 年第 10 期。

② 吴延兵：《中国工业 R&D 产出弹性测算（1993—2002）》，《经济学》（季刊）2008 年第 3 期。

③ 宛群超、袁凌：《创新要素流动与高技术产业创新能力》，《科研管理》2021 年第 12 期。

（四）控制变量

产业结构（*CYJ*），作为影响省市技术创新吸收能力的重要因素，其对各省市创新质量也具有重要影响①，本研究以各省市第三产业增加值/第二产业增加值来衡量；政府影响力（*CZ*），以政府一般财政支出占GDP的比重表示；技术引进（*JSY*），对外技术引进是影响创新质量的重要因素②，本研究以技术引进经费占GDP的比重测量；对外开放度（*OPEN*），以各省市进出口额与生产总值的比值表示；外商投资（*FDI*），以外商投资额占GDP的比重表征。

四　数据来源与描述性统计

本章的数据样本由2011—2021年中国31个省份（因港澳台数据缺失，将其除外）的面板数据构成。有关变量的原始数据主要来自《中国科技统计年鉴》、国家统计局网站的《中国统计年鉴》。各变量的描述性统计如表3-1所示。由表3-1可以看出三类研发投入的标准差较大，说明各省市在三类研发上存在较大差异，有必要进一步对三类异质性研发投入进行研究。

表3-1　　　　　　　　　　　**变量的描述性统计**

变量	样本	均值	标准差	最小值	最大值
创新质量（*INNQ*）	341	0.1407	0.1441	0.0000	0.6183
基础研究（*JC*）	341	12.8571	1.4335	7.5459	16.5838
应用研究（*YY*）	341	13.5967	1.5248	8.3991	17.0447
试验发展（*SY*）	341	15.4851	1.7533	8.5558	18.6827
产业结构（*CYJ*）	341	0.7779	0.2408	0.4174	1.8400

---

① 李拓晨、石孖祎、韩冬日等：《数字经济发展与省域创新质量——来自专利质量的证据》，《统计研究》2023年第9期；梁琦、肖素萍、李梦欣：《数字经济发展、空间外溢与区域创新质量提升——兼论市场化的门槛效应》，《上海经济研究》2021年第9期。

② 倪一宁、孟宁、马野青：《进口竞争、对外技术引进与企业创新质量提升》，《世界经济研究》2023年第7期。

续表

变量	样本	均值	标准差	最小值	最大值
政府影响力（CZ）	341	0.2382	0.1306	0.1013	0.8667
技术引进（JSY）	341	0.0004	0.0007	0.0000	0.0071
开放程度（OPEN）	341	0.0385	0.0414	0.0011	0.2151
外资（FDI）	341	0.0704	0.1551	0.0076	2.0784

注：所有变量全取自然对数。

第三节　结果分析

一　基准回归结果

模型（1）为未引入控制变量时的结果，模型（2）为引入控制变量后的回归结果。由结果可知（参见表3-2），基础研究（JC）、应用研究（YY）、试验发展（SY）分别在10%、5%、1%的显著性水平上为正，假设1得到支持。这说明，三类异质性研发投入均可以促进创新质量的提升。结合回归系数发现，在其他变量不变的条件下，基础研究（JC）每增加1单位，创新质量可增加0.022单位；应用研究（YY）每增加1单位，创新质量可增加0.0171单位；试验发展每增加1单位，创新质量可增加0.0487单位，假设1、假设2a和假设3a的部分得到初步证实。为了进一步验证被解释变量与解释变量之间是否存在空间关系，下一步将运用空间杜宾模型进行相关检验。

表3-2　　　　　　　　　　　　　　　**基准回归结果**

	（1） 创新质量（INNQ）	（2） 创新质量（INNQ）
基础研究（JC）	0.0117 * （1.73）	0.0220 ** （2.35）
应用研究（YY）	0.0143 * （1.91）	0.0171 ** （2.11）

续表

	（1）	（2）
	创新质量（*INNQ*）	创新质量（*INNQ*）
试验发展（*SY*）	0.0267 **	0.0487 ***
	（2.80）	（4.53）
控制变量		
产业结构（*CYJ*）		0.0202
		（1.04）
政府影响力（*CZ*）		0.266 ***
		（4.16）
技术引进（*JSY*）		2.381
		（1.06）
开放程度（*OPEN*）		0.0712
		（0.74）
外资（*FDI*）		− 0.0170 **
		（− 2.07）
_ cons	− 0.543 ***	− 1.071 ***
	（− 3.97）	（− 6.16）
时间固定	是	是
地区固定	是	是
N	341	341

注：第一行为回归系数，第二行为 t 值，***、**、* 分别表示 1%、5%、10% 水平下显著。

二 空间自相关检验

（一）全局莫兰指数

在进行空间计量分析时，首先需要明确异质性研发投入提升创新质量在省际间是否存在空间相关性。本研究选用全局莫兰指数（Moran's I）来检验空间相关性，计算公式为：

$$\text{Moran's I} = \sum_{i=1}^{n} \sum_{j=1}^{n} W_{ij}(Y_i - \bar{Y})(Y_j - \bar{Y}) / S^2 \sum_{i=1}^{n} \sum_{j=1}^{n} W_{ij} \quad (3-6)$$

式中，$S^2 = \frac{1}{n}\sum_{i=1}^{n}$，$Y = \frac{1}{n}\sum_{i=1}^{n}Y_i$，$n$ 是本研究的 31 个省自治区，Y_i 代表各省市的创新质量（或基础研究、应用研究和试验发展三类异质性研发投入），Y 表示相应指标的均值，W_{ij} 为空间权重矩阵，且莫兰指数的取值范围为 [−1，1]，若莫兰指数 >0，则表示省际间的观察变量呈现空间正相关；若莫兰指数 <0，表示省际间的观察变量呈现空间负相关；若莫兰指数 =0，则表示观察变量间无空间相关性。

利用 STATA 18.0 软件测算全局莫兰指数。结果显示，在空间邻近矩阵下，创新质量、基础研究、应用研究和试验发展的全局莫兰指数均大于 0 且最大在 10% 的水平范围内显著（参见表 3–3），假设 1、假设 2a、假设 3a 得到初步支持。2011—2021 年，我国各省份间的莫兰指数整体上呈现波动下降再上升的态势，尤其在 2020—2021 年，除去应用研究有微小的下降外，其余均上升。

表 3–3   2011—2021 莫兰指数结果

年份	创新质量			基础研究		
	莫兰指数	Z 值	P 值	莫兰指数	Z 值	P 值
2011	0.298	2.9349	0.0033	0.1945	1.9882	0.0468
2012	0.2909	2.8765	0.0040	0.1859	1.9092	0.0562
2013	0.2823	2.7812	0.0054	0.2002	2.0405	0.0413
2014	0.2679	2.6568	0.0079	0.1853	1.9013	0.0573
2015	0.2591	2.5736	0.0101	0.1809	1.8425	0.0654
2016	0.2481	2.4753	0.0133	0.1836	1.8704	0.0614
2017	0.2006	2.0701	0.0384	0.2026	2.0368	0.0417
2018	0.1825	1.916	0.0554	0.2145	2.1421	0.0322
2019	0.1704	1.8188	0.0689	0.2274	2.2582	0.0239
2020	0.2014	2.0903	0.0366	0.2319	2.2983	0.0215
2021	0.2591	2.5852	0.0097	0.2556	2.4994	0.0124

续表

年份	应用研究			试验发展		
	莫兰指数	Z 值	P 值	莫兰指数	Z 值	P 值
2011	0.1819	1.8556	0.0635	0.4067	3.9079	0.0001
2012	0.1909	1.9355	0.0529	0.4183	3.972	0.0001
2013	0.1987	2.0004	0.0455	0.4245	4.0069	0.0001
2014	0.2059	2.0622	0.0392	0.4295	4.0492	0.0001
2015	0.213	2.112	0.0347	0.4282	4.0597	0.0000
2016	0.2254	2.2243	0.0261	0.427	4.0548	0.0001
2017	0.2446	2.3967	0.0165	0.4273	4.06	0.0000
2018	0.2575	2.5157	0.0119	0.4358	4.121	0.0000
2019	0.2676	2.6009	0.0093	0.4424	4.1704	0.0000
2020	0.279	2.7016	0.0069	0.4496	4.2259	0.0000
2021	0.2705	2.6377	0.0083	0.458	4.2861	0.0000

（二）莫兰散点图

上述全局莫兰指数可以在整体上说明异质性研发投入在中国各省域的空间关联性，但是却不能更加直观地展现中国不同区域和省域之间的空间关联特征。因此为更清晰展现其空间相关关系，本研究绘制了相关指标的莫兰散点图（参见图 3 - 1、3 - 2、3 - 3、3 - 4）。

莫兰散点图共有四种空间联系类型。结合图 3 - 1 至图 3 - 4 得出：多数省份的散点分布在第一象限与第三象限，表明存在正的空间相关性，异质性投入高与创新质量强的省份更多地与其他异质性投入高与创新质量强的省份相邻，反之亦成立。此外，可以看出以江浙沪皖为代表的长三角地区和京津冀地区在三类异质性研发投入方面均具有高—高空间集聚特征；辽宁、陕西、四川、吉林、黑龙江在基础研究和应用研究方面呈现高—低空间集聚特征；广东除在试验发展方面呈现高—高空间集聚特征外，其余呈现高—低空间集聚特征；贵州、广西、江西在三类异质性研发方面呈现低—高空间集聚特征；西藏、青海、新疆、宁夏、内蒙古、山西等在三类异质性研发方面呈现低—低空间集聚特征。其中，长三角的空间正向集聚变化最为明显，而京津冀地区的空间负向集聚有所增强，即三地的空间差异在变大。

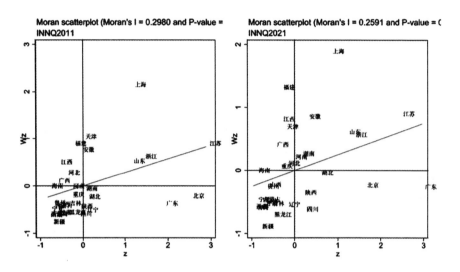

图 3-1　基于创新质量 2011 年和 2021 年我国各省市的空间联系形式

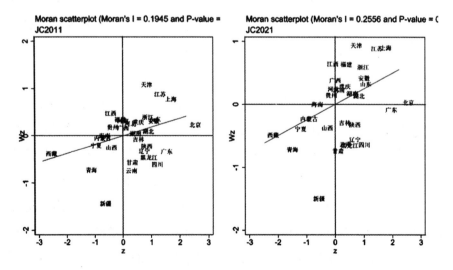

图 3-2　基于基础研究 2011 年和 2021 年我国各省市的空间联系形式

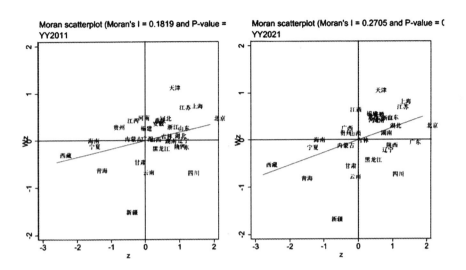

图 3 - 3　基于应用研究 2011 年和 2021 年我国各省市的空间联系形式

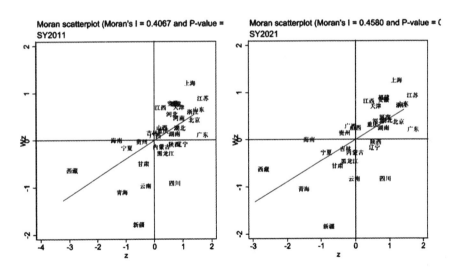

图 3 - 4　基于试验发展 2011 年和 2021 年我国各省市的空间联系形式

三　空间计量回归结果分析

（一）空间模型选择

运用 LM、Wald 和 LR 检验在空间杜宾模型（SDM）、空间误差模型

（SEM）和空间滞后模型（SAR）中选择合适的空间计量模型（参见表3-4）。针对滞后模型的稳健 LM（Robust LM - lag）的检验值在1%水平下显著，因此选择空间滞后模型。而 Wald 检验结果均在1%水平下通过显著性检验，即可以使用空间杜宾模型。进一步，LR 检验的统计量结果均在1%水平下通过显著性检验，表示空间杜宾模型（SDM）不能退化为空间滞后模型（SAR）或者空间误差模型（SEM）。然后，Hausman 检验的统计量显示，应选择固定效应模型。最后，LR 检验结果均通过1%显著性水平下的检验，即可以采用地区和时间的双向固定效应模型。综上，本研究的空间计量模型为双向固定的空间杜宾模型。

表3-4 空间计量的诊断性检验结果

诊断性检验		值	P 值	诊断性检验		值	P 值
LM 检验	LM-error	12.991	0.000	LR 检验	SDM-SAR	53.900	0.000
	Robust LM-error	0.151	0.698		SDM-SEM	59.810	0.000
	LM-lag	31.969	0.000	Hausman 检验		72.290	0.000
	Robust LM-lag	19.129	0.000	LR	both-time	772.910	0.000
Wald 检验	SDM-SAR	58.180	0.000		both-ind	37.960	0.000
	SDM-SEM	75.900	0.000				

（二）空间杜宾模型计量结果

在表3-5中，SDM 模型的空间自回归系数（Spatial rho）为0.308，且在1%的水平上显著，再次证实选用空间杜宾模型更为合适。从 main 主效应列看出，基础研究、应用研究、试验发展三个变量的系数均为正数，应用研究与试验发展在1%与10%水平下显著且影响系数分别为0.217和0.0185，验证假设2a和假设3a的部分内容。通过 Wx 列的空间交互项系数，初步得出邻近地区的基础研究和应用研究的系数均为正，验证假设1和假设2a；而邻近地区的试验发展对本地区的创新质量系数为负，产生负的空间溢出效应，假设3a的部分内容未验证。在控制变量中，仅有开放程度的影响系数显著为负，其余均为正。

表 3 - 5　　　　　　　　　　空间杜宾模型回归结果

	Main		Wx
基础研究（JC）	0. 00440	基础研究（JC）	0. 0461 ***
	(0. 51)		(3. 06)
应用研究（YY）	0. 0217 ***	应用研究（YY）	0. 0372 **
	(2. 92)		(2. 09)
试验发展（SY）	0. 0185 *	试验发展（SY）	- 0. 0556 ***
	(1. 65)		(- 2. 85)
产业结构（CYJ）	0. 0133	产业结构（CYJ）	0. 00883
	(0. 81)		(0. 27)
政府影响力（CZ）	0. 235 ***	政府影响力（CZ）	- 0. 265 **
	(3. 83)		(- 2. 57)
技术引进（JSY）	1. 719	技术引进（JSY）	- 11. 26 *
	(0. 91)		(- 1. 69)
开放程度（OPEN）	- 0. 196 **	开放程度（OPEN）	0. 978 ***
	(- 2. 25)		(5. 68)
外资（FDI）	0. 00282	外资（FDI）	- 0. 123 *
	(0. 35)		(- 1. 68)
Spatial rho		0. 308 ***	
		(4. 45)	
时间		是	
地区		是	
R^2		0. 222	
Log-likelihood		777. 3632	
N	341		

注：第一行为回归系数，第二行为 z 值，*** 、** 、* 分别表示1% 、5% 、10% 水平下显著。

四 空间溢出效应分析

为了更直观地阐明解释变量和控制变量对被解释变量的影响，本章借鉴 LeSage、Pace[①] 的偏微分方法，将空间杜宾模型的总效应分解为直接效应（本地效应）和间接效应（溢出效应）。应用研究的直接效应和间接效应均显著为正，验证假设 2a（参见表 3 - 6）。基础研究的间接效应显著为正，未全部验证假设 1。试验发展的间接效应显著为负，假设 3a 未验证。控制变量中，政府影响力直接效应显著为正，间接效应显著为负，开放程度的直接效应显著为负，间接效应显著为正，其余控制变量均不显著。

表 3 - 6 　　　　　　　　　　　空间杜宾模型的效应分解结果

	直接效应	间接效应	总效应
基础研究 （JC）	0.009	0.065 ***	0.073 ***
	(0.98)	(3.09)	(3.11)
应用研究 （YY）	0.025 ***	0.058 **	0.083 ***
	(3.10)	(2.18)	(2.62)
试验发展 （SY）	0.016	- 0.067 **	- 0.051
	(1.30)	(- 2.15)	(- 1.26)
产业结构 （CYJ）	0.015	0.021	0.036
	(0.89)	(0.45)	(0.65)
政府影响力 （CZ）	0.223 ***	- 0.259 *	- 0.036
	(3.61)	(- 1.90)	(- 0.22)
技术引进 （JSY）	1.008	- 13.840	- 12.832
	(0.50)	(- 1.47)	(- 1.23)
开放程度 （OPEN）	- 0.124	1.214 ***	1.089 ***
	(- 1.37)	(5.44)	(4.37)

---

① Lesage J. P., Pace R. K., *Introduction to Spatial Econometric*, New York：CRC Press（Taylor and Francis Group），2009.

续表

	直接效应	间接效应	总效应
外资（*FDI*）	- 0.007	- 0.166	- 0.174
	（- 0.67）	（- 1.64）	（- 1.58）

注：第一行为回归系数，第二行为 z 值，***、**、* 分别表示 1% 、5% 、10% 水平下显著。

五 调节效应分析

基础研究、应用研究和试验发展作为创新的三个阶段，可能存在协同或挤占效应。为进一步探讨三类异质性研发活动的相互影响，本章借助式（3 - 2）调节模型，验证基础研究、应用研究、试验发展三者的相互影响对创新质量的影响（参见表 3 - 7）。

表 3 - 7 调节效应估计结果

	（1）	（2）	（3）	（4）
Main				
JC	0.019 **	0.020 **	0.017 *	0.022 **
	（2.18）	（2.26）	（1.95）	（2.46）
YY	0.022 ***	0.017 **	0.018 **	0.020 **
	（2.94）	（2.22）	（2.38）	（2.19）
SY				
	0.024 **	0.027 **	0.028 **	0.029 **
JC * YY	（2.15）	（2.47）	（2.51）	（2.53）
	0.003 ***			- 0.001
JC * SY	（4.98）			（- 0.36）
		0.003 ***		0.005 *
YY * SY		（5.06）		（1.93）
			0.003 ***	0.001
			（5.14）	（0.40）

续表

	（1）	（2）	（3）	（4）
$JC * YY * SY$				0.001 ***
				（4.22）
Wx				
JC	0.041 **	0.037 **	0.040 **	0.056 ***
	（2.41）	（2.25）	（2.41）	（3.31）
YY	0.015	0.016	0.012	0.034
	（0.81）	（0.82）	（0.62）	（1.62）
SY	−0.050 ***	−0.049 ***	−0.050 ***	−0.079 ***
	（−2.66）	（−2.63）	（−2.69）	（−3.87）
$JC * YY$	0.002 *			0.013 **
	（1.79）			（2.50）
$JC * SY$		−0.002 **		−0.023 ***
		（−2.36）		（−3.64）
$YY * SY$			−0.002 **	0.007
			（−2.01）	（1.18）
$JC * YY * SY$				−0.001 ***
				（−3.62）
Spatial Rho	0.318 ***	0.323 ***	0.324 ***	0.341 ***
	（4.66）	（4.76）	（4.77）	（5.18）
R^2	0.3923	0.3851	0.4129	0.3909
Log-likelihood	964.6216	964.9779	965.3223	981.7162
N	341	341	341	341

注：第一行为回归系数，第二行为 z 值，***、**、* 分别表示1%、5%、10% 水平下显著。

由 Main 主效应得出，本地区的基础研究、应用研究、试验发展的任意交互项和三者交互项都对创新质量具有显著的正向影响。Wx 列的空间交互项得出，基础研究和应用研究的交叉项（$JC * YY$）系数显著为正，可正向促进本地区创新质量的提升，支持假设 2b，而基础研究和试验发展、试验发展和应用研究、基础研究/应用研究和试验发展的交互项的系数则均显著为负，负影响本地创新质量的提升，假设 3b 得到验证，假设 3c 和 3d 未验证。

六　稳健性检验

本章通过更换空间权重矩阵来验证结果的稳健性。核心解释变量三类异质性研发的显著性水平基本与上文表 3-5 的实证结果基本一致（参见表 3-8），说明实证结果具有稳健性。另外，稳健性检验的模型 R^2 与 Log-likelihood 值较大，也从侧面保证了模型检验结果的可信度。

表 3-8　　　　　　　　　　稳健性检验结果

	Main	Wx
基础研究（JC）	-0.005	0.054^*
	(-0.54)	(1.71)
应用研究（YY）	0.024^{***}	0.142^{***}
	(3.06)	(3.48)
试验发展（SY）	0.019^*	-0.074^*
	(1.72)	(-1.79)
控制变量	是	
R^2	0.198	
Log-likelihood	946.9013	
N	341	

注：第一行为回归系数，第二行为 z 值，***、**、* 分别表示 1%、5%、10% 水平下显著。

第四节　讨论与适用

一　优化组合与创新

从之前的研究得出，数字经济与创新的研究仍存在以下改进空间：

第一，现有研究虽然已通过引入空间权重矩阵探讨了创新价值链三个阶段创新效率的溢出效应，但其尚未对溢出效应进行分解，无法准确捕捉直接和间接影响的程度，同时忽略了异质性研发的交互协同对空间溢出效应的调节影响，也未明确提及创新质量；第二，针对创新质量的测量，虽然学者已开始综合测算创新质量，但省域创新质量的全面界定仍存在欠缺，如蔡彬清、黄新焕①忽略了对区域创新质量中的知识创新的衡量；第三，已有研究的选取时间早于 2012 年，即早于国内实施创新驱动发展战略的时间点，已有研究结论是否适合新情境，尚需检验；第四，已有研究在实施创新驱动战略对异质性研发和创新质量的空间溢出效应的政策冲击效果方面存在不足。因此，本章以 2011—2021 年中国 31 省份省级面板数据为研究样本，利用 critic 客观赋权法，四个维度综合测度创新质量，构建空间计量模型以探究异质性研发对创新质量的空间溢出影响。

二 基准回归与空间溢出效应结果讨论

(一) 基准回归结果

根据计算结果，试验发展对创新质量带来的促进作用最为显著。因为其作为创新价值链的末端②，由基础研究、应用研究产生的部分知识创新、科研创新等创新产出将最终通过试验发展影响创新质量，且根据余泳泽和刘大勇的发现，我国在由基础研究投入产生的知识创新和由试验发展投入带来的产品创新阶段有较高的创新效率，而在由应用研究投入带来的科研创新阶段的效率则较低，这也将进一步影响三类异质性研发投入对创新质量的影响程度。

控制变量方面，政府影响力对创新质量为显著正向，表示省级政府影响力大，其财政支出比重越大，越能促进创新质量提升。外资对创新

---

① 蔡彬清、黄新焕：《研发经费投入对区域创新质量的影响——区域异质性环境的门槛效应分析》，《电子科技大学学报》（社会科学版）2021 年第 1 期。

② 余泳泽、刘大勇：《我国区域创新效率的空间外溢效应与价值链外溢效应——创新价值链视角下的多维空间面板模型研究》，《管理世界》2013 年第 7 期。

质量为显著负向，外资比重越大，对创新质量的提升产生抑制作用，是因为我国各省市目前吸引的外资质量未达到发挥促进作用的门槛，未突破吸引外资的"低端锁定"。而产业结构、技术引进、对外开放度等控制变量未通过显著性检验。

（二）空间自相关

全局莫兰指数结果表明我国省份的创新质量和三类异质性研发的分布呈现出正向的空间相关性特征。从2011—2021年该指数波动情况得出，我国各省份的创新质量、三类异质性研发投入的空间集聚趋势存在逐渐增强的特征，表现为创新质量与基础研究两项处于第一象限中的省份数量显著增加，应用研究与试验发展两项处于第三象限的省份数量增加明显，这与我国目前强调区域创新体系发展的现实相呼应。

（三）空间溢出效应

空间效应计算结果得出以下4点结论。

1. 应用研究结果为正向显著，意味着本地应用研究投入能够提升本地区的创新质量，且对邻近地区的创新质量具有显著的正向空间溢出效应，即促进邻近省市创新质量的提升。作为连接基础研究和试验发展的中介，应用研究投入的增加既能加快将基础研究落地，转化为现实的技术、产品等，促进创新质量提升，也能为相邻地区的试验发展提供产品创新的支撑，且通过与本地区应用研究的竞争，不断提高创新水平，提升邻近省市的创新质量。

2. 基础研究的间接效应正向显著，说明其基础研究投入对邻近地区的创新质量有明显的促进作用。基础研究投入作为重要的创新要素，对应的是知识创新，为应用研究和试验发展提供知识基础，本地知识创新可以为邻近地区开展的应用研究和试验发展活动提供知识基础，促进相邻地区创新质量的提升。同时，受基础研究投入周期长、收效慢等特征影响，且本地基础研究投入对本地应用研究和试验发展投入存在挤占效应，导致对本地区创新质量提升效应不显著。

3. 试验发展的间接效应负向显著，表明其对邻近地区的创新质量有明显的抑制作用。原因在于,作为创新价值链的末端,试验发展一般是在基础研究和应用研究的基础上设计符合市场需求的产品,风险小、技术跨度小,本地区针对某一知识创新和应用创新的试验发展投入将会抢占相邻地区开展试验发展活动的机会,降低相邻地区积极性,进而产生负向空间溢出效应。且本地区过高的试验发展投入既可能引致本地区的试验发展产生路径依赖,降低开展高难度、高技术试验发展活动的积极性,也可能挤占本地区基础研究、应用研究的投向量,从而对本地区创新质量的提升效应不明显。

4. 控制变量中高政府影响力的地区其政府对创新的支持度比较高,对本地区创新质量的提升产生正向影响,而相邻地区的政府影响力高则对本地区会产生竞争效应,抑制本地创新质量提升。就开放度而言,地方政府为实现经济的发展可能会激励优势商品出口,局限于发挥固有优势,不注重提升本地出口产品的质量和技术含量,而在相邻地区开放度高的情况下,本地区为了获取更好的竞争力,会更多关注出口产品的技术含量的改进,会刺激更多的知识、技术和产品创新,进而提升本地创新质量。

(四)调节效应

目前我国省份的三类异质性创新投入之间存在相互带动的影响,从侧面支持创新价值链的三个阶段存在价值链外溢效应。基础研究与试验开发交互协同对创新质量有负向影响,表明相邻省市基础研究和应用研究的交互协同,能更好地为本地区提供知识和技术溢出,进而促进创新质量的提升,从侧面验证创新价值链的基础研究和应用研究这两个阶段既有创新价值链外溢效应又有正向的空间溢出效应。而相邻地区包含试验发展在内的各类研发之间的交互协同,表明相邻地区可能存在两种情况:一是,相邻地区内的创新价值链相对完整,可在本地区内实现三类研发的完整循环,即从知识创新—科研创新—产品创新实现创新价值链的外溢效应,空间溢出效应不明显,进而对本地区创新质量的提升作用有限;二是,相邻地区可能主要在吸收外地知识溢出或科研创新溢出的基础上，再开展产品创新，产生的空间溢出效应很少，且相邻地区创新对本地区的影响主要以竞争、挤占效应为主，抑制本地区创新质量的提升。

三　未来研究展望

相比余立平，张宏如从多个维度入手，本研究所建立创新质量评价指标体系仍存在改进空间。对本研究未验证通过的假设，未来应注意发挥三类异质性研发的交互协同，强化创新价值链三个阶段之间的联系。[①]对于结果不理想的假设，应注重在开展试验发展活动中避免相邻区域的挤占效应。本研究仅三类异质性研发投入存在提升创新质量的空间溢出效应，未进一步探究中国区域创新活动的协同效应与挤占效应。最后，应增强区域创新体系的跨省级性，以突破创新资源自由流动的行政区划壁垒，凝聚更为广泛的创新力量，提升创新质量。

第五节　结论

从直接关系检验得出，三类异质性研发均可以显著提升创新质量，为了更好地探究创新质量的影响因素，进一步在基准回归结果的基础之上通过空间效应分解则出现差异化，应用研究和基础研究对创新质量具有正向的空间溢出效应，无论是邻近地区的投入对本地区创新质量的影响，还是本地对邻近地区创新质量的影响，二者都显著为正。而试验发展通过负的空间溢出效应抑制创新质量的提升。且三类异质性研发的任意交叉组合均对本地创新质量产生正向影响，而相邻地区的交叉组合仅有基础研究和应用研究的交叉对创新质量带来正向的空间溢出。

根据以上研究结论，我国各省份应该从以下几个方面提升创新质量。

---

① 赵成伟、刘冬梅、王砚羽：《产业疏解对京津冀协同发展的作用路径及效果研究》，《经济与管理评论》2022 年第 3 期。

一 重视三类异质性研发的投入与交互协同

充分发挥基础研究、应用研究、试验发展三类异质性研发活动的创新质量提升效用，重视对基础研究、应用研究、试验发展三类异质性研发的投入，同时，注意发挥三类异质性研发的交互协同，强化创新价值链三个阶段之间的联系，增强基础研究、应用研究、试验发展分别表征的知识创新、科研创新、产品创新之间的有效互动与连接，使得创新价值链三个阶段形成良好完整的循环渠道，发挥本地创新活动基于创新价值链的外溢效应，以更大程度提升创新质量。

二 发挥创新活动的溢出效应，加强创新交流

提升国家创新体系整体效能，发挥三类创新活动的空间溢出效应，各省份应充分利用各自在创新价值链上的差异化优势，加强创新交流，促进创新活动在地域间的互通，尤其在开展试验发展活动上要避免相邻区域的挤占效应。各地方政府可通过交流合作，积极推进在包含本地省份的相邻区域范围内布局三类异质性研发活动，促进区域与主体间的协同，不断提升创新合作的层次和协同发展深度，[①] 突破本地局限性，进而实现本地和相邻地区的创新质量不断提升。同时，创新质量的正向空间自相关性，也提示我们在评价三类异质性研发活动对创新质量的影响时，不能仅局限于研发活动对本地创新质量的影响，而应从区域整体层面综合衡量研发活动在创新质量提升过程中所产生的本地效应和空间溢出效应。

三 多方位发力推动各省份创新质量的提升

复杂的驱动因素表明，各地政府在扩大开放、吸引外资进入的同时，应注意避免其对本地区创新质量的抑制效应，推动不同省份创新质量提

---

① 赵成伟、翟瑞瑞、曹智等：《京津冀协同创新多维测度研究》，《科技进步与对策》2023年第16期。

升不可能一蹴而就，而区域发展重点在于通过多举措并举，引导路径依赖转变为路径创造。通过制定政策引导外资合理分布，进而推动区域发展差距缩小，提高吸引外资质量，进而刺激本地和相邻地区的创新投入和产出，促进创新质量提升。但面对差异化发展基础、复杂化驱动因素，不同区域应充分认识自身发展规律，制定差异化引资策略。①

---

① 闫东升、孙伟：《外资时空格局与驱动因素的尺度对比研究》，《地理科学》2023 年第 11 期。

第四章 差异化区域创新体系：
定性分析

区域创新体系最早由英国学者库克在 1992 年提出，并在 20 世纪 90 年代末引入中国，现如今既是国家创新体系的组成部分，又是国家创新体系的有效工具，也是创新型政策制定的重要框架。本章旨在通过对该理论进行分析和讨论，研究如何更好地利用该理论方法，推动当地乃至全国创新活动的开展，增强国际竞争力，实现国内城市的创新驱动转型。

第一节 区域创新布局的内涵分析

《国家创新驱动发展战略纲要》是我国实现创新驱动发展的纲领性文件，其中明确提出要优化区域创新布局、打造区域协同创新共同体，构建差异化的区域创新体系。近些年，我国不断优化区域创新布局，加快重大战略性区域创新部署，促进创新要素流动，努力实现各区域板块的南北呼应和东西贯穿。我国经济增长动力较多地转向创新驱动，创新驱动发展取得了较大进展，而高质量发展、创新驱动发展战略实施和科技改革发展各项部署，最终都要落在一个个区域上，在创新型国家建设过程中，区域成为最终的落脚点和支撑点。世界发达国家也在抓紧优化区域创新布局，如美国"区域技术中心"计划、英国"科学城"创新计划、日本"区域创新战略支持计划"、德国推动东部地区创新发展等。

一　区域创新布局的概念厘定

"布局"与"配置"同作为资源分配两种重要手段，但是具有完全不同的含义，前者更关注政府这只"有形的手"的宏观调控作用，而后者更强调市场这只"无形的手"在资源配置中的基础性作用。区域创新布局是国家创新资源宏观调控的地域体现，是构建高效能国家创新体系的关键环节。本研究认为区域创新布局是指为提高我国创新能力，以政府"有形的手"为主，由国家相关部门自上而下主导，通过各类基地（平台）、园区等规划与建设，并具体落实到各具体区域的创新资源调控行为。

二　区域创新的边界辨析

就区域的概念本身而言，是指一个相对开放的空间，"区域创新"的地域边界也一直存在争议，尤其是区域创新的空间载体范围及其作用的区域，确实是一个至关重要的问题。[①] 但是，随着信息化技术、数字经济的发展，可以确定的是，区域创新的地域范围正在突破物理边界，地理临近性作为影响区际创新联系的因素之一，且其重要性正在弱化，创新扩散越来越多地受到技术临近性和制度临近性等相关因素的影响，[②] 因此，通过创新价值链三个阶段形成良好完整的循环渠道，发挥本地创新活动基于创新价值链的外溢效应构建差异化的区域创新体系刻不容缓。

一是区域创新的边界具有相对性。从促进创新要素流动的角度出发，可以分为以内循环为主体的国内区域和外循环的国际区域，这是最大范围的区域创新。按照我国传统的四大板块的区域划分方式，分别实行东部率先、西部开发、中部崛起和东北振兴创新发展战略，各区域创新范

---

① 巨文忠、张淑慧、赵成伟：《国家创新体系与区域创新体系的区别与联系》，《科技中国》2022 年第 3 期。

② Boschma R. A., "Proximity and Innovation: A Critical Assessment", *Regional Studies*, Vol. 39, No. 1, 2005, pp. 61 – 74.

围与四大板块的范围一致。具体到各个地方，根据不同的产业、文化、地理等区域禀赋，为创新发展的需要，区域创新又可以细化到更小的范围。

二是区域创新的边界逐步突破省级行政区划。一般来说，省级行政区以内的跨区域布局相关容易，而像东北地区、西部地区等"块状区域"，像长江流域、黄河流域等包括更多省份、横跨东西的"条状区域"，以及更广泛的跨区域科技合作等，如东西部合作、南北方合作、各类对口支援等正在逐步突破省级行政区范围，而数字经济的发展也正在助推这一突破。

第二节 区域创新布局的发展历程及现状

一 发展历程

我国区域创新的发展具有阶段性和时代性。即从计划经济体制下政府主导为了满足国家重大战略需求为导向阶段，到市场经济体制下由企业、高校和科研机构主导发展经济建设阶段，再到当今由政府、企业、高校和科研机构相互作用形成的赶超全球科技前沿阶段，因此我国区域创新发展历程可以划分为三个阶段。

（一）区域创新满足国家重大战略需求阶段（1949—1978 年）

在这 30 年的时间里国内的科技创新处于内忧外患的局势之下。外部有严峻的美苏冷战给我国带来极大威胁和挑战；国内，中华人民共和国建立初期，国民经济"一穷二白"严重落后于国际，导致国家没有太多精力注入科技创新之中，我国与西方发达国家存在发展上的巨大差异。因此，我国将这一阶段的科技创新任务落实到国家战略需求之上，组建科研院所、召集高端人才组建人才队伍，实现国内科技创新关键技术突破。本阶段由政府主导科技创新并统筹规划创新资源，创新凸显出对国家政策区域性的适应。例如西北地区的核武器研究及东北地区的重工业发展。

（二）区域创新发展经济建设阶段（1979—2012 年）

此阶段我国科技创新的目标是服务经济建设。改革开放初期，不同主体之间互动较弱，创新主体在空间上的简单聚集体现了这个时期的特征。主要由政府来推动创新体系的建立，在引进创新方面，政府建立起人才交流、技术引进和设备进口的管理制度，为了学习西方先进的管理经营模式，政府主张对外开放市场，为其提供平台支持。在自主创新方面，政府加大对高校和科研机构的研发支出，制定相应政策引导企业在技术引进的基础上进行模仿和改进，从而为实现自主创新奠定了基础。加入世界贸易组织以后，我国市场规模不断扩大，经济发展水平快速提升，科技生产以对外输出产品和服务为主。这一时期，区域创新系统快速发展完善，"中国制造"通过形式与渠道的多方面扩展逐渐遍布全球。在区域创新系统中，上级政府持续推进以移动互联网和快速交通为代表的基础设施建设，制定公平有序的市场竞争规则，地方政府则积极引导多元要素向创新主体汇聚，出台支持政策推动科技创新与成果转化。

（三）区域创新赶超全球科技前沿阶段（2013 年至今）

此阶段以各种类型的大小企业作为区域创新的重要主体，主要通过对内和对外两条途径实现创新发展。对内主要是培训企业文化、增加当地的研发投入量、加强创新激励，并且完善人才培养机制，促进人才引入；对外主要发挥与高等院校、科研院、各类中介机构等之间的联系，促进与其的合作。在对外的途径中，科研院所和高等院校为创新体系提供优质的人才资源，完成最基本的创新人才保障。其研发的专利技术等创新技术，通过各类企业将创新知识和技术转化为实质性的创新资源，发挥企业的实践优势。再结合各类中介机构发挥其服务和交流优势，为各类创新主体如政府、高等院校等提供咨询服务等。在国家政策的大力支持之下，目前创新主体之间的交流和互助不断深入，区域协同创新的新网络布局逐渐形成，即政产学研，新的知识、人才和技术等创新资源快速流动并得到利用，竞争能力不断增强，创新水平也不断提高。

二 区域创新布局现状分析

(一) 以"3+2科技创新中心"为主的国家创新布局

京津冀、长三角和粤港澳大湾区是我国科创资源最为密集、现代化程度最高的地区，我国三大国际科技创新中心布局在此。随着成渝、武汉地区的崛起，相继获批了全国科技创新中心，形成了关键核心科创资料遍布全国东南西北的新态势。① 为了完善我国创新体系，在特定地区建设区域性科技创新中心，形成梯度发展的区域创新高地，② 在"3+2科技创新中心"基础上，中部地区的武汉、西北地区的西安、东北地区的沈大等中心城市（群）也在争创继国际科技创新中心、全国科技创新中心之后的区域科技创新中心。同时，四大综合性国家科学中心等国家创新布局相继实施，与科技创新中心的区域载体具有高度重合性（参见表4-1），只是载体更为聚焦。

表4-1 以国家科技创新中心为主国家创新布局

中心	区域	载体	批复部门	批复目的
"3+2"科技创新中心	北京、上海、粤港澳；成渝、武汉	科创资源最为集聚的城市	国务院	国家综合科技实力的集中体现和核心依托，努力实现在国际竞争中获得战略主动权③
综合性国家科学中心	北京怀柔、上海张江、广东深圳、安徽合肥	国家实验室	国家发改委、科技部	以科创中心的理论和实践为来源，④ 能集中体现国家创新战略、区域发展战略和科技创新中心使命

① 刘冬梅、赵成伟：《成渝地区建设全国科创中心的路径选择》，《开放导报》2021年第3期。
② 刘冬梅、赵成伟：《东北地区建设区域科创中心构想》，《开放导报》2021年第6期。
③ 李美桂、赵兰香、张大蒙：《基于产业知识基础的北京科技创新中心建设研究》，《科学学研究》2016年第12期。
④ 储节旺、曹振祥：《综合性国家科学中心情报保障体系和运行模式构建——以合肥为例》，《图书情报工作》2018年第8期。

（二）关键领域的国家创新布局

关键领域的国家创新布局主要包括国家制造业创新中心和国家产业创新中心。制造业创新中心是国家级创新平台的一种形式，用协同创新机制为手段，以需求为导向，提供贯穿前沿共性技术研发、转移扩散和首次商业化应用的跨界型、协同型新型创新载体。2021 年 11 月，工信部批复组建 4 家国家制造业创新中心（参见表 4-2）。截至目前，共有 21 家国家制造业创新中心（其中北京 3 个、长三角 6 个、广东 3 个）。国家产业创新中心定位于获取未来产业竞争新优势的某一特定产业技术领域，主要布局建设在战略性领域，2018 年 1 月，国家发展和改革委员会出台《国家产业创新中心建设工作指引（试行）》。典型案例是中科曙光国家先进计算产业创新中心，由中科曙光牵头，联合行业中下游企业、高等院校和科研院所，以及相关科技中介等服务机构，共同组建国家先进计算产业创新中心。

表 4-2 　　　　　　　　　新批复的四大制造业创新中心列表

中心	地点	载体	批复主体	设立目的
5G 中高频器件	深圳	深圳市汇芯通信技术有限公司	工信部	聚焦新型半导体材料及工艺，支撑我国 5G 中高频器件产业创新发展
玻璃新材料	安徽蚌埠	玻璃新材料创新中心（安徽）有限公司	工信部	重点围绕玻璃新材料，开展关键共性技术攻关、测试验证、中试孵化及行业公共服务等创新能力建设
高端智能化家用电器	山东青岛	青岛国创智能家电研究院有限公司	工信部	以应用场景驱动创新，重点在本体技术、智能技术、安全技术、场景技术等领域突破一批关键共性技术
国家智能语音	安徽合肥	合肥智能语音创新发展有限公司	工信部	重点攻关多语种语音识别、语音合成、语义理解和专用人工智能语音芯片等研发方向

（三）以科技含量较高的开发区为主的各地"网络状创新高地"

改革开放以来，我国基于加快发展、深化改革的需要，先后设立了各类开发区。截至 2020 年底，我国共有 169 个国家级高新技术产业开发区，并在此基础上支持发展了 21 个国家级自主创新示范区（涉及 61 个高新区）。在 19 个国家级新区中，除了新设立的舟山群岛、贵安、滇中、哈尔滨、长春、雄安新区外，其他新区都与高新区有着密切的关系。此外，在可持续发展领域，还有 6 个国家可持续发展议程创新示范区、10 个国家科技成果转移转化示范区、189 个国家可持续发展实验区，在农业科技领域，还有 4 个国家农业高新技术产业示范区、近 300 个国家农业科技园区①、20 个国家农业产业园区②，以及 140 个大学科技园等各类园区，在全国范围内形成了东多西少、南多北少的网络状创新高地（参见表 4 - 3）。

表 4 - 3　　　　　　　　"网络状创新高地"分布情况

中心	数量（个）	载体	批复部门	批复目的
国家级高新技术产业开发区	169	知识与技术密集的大中城市和沿海地区	国务院	加快高技术产业发展，促进科技成果产业化
国家级自主创新示范区	21	高新区	国务院	推进自主创新和高技术产业发展方面先行先试、探索经验、做出示范
国家级新区	19	主要是高新区	国务院	承担国家重大发展和改革开放战略任务的综合功能区，进一步提高国家经济发展质量和效益

———————————

① 截至 2021 年 12 月，科技部共公布了 8 批国家级农业科技园区名单，因有个别最终验收没有通过，故合计约为 300 个。

② 截至 2020 年底，农业农村部、财政部已批准创建 93 个、认定 20 个国家级产业园，大部分集中在县域，其中山东和黑龙江分别拥有认定的国家级产业园 3 个。

中心	数量（个）	载体	批复部门	批复目的
国家可持续发展议程创新示范区	6	可持续发展实验区	国务院	为破解新时代社会主要矛盾、落实新时代发展任务作出示范，为全球可持续发展提供中国经验
科技成果转移转化示范区	10	以各类科技园区为基础，突出企业主体地位	科技部	实现科技经济的深度融合，跨越科技成果转化的"死亡之谷"，完善区域科技成果转化政策环境，起到以点带面的示范作用
国家可持续发展实验区	189	依托具备可持续发展能力、科技支撑条件较好的区域	原国家科委、体改委和计委	全面提高可持续发展能力，探索不同类型地区的经济、社会和资源环境协调发展的机制和模式
国家农业高新技术产业示范区	4	国家农业科技园区	国务院办公厅	大幅度提升我国农业的劳动生产率、土地产出率和绿色发展水平，提高农业产业的国内外竞争力
国家农业科技园区	约300	农业科技与经济组织	科技部	从事农业高新技术应用研究、示范推广及其产业化，是重大农业技术突破和农业高新产业的孵化平台
国家农业产业园区	20	农业示范区的高级形态	农业部、财政部	农业产业结构优化、"三产"深度融合
大学科技园	140	具有科研优势特色的大学	科技部、教育部	将高校科教智力资源与创新资源市场优势紧密结合

（四）国家科技创新基地（平台）

国家科技创新基地（平台）包括各类国家实验室、全国重点实验室、依托高校和科研院所建设的国家工程技术研究中心、依托企业建设的国家工程研究中心和国家工程实验室等在内，我国"国字号"科研基地（平台）已经超过1000家，但是，有些基地（平台）并没有很好地履行国家技术创新的使命和功能。① 为此，科技部、财政部和国家发改委三部委先后出台文件，进一步规范国家科技创新基地（平台）。通过对现有国家级基地（平台）进行分类梳理，归并整合为科学与工程研究、技术创新与成果转化和基础支撑与条件保障三类进行布局建设，其中作为国家战略科技力量重要组成部分的包括 9 家国家实验室、522 家国家重点实验室②、38 家国家工程研究中心③、3 + 12 家国家技术创新中心④等。但是，部分在重新组建中，见表 4 – 4。

表 4 – 4 国家科技创新基地（平台）

种类	基地	数量（个）	批复部门	批复目的
科学与工程研究类	国家实验室	9	科技部	体现国家意志、实现国家使命、代表国家水平的战略科技力量
	国家重点实验室	522	科技部	面向前沿科学、基础科学、工程科学等，开展基础研究、应用基础研究等
技术创新与成果转化	国家工程研究中心	38	国家发改委	服务国家重大战略任务和重点工程实施
	国家技术创新中心	15	科技部	推动产业迈向价值链中高端的重要科技力量
	国家临床医学中心	50	科技部、国家卫健委、原总后	整体推进我国医学科技发展、加快医学科技成果临床转化和普及推广

① 赵正国：《我国如何建设国家技术创新中心》，《科学学研究》2018 年第 7 期。

② 参见《中华人民共和国 2020 年国民经济和社会发展统计公报》。

③ 2021 年 8 月，《国家发展改革委办公厅关于印发新序列国家工程研究中心名单（第一批）的通知》发布。此次全国共有 89 家工程研究中心（工程实验室）参与优化整合重组，最终仅有 38 家纳入新序列管理。

④ 具体为三大综合类和十二大领域类国家技术创新中心，三大综合类国家技术创新中心布局在京津冀、长三角和粤港澳大湾区，无地域范围。

种类	基地	数量（个）	批复部门	批复目的
基础支撑与条件保障	国家科技资源平台共享服务平台	50	科技部、财政部	为科学研究、技术进步和社会发展提供网络化、社会化的科技资源共享服务
	国家野外科学观测研究站	69	科技部	获取长期野外定位观测数据并开展研究工作

（五）科技创新成果转移转化平台

习近平总书记在两院院士大会中提出支持有条件的地方建立综合性国家科学中心和区域科技创新中心，为我国区域创新体系的发展提供了有力的制度支持。之后，我国科研成果产出显著增加，但是仍有许多科研成果未能产业化，在个别领域科技与经济结合依然不太紧密。科技创新成果转移转化平台通过整合政、产、学、研、用各类资源，有效提升科技成果转移转化成效，并带动创业、推动创新链对接产业链，其中重要的平台包括 61 家创新型产业集群（试点）、1173 家科技企业孵化器、2386 家国家备案众创空间、约 500 家科技企业加速器等（参见表 4 - 5）。

表 4 - 5　　　　　　　　　科技创新成果转移转化平台

中心	数量	载体	批复部门	批复目的
创新型产业集群（试点）	61	产业链相关联企业、研发和服务机构	科技部火炬中心	通过分工合作和协同创新，形成具有跨行业、跨区域带动作用和国际竞争力的产业组织形态
国家级科技企业孵化器	1173	取得国家高新技术创业服务中心资格的科技企业孵化器	科技部火炬中心	培育和扶植高新技术中小企业

中心	数量	载体	批复部门	批复目的
国家备案众创空间	2386	孵化器	科技部火炬中心	创新型孵化器
科技企业加速器	约500	介于孵化器和科技园中间的形态	科技部	为高速成长的企业提供快速增长空间和专业服务

第三节　我国区域创新布局存在的问题与思考

一　我国区域创新布局的存在突出问题

（一）区域创新布局滞后于区域发展战略

优先发展东部沿海地区、西部大开发、振兴东北老工业基地和中部崛起等构成了国家层面的基本区域战略。① 近些年虽然出台了黄河流域和长江中游创新发展战略，但是，创新资源布局相对滞后，至今仍缺乏配套政策和实质性支撑。与之类似的还有，可持续发展实验区缺乏政策支持，高新区发展多年后区内区外政策几乎一样，且多以地方支持为主。

（二）创新资源在空间分布上过于集聚

一是创新资源主要集聚在北京、上海、粤港澳大湾区。北京、上海、粤港澳大湾区三个国际科技创新中心基础设施建设日渐完备，集聚了大量高校、科研院所和创新型企业，吸引了大量劳动力和科技人才，形成了现代化的国家产业体系，成为知识、技术、人才和资金的流入地和集聚区，集聚了我国约2/3的创新资源。科技创新中心、综合性国家科学中心、综合类国家技术创新中心等基本分布在此，各类创新平台的集聚又进一步促进了创新资源的集聚。

二是中小城市很难真正地集聚创新资源。受行政区经济影响，创新资源布局受行政权力影响较大，形成创新资源布局规模与行政级别

---

① 陈钰：《我国区域创新格局的中长期回顾与展望》，《全球科技经济瞭望》2021年第7期。

成正比的现象，导致创新资源主要集聚在大城市、省会城市，导致普通县城、小城镇几乎集聚不到任何创新资源，严重束缚了县域经济发展，以致形成了头大脚轻的"倒三角形"创新资源分布格局。以现行诟病较多的市管县的行政体制为例，县级及以下政府仅能集聚一些农业创新资源。

三是创新资源布局东西差距仍然存在、南北差距不断拉大。东西科技合作已经实行多年，但是目前东西差距依然很大，东北地区发展形势不容乐观，近些年几乎没有任何形式的创新布局，京津冀协同发展仍遭遇"阿喀琉斯之踵"，南北差距应该得到足够重视。创新资源的流动更多的是锦上添花，缺乏雪中送炭。在共同富裕目标下，更应该在遵循创新资源集聚规律前提下，适当向基层倾斜。

（三）部分创新资源布局缺乏统筹协同

我国的创新资源布局主要由国家发改委和科技部进行宏观管理工作，两部委也分别围绕各类创新基地（平台）建设工作制定了相关管理办法，并建立了相关管理机制，但是缺乏良好的沟通协商机制，这使得在国家层面上缺乏区域创新布局的宏观规划和统筹协调。同时，更应该引起重视的是，一些创新布局存在载体不明晰、边界不清楚的情况，导致针对同一个区域，经常出现发改、科技、农业等部门同时挂牌支持现象，出现建设数量过多、力量分散、定位宽泛、职能重叠等问题，导致各类型创新集聚区在建成运营后不久，一定程度上出现了"集中而不集聚""名义性圈地""外部不经济"等预期偏离。

二　优化我国区域创新布局的若干思考

（一）提升区域创新系统化布局能力

一是强化各类创新基地（平台）的归口管理，克服布局的盲目性。[1]一方面应重视原创、前沿、基础研究，另一方面应强化创新对经济民生

---

[1]　孙庆：《区域科技创新平台空间布局模式及其选择研究》，《科技管理研究》2012年第18期。

的渗透和融合。二是强化各类中心、园区、基地、平台等之间的协同。一方面要明晰各类中心、园区、基地、平台定位，避免重复建设问题，使彼此之间形成合力，支持区域创新发展；另一方面要严格控制建设标准、建设数量，加大精准支持力度。

（二）找准合适的空间尺度作为区域创新载体

各类政策集聚区的建设进程实质上是我国区域协同创新的不断探索过程。我国通过政策引导，以空间集聚获得规模经济，逐步完成由"制作工艺"到"技术吸收"，最终实现"知识创造"的各创新环节协同；由"大中型企业、科研院所"到"企业、社会团体"再到"个人"的创新协同主体的查漏补缺；由"园区"到"社区、区域"的创新协同空间形态的扩充拓展。在实践过程中，避免针对区域创新的政策过大、过宽等"撒胡椒面"式的支持方式，应注重区域创新资源布局在合理尺度的空间载体就地结合，形成具有根植性的本地创新网络。

（三）探索行政区与经济区的适度分离新机制

数字经济发展一定程度上突破了区域经济现象，在区域创新体系的中介作用影响下弱化了地理临近对区域创新能力的影响，区域经济一体化在加强，要素流动已经超越了行政边界，形成了溢出效应，本地区的创新要素突破区域边界既能影响本地区创新质量也能影响邻近地区的创新质量，增强创新链三个阶段分别代表的知识创新、科研创新、产品创新之间的互动与连接，使得创新价值链形成良好完整的循环渠道，发挥本地创新活动基于创新价值链的外溢效应，以更大程度提升创新质量。比如通过设立飞地的方式，苏州工业园将很多研发中心、孵化器布局在北京，打破了地域的限制，数字化、新一代网络等技术的应用，助推了创新资源跨地域、跨行政区布局，降低了管理运营成本。克服政府严重干预和深度参与企业市场竞争、创新要素跨行政区流动受阻、行政区边界经济衰竭等问题，促进区域经济协调发展。

第四节　差异化区域创新体系构建的理论基础

一　差异化公共知识库的构建①

国内对多维邻近性的研究已经得到了一定的发展，从起初随着经济、互联网等多方面发展，认为地理无用的观点，发展到单一地理邻近性再延伸到多维邻近性影响因素的探讨；由线性影响研究转向了非线性影响的探讨；甚至从静态研究发展到动态的研究。

将区域创新体系当作一种重要的发展创新的方法，将创新置于经济增长的核心位置，使创新处在多行为主体以及组织之间的交互学习中，打破之前先进行可行性技术研究，再到新技术的单一线性模式，实现有多个创新主体，彼此之间协调沟通、各司其职，实现了对新知识、新技术以及创新资源的重新组合，能有效解决跨空间的创新活动和经济发展不均衡问题，克服了比较优势理论中仅仅将思维困于狭隘市场，忽视技术产业变革和创新竞争优势的积极作用。因此，创新主体所拥有的知识库储存信息量越丰富、越完善、越多元，创新的应用范围就越广。

首先，从知识邻近性的方向切入，讨论显性以及隐性知识对城市间创新的影响。由于影响因素并非单一作用，需要运用多维邻近性的方法深入分析即同时分析地理、制度和知识邻近性对公共和专业知识库相似的调节作用。其中，知识邻近性是最重要的维度。过去学者研究发现，相似甚至相同的知识基础是影响城市间创新合作的前提，只有有了相似的知识基础，才能在一定程度上理解隐性知识的含义，并将其转化为显性知识。有差异的外部知识才能促进彼此间的创新合作，成为创新发展的重要驱动力。因此运用差异化知识库的方法探讨其对区域创新体系的影响差异是现下最优解。

---

① 李子彪、李晗、陈丽娜：《知识邻近性对城市间技术协同创新的影响研究——以京津冀城市群为例》，《科技与管理》2022 年第 5 期。

张公一等认为，提升区域的创新系统的能力，形成不同区域之间的技术整合、知识共享，可以从知识管理的方向出发，展开研究不同区域内的区域知识库形成和不同区域之间通过网络化的方法构成覆盖面广且具有差异的公共知识库，形成不同区域之间的知识共享，促进区域协同创新。① 若想要实现这个目的，要发挥创新主体的角色和作用，使高等院校、科研院所和企业三者奠定大致的知识基础，中介机构在其中发挥桥梁的连接作用，最后由政府来提供相应的政策支持和创新资源投入，为其构建公共知识库保驾护航。再将知识历经知识创造、知识扩散、知识编码和知识储存四个阶段，从个人层次、组织层次和区域层次三个层次构建知识库。最终实现各个创新主体可以依赖该公共知识库自由且高效地使用知识，促进不同创新区域之间的区域性信息整合，打破不同创新区域之间的交流障碍，形成交流循环，降低知识交流成本，提升创新区域的综合创新能力，实现经济和创新的可持续发展。

由于公共知识库本身具有共享性，创新主体之间所共有的知识越多，跨越知识门槛理解相应隐性知识的可能性就越高，技术创新发生的可能性也就越高；反之，若创新主体的知识储存量不够或者公共知识库覆盖面不够广泛，创新主体转化、利用、评价并且准确识别新颖的隐性知识能力就会受限。然而，若只是单纯地寻找具有相似基础知识的创新主体合作，而不注意彼此之间是否具有一定的差异性，只会造成彼此之间显性知识重合度大，公共知识库的覆盖面窄，其所谓的公共知识库的广泛仅限于数量庞大，因此其跨越知识门槛进行创新合作的可能性就低。综上所述，不同创新主体之间要建立范围广且有差异性的公共知识库，使不同主体之间实现知识互补。②

因此本研究所提倡的公共知识库是由不同创新主体分别发挥各自的

---

① 张公一、张畅、郭鑫：《面向区域创新系统的知识库形成路径研究》，《图书情报工作》2017 年第 17 期。
② 叶雷、曾刚、曹贤忠、周灿：《中国城市创新网络模式划分及效率比较》，《长江流域资源与环境》2019 年第 7 期。

作用，利用知识聚集（聚合同质知识和异质知识）、地理邻近性、制度邻近性和认知邻近性等的天然优势经过知识管理的四个步骤，构建区域知识库，在区域层面上促进区域创新体系发展。形成的公共知识库，等同于创建了区域知识库的升级模式，不仅可以利用本区域内的知识，形成区域内知识共享，还可以通过网络化的方法获取其他区域的知识，在全国形成知识共享，因此所共享的知识不仅要覆盖面广，还要求具有新颖不同于本区域内知识的特点，形成具有差异性的公共知识库，共同促进各个区域的协同创新。

二　多维邻近性角度分析构建该类型知识库的影响因素[①]

新古典经济学派一致认为随着科技的发展，全球会出现区域发展趋同归一的过程并没有在当下时代发生。区域经济并非一个由资本等因素推动前进的过程，而是一个庞大而复杂的体系，由经济、技术和社会共同推进且受到地理位置、制度规划等因素的共同影响，只是各影响因素的影响因子存在些许差别。本部分着重分析地理邻近性对区域创新体系的构建产生的影响。

Marshall认为共享的劳动力市场、共享的中间投入品和"产业的秘密弥漫在空气中"而产生的本地溢出效应属于企业邻近带来的好处。但是他所处的那个时代较如今已经发生巨大变化，不同企业之间的联系已经不限于物质的投入产出，从信息等非物质产物扩展到技术合作等模式。因此该学者受时代限制，地理邻近性的黑箱没有完全开启。之后的学者想要研究该黑箱、打开黑箱，主要是探讨不同企业怎样挖掘地理邻近性并从中获益。想要探索此问题可以从三个方面入手：人力资本的专用性、生产过程的柔性化和非贸易关系与学习态度的重要性。

将地理邻近性联系到知识邻近，一定数量的文献表明企业在空间上聚集可以获得邻近正外部性的好处。地理距离的减少使创新主体之间方

---

① 贺灿飞、李伟：《演化经济地理学与区域发展》，《区域经济评论》2020年第1期。

便进行跨区域交流或者区域内部交流，方便隐性知识的传播和理解。反之，随着距离的增加，知识的正外部性减弱，隐性知识的交流和理解变得困难，不利于新知识的产生。地理邻近不仅会影响隐性知识，也会在一定程度上影响显性知识，因为显性知识的传播也需要依赖于地理的邻近。即使 ICTS 使知识的可贸易性（tradability）和可编码程度（codification）加强，但是物理现实的邻近性不能被虚拟现实的邻近性完全替代，例如，Lorenz 认为面对熟悉的人，实现面对面的语言等交流仍强过虚拟电子设备上的交流。面对面的交流是一种心理激励，有助于解决实际问题。

实证研究分析得出：距离知识源较近的企业有助于学习创新点，构建差异化的公共知识库，并且拥有出色的创新绩效。例如：有海外扩张计划的零售企业首先会将第一步迈向距离公司本部较近的市场，这种战略规划的设定基于费用和地理、知识邻近带来的便利。因而，地理邻近性对于企业之间学习和创新有利。

但是，区域之间过于邻近也会产生以下几个方面负面影响。

一是区域内部不同创新主体之间的学习能力降低，最终导致对外部环境等状况的变化不敏感，容易错失创新发展转瞬即逝的机会。

二是易逐步形成稳定、封闭逐渐固化的关系网络，在知识共享时代之中，知识变化迅速且环境不确定性程度强，只有具有柔化性和开放性的网络才能提升企业的吸收新知识的水平和革新能力。

三是虽然地理邻近创造的面对面机制便于隐性知识的流动和理解，但是此种情形之下的知识具有高度隐性，不利于与外界之间交流，最终造成知识孤岛。

四是距离太近虽有利于学习知识但也会造成知识难以忘却。再加之缺乏不同区域之间大范围的知识网络相通管道，也易造成连接锁定，不利于知识的发散联系。此负面影响也进一步深化了构建差异化公共知识库的重要性。

且诸如此类的负面现象往往容易发生在技术高度密集的产业园区，导致锁定的现状，不能及时进行产业转型并促进当地经济和创新的发展。

在实践中观察可以看出，许多在资本投入阶段创新水平很强的企业在发展后期却表现出后劲不足的状况，问题就出在地理位置过于邻近导致的空间锁定之上。企业的创新水平与地理邻近在某个临界值之前处于正相关的关系，一旦超过这个临界值，就会表现出负相关。由此可以得出，企业的创新水平和地理邻近之间存在倒 U 形关系。

然而有实例表明，在地理邻近处于合理区间之后，还存在着比其更加重要的影响因素，只存在地理邻近未必会产生知识的共享。例如：某跨国企业试图通过在区域当地设立分公司的方法入驻该地，但其在尝试进入区域内知识网络的阶段中失败了，新知识的流入必须有一定的知识前提即知识门槛，只有有了该知识基础，才能实现知识的顺畅交流，反之，只是无相关性知识的无意义堆积。

因此地理邻近只发挥一定的调节作用，若有意发挥其作用，必须结合其他邻近性使之形成多维邻近的分析网，全方位分析如何促进当地的区域创新体系构建。高等院校科研院所等发挥知识的创造职能促进差异化公共知识库的形成，中介机构发挥桥梁职能发挥地理邻近优势促进不同知识的交流和理解，最后由政府发挥颁布扶持政策和创新资源投入的职能，通过完善区域基础设施建设和激励性、引导性和保护性等政策，以此凸显区域内政策邻近性，结合市场知识促进区域内外部企业的引入，促进不同知识库的形成。

第五节　差异化区域创新体系的划分：跨省份

一　区域创新体系分类

根据中国内部差异巨大的特点，实施区域创新的政策是最优解。基于国内组织密集型的基本特征，为了进一步发展创新以及为区域产业的长久发展提供新路径，大致可以将创新体系分为三类，以便于政府制定相应的政策进行战略指导。

一是，组织密集型和多元化的区域创新体系，存在数量较多的不同公司、异质的产业结构，促进不同经济和技术领域创新的知识和配套组织，常见于大型核心区域，如京津冀、长三角和粤港澳大湾区。

二是，组织密集型和专业化的区域创新体系，仅在一个或几个行业中拥有庞大的集群，知识和配套组织是为有限的工业基地量身定做的，常见于老工业园区和工业区域，容易出现负面锁定，如东北地区。

三是，组织薄弱的区域创新体系，多见于老少边山穷等边缘地区。三类分法也基本对应着我国区域发展的三个层级。

对创新体系进行了划分之后，根据不同的分类方法得到的三类知识库，分别为科学型、工程型和符号型知识库。

第一，科学型知识库高度关注以形式模型和编码为基础的科学知识。

第二，工程型知识库主要是指通过对现有知识的应用或巧妙地重组进行创新。

第三，符号型知识库涉及意义和愿景的创造，以及产品的美学属性，如设计、图像和符号及其经济用途，具有高度的区域特质，并富有"黏性"。

结合差异化知识库的分类和区域创新体系的分类，可以将创新分为两种模式从而提升区域创新动力：科学、技术与创新（STI）模式和实践、应用与互动（DUI）模式。

STI 模式是以经过编码的科技知识创新和开发为基础，知识创造是通过科学原理和方法的应用，以及正规科学模型的开发和测试来完成的，重视利用全球可用的知识。

DUI 模式依托对现有知识的应用或全新组合，技术工人们通过干中学、用中学，通过与公司内外的供应商、客户和竞争者的交互学习推动创新，重视对本地"黏性"知识的依赖。

二 区域创新体系的划分

在国家已经划分的六个区域的基础之上，对部分区域进行打乱、重组，进一步将其划分为十大创新区域。其中京津冀、长三角、粤桂琼闽、东北、长江中游、黄河中下游等地区等的划分不存在争议，但对陕甘宁青（西蒙）地区的划分存在些许争议。本研究按此划分主要原因如下。

一是，按照地缘架构划分追溯至西汉时期的河西走廊及河套平原，青海与陕甘宁地区地理位置临近且是农业区和牧区的分水岭，兼具了青藏高原、内陆干旱盆地和黄土高原的三种地形地貌，自然风貌相似，发展创新资源和政策条件也相似。

二是，在抗日战争时期，将陕甘宁边地区在政治上划分在一起，到后期随着青海的解放，随之加入边区政府的管辖范围。因此四地在政策上具有相似性，易发挥制度邻近性的优势，方便结合地理邻近性等形成多维邻近性分析方法探讨区域创新体系的构建，增强该地区创新能力。

第六节　探索新路径发展：产业转型

一　差异化区域创新发展的路径选择（分类）

结合区域创新体系的构建和创新模式，将各类区域创新体系采用不同的创新模式，会产生不同的发展路径，具体可以分为以下六种：

（1）组织密集型和多元化区域创新体系及 STI 模式：核心区域的高科技部门；

（2）组织密集型和多元化区域创新体系及 DUI 模式：核心区域的文创行业；

（3）组织密集型和专业化区域创新体系及 STI 模式：大学城内的高科技行业；

（4）组织密集型和专业化区域创新体系及 DUI 模式：老工业区中的传统制造业；

（5）组织薄弱型区域创新体系及 STI 模式：边缘区域的全球关联式高科技行业；

（6）组织薄弱型区域创新体系及 DUI 模式：边缘区域的资源型行业。

二 不同区域内产业转型分析

为了从区域创新体系的角度证明公共政策促进产业转型的合理性，以及国家政策支持的积极影响，研究区域创新理论的学者们提出了阻碍区域创新活动的各种系统失灵和缺陷。系统失灵是指导致创新活动不利的系统层面的缺陷并分为四种类型：基础设施失灵、制度失灵、互动失灵和能力失灵，在2005年由Tripple提出了可以区分三种系统失灵的分类方法：组织薄弱性、负面锁定和碎片化。

（1）组织薄弱性。构成区域创新体系的重要组织要素发展落后甚至缺失，包括缺乏创新型企业，缺少非企业组织（如高校、研究机构、中介、其他知识和支持基础设施要素）或者集群程度低。在传统行业中，中小企业处于主导位置，因此缺乏从该区域外吸收新知识和创立知识联系的能力。

（2）负面锁定。指成熟产业和过时技术由于过度融合和过度专业化造成的负面影响，常见于老工业区。有数据表明，即使当地企业能够发现自身技术已经落后于市场变化和技术需求，但仍然很难完全抛弃这些过时技术。

（3）碎片化。指区域创新体系主体之间由于知识交流不够等原因而缺乏联系的问题，然而本问题频发于大都市区，该地区虽然有丰富的知识探索和开发机构，但是区域内知识交流和创新水平却低于预期。

由以上三种分类方法可以得出：

（1）单纯依靠企业自身发展脱离产业结构落后的现状难以解决，必须有公共政策的干预即由国家出台相应政策，合理分配各类资源，由此实现不同创新要素在不同区域之间的流动和交流。

（2）设立由政府牵头成立的协同创新办公室并由其制定各类全局性的创新规划和具体举措，解决政府部门间合作不畅问题。

（3）制定的政策若要解决国内发展不平衡的问题，必须注重落后城市的创新发展问题，通过资源和政策倾斜给予其更大的创新便利，削弱其与创新中心城市之间的差距，实现区域的协同发展。

产业转型对当地经济发展有着直接的作用，而区域内创新体系的构建、创新环境以及创新资源投入量等都会对产业转型产生一定影响。[①]我国产业结构的升级主要有两个方向，分别为高技术化方向和软服务化方向。其中高技术化表现为产业结构演化中的劳动生产率提高和技术进步，即从劳动密集型或者其他密集型的产业结构转化为以技术集成为导向的产业结构，此为本研究的主要转型方向。

想要实现产业转型的目标并非在短期内能够完成的，主要是依靠不同发展阶段之下不同地区内主导产业的变更过程。库兹涅茨产业结构升级理论认为：随着区域经济不断发展，逐步完善的技术水平慢慢显现出其独有的优势，重要性逐渐提高，因此，产业转型的发展方向不仅仅指向服务化，更加转向技术密集与资本化的方向尤其是转向组织密集型和多元化区域创新体系及 STI 模式和组织密集型和专业化区域创新体系及 STI 模式。产业结构转型中的升级过程表现在，区域内生产资源从低水平过渡到高水平的部门，从而使整个社会生产率提升，技术性产业结构转型升级最直观的是给主导产业带来新活力的区域内技术进步和分工深化。

三 传统产业的产业转型

传统产业多局限于当地现状而止步不前，其转向高科技技术为主导的产业结构发展晚、起步晚。因此其产业结构转型的途径有以下两个分析方向。

一是，不同老工业区所处的阶段不同，在短时间内迅速改变其主导产业的生产要素和供给能力导致产业不同类型产业增长速度的差异。

二是，处于新发展阶段、不同区域的老工业区政策、制度以及技术情况，使区域间产业结构升级的速度和效果产生差别，可以采用组织密

---

① 尹希文：《中国区域创新环境对产业结构升级的影响研究》，博士学位论文，吉林大学，2019 年。

集型和专业化区域创新体系及 DUI 模式。

四 影响因素

中国老工业区产业结构升级的主要方向为向技术密集型产业结构靠近。老工业区产业结构向高技术化发展的方向发展，该发展目标由改革开放后推动产业结构升级的动力决定，升级的动力主要来自市场环境、基础设施环境和劳动力比较优势；各区域升级速度的不同也同样受到了区域内不同环境因素的影响。着重分析影响因素有以下三个方面。

（一）区域间体制改革与市场环境的改善是各地区产业结构升级的重要因素。经济体制的转型与改革为国内产业结构升级提供了强大的动力和保障。资源配置效率的提升受益于经济体制改革和市场环境改善，使生产要素更快地在产业间转移。在体制改革的影响作用之下，国内完成了向社会主义市场经济体制的转变。市场内各主体能够参与竞争和公平分配的权力受益于市场环境的完善，使区域内的创新主体有机会有动力提升各自的技术水平，以求今后更好的发展前途。

（二）区域创新体系的根本方案在于完善区域内的基础设施，使区域内各不相同的基础设施为产业转型提供不同的基础环境。从理论规律上来说，基础设施的逐步完善往往紧随产业结构的升级。有基础设施环境作为重要基础，特定产业的转型变得相对容易。本空间内对产业的承受能力被称为基础设施的完善程度，从产业结构转型过程来看，城市化相关水利电力设施和交通设施的发展是基础设施完善的主要目标。从其环境因素得出，国内产业对于资本和劳动密集型的产业投资聚集高于技术密集型产业。

（三）中国产业结构升级的根本动力因素是各区域不同的比较优势。把国内产业结构升级以及不同区域内部结构升级结合来看，认为人口的增长使劳动人口的数量急剧增加，而学者发现人口红利期与经济高速增长期是基本吻合的。在我国东北等区域的一些老工业区，其劳动密集型产业的发展得益于人口红利，农村劳动力大范围向城市转移，充足的劳动力结合当地经济的迅速发展，使该产业模式在区域内迅速完善形成比较优势。但由于现在面临的产业转型，仅靠原来的支柱产业不足以应对当下的创新目标，因此老工业区的产业转型形势依旧严峻。

第七节　相关政策建议

基于以上六类发展路径、阻碍因素以及产业转型现状分析，针对我国不同发展程度的区域提出以下政策建议。

（一）面向全球提升国家核心竞争力，与此同时发挥我国全国体制优势，引导优质资源向优势区域和中心城市集中，提升创新总体效能；

（二）加强科技与文化的交融，充分利用制度和文化邻近性，强化科技伦理；

（三）加强区域研发部门与本地产业的联系，最大限度发挥其辐射带动作用以及该地区科技创新的承受能力，形成紧密联系和积极活跃的区域创新和技术合作网络；

（四）通过引入新的科技知识，促进旧部门的产业更新和创新性结构调整，克服负面锁定实现不同区域的产业转型；

（五）运用网络化的方法促进非本地性知识流入，形成差异化的公共知识库，通过企业的衍生和其他创新主体的加入创造就业机会；

（六）充分依靠区域优势，每座城市尽力发展其优势资源，结合自身创新资源、创新能力和创新要素投入等方面找寻对自己发展作用最大的创新主体，寻求技术合作的对象，形成优势互补高质量发展的城市创新网络。

第五章　差异化区域创新体系：
定量分析

区域创新体系是国家创新体系的重要组成部分，通过构建差异化的区域创新体系，可以有效提升我国国家创新体系整体效能。随着我国逐步迈入创新型国家行列，科技创新事业发生了整体性、格局性的重大变化，对于国家创新体系建设的要求也从完善结构转变到提升整体效能。习近平总书记在多次讲话中强调，我国原始创新能力还不强，创新体系整体效能还不高。

本章运用创新投入、创新产出、创新环境和创新生态四个方面 34 个指标，查找了全国 274 个地级市及以上城市数据，综合运用熵权-TOPSIS 法、社会网络分析等分析方法与 Pajek、ArcGIS 等分析工具，计算城市创新能力与城市间联系强度，构建城市创新网络，得出网络结构演化特征，并最终识别了不同的区域创新体系。研究结果表明：创新网络不断扩大、合作强度持续增强、网络结构向"多中心网络化"方向发展、中心城市对周边城市的带动作用逐渐显现、十大区域创新体系日趋明朗，而城市间的创新联系强度除受到自身创新能力的影响之外，还受到地理邻近、制度邻近等邻近机制的影响。

第一节　研究背景

中国幅员辽阔，不同区域之间差异巨大，需引入区域的概念、从区域创新层面入手，以缩小与国际的差距。而从中国自身的区域创新体系来看，该体系建立在城市的基础之上，跨市区的创新可以在省级行政区内实现，而跨省级行政区的资源配置、科技和人才的交流合作及创新人才的流动等，超出了省级行政区的职权范围，不同省份之间的沟通协调难度相对较大。此时构建跨省级区域创新网络刻不容缓，[①] 但仍需要考虑节点型创新城市的政策覆盖，又要制定跨省级行政区、支持区域创新体系构建的政策。[②] 省内政策的制定要考虑范围上的协调与合作上的可行性，配合国家政策的实施，以创新发展较好的区域辐射带动周边城市实现技术创新。

目前，对区域创新体系的研究主要包括以下几个方面：（1）区域创新体系分类。最具权威性的是将其分为三类，第一种是地域根植性区域创新体系，第二种是区域网络化创新体系，第三类是区域化国家创新体系。（2）区域创新体系的演化过程。赵昱等人突破了以往仅从产业视角展开的限制，从空间视角入手，发现国际创新资源分布呈集聚分布模式，形成了以东部长三角、珠三角和环渤海地区为核心，中西部内陆省区为外围的核心—边沿分布格局。[③] 肖刚等采用变异系数、传统与空间马尔可夫链和空间自相关性的分析方法，从时间、空间和地理空间效应的视角来探析 1985—2013 年中国区域创新差异的时空动态演化过程、格局与特征。[④] 武晓静等采用空间聚类方法、碎化度指数及变异系数分析创新能力的空间分布及演化进行分析。[⑤] 齐晓丽、聂天雷采用社会网络分析

① 赵成伟、刘冬梅：《新时期我国区域创新布局的优化研究》，《全球科技经济瞭望》2022 年第 12 期。

② Yu B., "Does Innovative City Pilot Policy Stimulate the Chinese Regional Innovation: An Application of Did Model", *International Journal of Environmental Research and Public Health*, Vol. 20, No. 2, 2023, p. 1245.

③ 赵昱、杜德斌、柏玲等：《国际创新资源流动对区域创新的影响》，《中国科技论坛》2015 年第 2 期。

④ 肖刚、杜德斌、戴其文：《中国区域创新差异的时空格局演变》，《科研管理》2016 年第 5 期。

⑤ 武晓静、杜德斌、肖刚等：《长江经济带城市创新能力差异的时空格局演变》，《长江流域资源与环境》2017 年第 4 期。

法，分析跨区域产学合作创新绩效演化特征，采用 QAP 回归方法分析各阶段的首要邻近性因素和重要邻近性因素。[①]（3）通过案例分析法研究区域创新体系。黄海霞、陈劲采用多案例研究方法，对谷歌、阿里巴巴的创新生态系统进行研究，探讨了创新生态系统的协同创新网络的运行规律。[②] 此外，Cooke 等人还强调区域创新体系空间和区域制度结构的重要性。然而，专门针对亚洲及发展中国家的研究不多，针对中国的研究主要对各省市、直辖市的区域创新进行要素分析，侧重于区域创新空间及网络的静态研究，对个案进行研究得出结论，对于定量研究较少，且缺乏网络演化机制的动态研究及差异化区域识别。

本章的研究目标是：动态研究多维邻近性等因素[③]对区域创新网络构建的影响机制、网络演化的特征分析以及区域创新体系的识别，突破之前研究中以省级行政区为研究对象的限制，使研究对象的颗粒度更加细致，更有利于精细化地研究区域创新。

第二节　实证研究

一　数据来源

区域创新体系是一个包含多个层面、多个要素相互作用的复杂系统，随着科技进步和经济发展的不断演进，相关评价指标也处于动态的变化过程。本研究以 32 个省级行政区和 333 个地级行政区作为创新能力评价研究对象，基于国家数据库、各省市年鉴及知网大数据研究平台，剔除无统计数据，或是统计数据资料缺失城市，最终确定研究城市为 274 个，并选取 2010 年、2015 年和 2020 年共 3 年截面数据。通过查阅文献以及具体分析，这些数据缺失的城市基本处于创新的边缘地带，并未对分析

---

① 齐晓丽、聂天雷：《多维邻近下的跨区域产学合作创新绩效演化及影响研究——基于社会网络分析法和 QAP 方法分析》，《河北企业》2023 年第 6 期。
② 黄海霞、陈劲：《创新生态系统的协同创新网络模式》，《技术经济》2016 年第 8 期。
③ 李子彪、李晗、陈丽娜：《知识邻近性对城市间技术协同创新的影响研究——以京津冀城市群为例》，《科技与管理》2022 年第 5 期。

结果产生影响。

本研究样本数据来源于中国统计年鉴、各省市统计年鉴（补充），其中缺失值数据使用临近年度数据进行替代，某些城市缺乏规模以上工业企业 R&D 投入数据时，通过查阅文献，最终以全社会 R&D 投入数据作为替代。

二　技术路线

区域创新系统是由地理上邻近和关联的企业、高校及研发机构等创新主体构成的区域性组织体系，这种体系遵循某种治理规则并产生创新。区域创新能力评价体系是在区域创新系统的基础之上，用于评价该区域创新能力的综合指标体系，应具有全面和客观性。

在确定区域创新能力指标体系的基础上，采用熵权-TOPSIS 法进行区域创新能力的评价，区域创新网络指特定区域内的开放系统，内部多元主体之间由于地理邻近性等产生联系，因此，通过重力引力模型解释区域创新网络内的交互关系，定量评估创新网络的发展趋势。基于社会网络分析法，运用 ArcGIS 可视化分析、Pajek 软件生成关联拓扑图，识别区域创新网络的演化过程，定量分析区域网络内的结构和区域网络间的关系，最终在全国范围内识别出差异化的区域创新体系（参见图 5 – 1）。

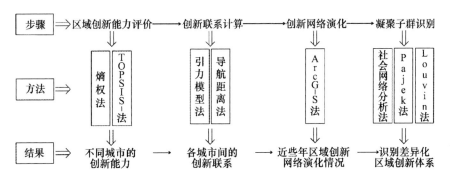

图 5 – 1　技术路线

三 区域创新能力评价体系的构建与评价

（一）区域创新能力的指标构建

区域创新能力是指区域创新体系提升区域经济等发展水平的能力，或者是一个地区将知识转化为新产品、新工艺和新服务的能力。对比之前文献，本研究从不同的创新主体出发，从创新主体的角度更加细致地展现一级指标，在全面性、代表性、可比性和可操作性原则[①]的基础之上，建立了 4 个一级指标（创新投入、创新产出、创新环境、创新生态)[②]、按照创新主体划分 8 个二级指标，以及 34 个三级指标的综合评价指标体系（参见表 5 – 1）。

表 5 – 1　　　　　　　　科技创新能力评价指标体系

一级指标	二级指标	三级指标
创新投入 A_1	企业投入 B_1	规上企业 R&D 人员全时当量（万人）C_1
		规上企业 R&D 内部支出（万元）C_2
		规上企业固定资产合计（万元）C_3
		规上企业流动资产合计（万元）C_4
		高技术企业认定数（个）C_5
	中介机构与政府投入 B_2	地区全要素生产率（%）C_6
		政府教育财政支出额（万元）C_7
		政府科技财政支出额（万元）C_8
	高校与科研机构产出 B_3	高校发表科技论文数（篇）C_9
		高校专利授权数（件）C_{10}
		高校国家社科基金项目数（项）C_{11}
		国家技术发明奖数（项）C_{12}
		高校当年毕业生人数（万人）C_{13}
		科研机构专利授权数（件）C_{14}

[①] 陈劲、杨硕、幸辉等：《新时代人才强国战略下中国高校创新人才评价体系研究》，《科学与管理》2023 年第 5 期。

[②] Yang R. , Che T. , Lai F. , "The Impacts of Production Linkages on Cross-Regional Collaborative Innovations: The Role of Inter-Regional Network Capital", *Technological Forecasting and Social Change*, Vol. 170, 2021.

续表

一级指标	二级指标	三级指标
创新产出 A_2	企业产出 B_4	新建企业进入数得分 C_{15}
		商标授权数目数得分 C_{16}
		实用新型专利公开数目得分 C_{17}
		创新经费投入占企业总产值比值（万元）C_{18}
	中介机构与政府产出 B_5	发明专利授权数得分 C_{19}
		外商直接投资总产值（万元）C_{20}
		当地实际利用外资数（万元）C_{21}
创新环境 A_3	基础设施完备程度 B_6	年末实有公共交通车辆数（辆）C_{22}
		公路客运量（万人）C_{23}
		城市建设用地面积（一平方公里）C_{24}
		城镇生活污水处理率（%）C_{25}
		建成区绿化覆盖率（%）C_{26}
		医院人均床位数（张/千人）C_{27}
	经济和金融环境发展水平 B_7	人均GDP（元）C_{28}
		当地创新指数得分 C_{29}
		在岗职工从业人数（万人）C_{30}
		在岗职工工资总额（万元）C_{31}
	当地科技服务水平 B_8	科技人才数量（万人）C_{32}
		图书馆藏书数（万册）C_{33}
创新生态 A_4		外商投资企业数（个）C_{34}
Total	8	34

（二）区域创新能力体系的评价

采用的熵权-TOPSIS分析法，适用于多准则决策分析。熵权法是利用熵值来评判某指标的离散程度，可以客观地计算出各指标权重。TOPSIS适用于多指标、对多项目进行比较的方法，根据有限个评价对象与理想化目标的接近程度进行排序，最终实现对现有对象的相对优劣评价，二者结合增加区域创新能力评价结果的科学性。对各项指标进行归一化等处理，通过计算每个评估对象与最优解和最差解之间的距离来获得每个评估对象与最优解之间的相对接近度，并确定客观权重，用熵值表示，最后对评估对象进行排名。（参见表5－2）。

表5－2 指标权重

指标项	20年权重（%）	15年权重（%）	10年权重（%）
规上工业企业R&D人员全时当量	2.985	2.938	3.175
规上工业企业R&D经费内部支出	2.968	3.052	2.821
规模以上工业企业流动资产合计	2.354	2.272	2.456
规模以上工业企业固定资产合计	1.571	1.364	1.561
高技术企业认定数	5.392	5.41	5.579
地区全要素生产率	0.6	0.616	0.685
政府教育财政支出额	1.386	1.28	1.274
政府科技财政支出额	4.002	4.247	5.305
政府专利申请受理数	4.902	4.805	4.725
高校发表科技论文数	6.955	2.907	2.913
高校专利授权数	4.027	5.594	5.293
高校国家社科基金项目数	5.912	6.66	6.645
国家技术发明奖数	9.089	10.209	9.811
高校当年毕业生人数	1.42	1.406	2.41
科研机构专利授权数	4.731	11.104	10.317
新建企业进入数得分	0.406	0.523	0.566
商标授权数目得分	0.428	0.537	0.563
实用新型专利公开数目得分	0.5	0.521	0.46
创新经费投入占企业总产值比值	1.593	1.378	1.19
发明专利授权数	0.468	0.466	0.455
外商直接投资总产值	5.147	3.328	3.298
当地实际利用外资数	3.743	3.374	3.185
年末实有公共交通车辆数	2.586	2.957	2.95
公路客运量	2.166	2.267	1.823

续表

指标项	20 年权重（%）	15 年权重（%）	10 年权重（%）
城市建设用地面积	1.66	1.747	1.445
城镇生活污水处理率	0.047	0.076	0.185
人均 GDP	0.384	0.759	0.852
在岗职工从业人数	2.225	1.904	1.644
在岗职工工资总额	2.8	2.861	2.7
科技人才数量	7.91	4.007	4.032
图书馆藏书数	3.475	2.943	2.948
医院人均床位数	1.078	1.051	1.008
当地创新指数得分	0.496	0.536	0.538
建成区绿化覆盖率	0.027	0.071	0.229
外商投资企业数	4.566	4.831	4.955

四　区域创新联系计算

运用引力模型研究中国各城市之间区域创新能力的空间联系，量化区域创新产出联系强度。模型如下：

$$R_{ij} = K \frac{M_i M_j}{D_{ij}^2} \qquad (5-1)$$

其中 R_{ij} 为两城市之间的创新产出联系强度；M_i、M_j 分别表示城市 i 和 j 的城市创新能力综合得分；D_{ij} 为城市 i 和城市 j 之间的距离；K 为引力常数，通常为 1。

城市间距离一般计算方法包括经纬度直接计算、导航距离等方式[1]。使用经纬度计算法简单，且不同年份的地理距离具有可比性，而使用导航距离计算能够反映不同年份的实际区位运输距离，故本研究采用导航距离方式计算两区域间的距离。该方法是利用百度地图开放平台提供的路线规划 API，这套 API 返回的内容就是我们使用百度地图 app（类似于谷歌地图）导航时所返回的内容。

---

[1]　冯冬发、张涛、李奥、宫汝娜：《异质性空间随机前沿模型的参数估计及应用》，《统计研究》2023 年第 1 期。

五　区域创新能力演化特征

运用 ArcGIS 软件进行可视化处理，结合各地级市创新能力得分和区域创新产出联系强度[①]，展示城市自身创新能力以及城市之间的关联程度。

第一，选取 2010 年、2015 年和 2020 年三个时间节点，将引力模型的计算结果进行数据筛选，将联系强度在 0.04 之下联系强度极低的城市节点删除，不对其进行 xy 转线。

第二，遵循"最大差异、最小差异"原则，由于数列之间均存在一些自然的断点和转折点，这些具有统计学意义的点将城市节点划分成性质相近的组群，使该组群内部差异最小，与外部任何组群的差异最大，再运用"最佳分组原则"评估不同的分组方式以找出最佳结果。

第三，运用自然断点法将联系强度自动划分为五个区间，并分别对其进行标号，最后进行 xy 转线操作，得到城市之间创新联系的连线，城市节点的联系总量与联系强度组成了中国城市创新网络结构演化图，最终将创新主体之间的合作转化为创新主体所在城市之间的合作。

六　子群演化特征分析

社会网络分析（SNA）是社会网络理论的量化研究的具体工具[②]，采用该方法，结合 Pajek 软件，研究 2010 年、2015 年与 2020 年三个时间段我国 274 个地市级城市创新网络的网络密度、中心性、凝聚子群等网络结构特征及子群演化趋势[③]。

① 蒋天颖、谢敏、刘刚：《基于引力模型的区域创新产出空间联系研究——以浙江省为例》，《地理科学》2014 年第 11 期。

② 朱庆华、李亮：《社会网络分析法及其在情报学中的应用》，《情报理论与实践》2008 年第 2 期。

③ 宋潇：《成渝双城经济圈区域合作创新特征与网络结构演化》，《软科学》2021 年第 4 期。

（一）网络密度

网络密度是网络中实际存在的关系数目与可能存在的最多关系数目之比，地市级区域创新网络由于规模一致，得出不同年份的网络密度数值，分析各节点联系紧密程度变化趋势，具体公式如下：

$$ND = \frac{2l}{n\,(n-1)} \qquad (5-2)$$

其中 ND 为网络密度，l 为节点间的连线数。

（二）网络中心势

网络中心势是衡量节点影响力的指标，刻画整个网络各个节点的差异化程度，因此每个网络仅存在一个中心势，中间中心势表示整个网的中间性，星形网的中间中心势为1，环形网的中间中心势为0。具体公式如下：

$$C = \frac{\sum\limits_{i=1}^{n}(C_{\max} - C_i)}{\mathrm{Max}(\sum\limits_{i=1}^{n} C_{\max} - C_i)} \qquad (5-3)$$

$$C_B = \frac{\sum\limits_{i=1}^{n}(C_{RB} - C_{RBi})}{n-1} \qquad (5-4)$$

其中 C 为网络点度中心势，C_i 是网络中的点度中心度，是与该节点直接连接其他节点的数量；$C_{\max}$ 是网络中最大点度中心度数值；C_B 为网络中间中心势；C_{RBi} 是网络中的中间中心度；$C_{RB\max}$ 是网络中最大中间中心度数值。

（三）度中心性

度中心性表示各个城市节点在其所处的网络中中心地位的高低与联系的广度，具体公式如下：

$$AD_i = \sum_{j=1}^{n} \frac{l_{ij}}{n} \qquad (5-5)$$

AD_i 指节点 i 直接连接的节点数占所有节点之比；l_{ij} 当节点 i 与 j 直接相连时为1，否则为0；n 为网络节点数。

（四）特征向量中心度

特征向量中心度用于衡量节点其邻居的重要程度，具体公式如下：

$$EC_i = a^{-1} \sum_j A_{ij} EC_j \qquad (5-6)$$

EC_i 指一个节点的重要性是与其相连城市节点重要性的函数；A 为网络的邻接矩阵，若城市 i 与城市 j 相连，则 $A_{ij} = 1$，否则为 0；a 为矩阵 A 的特征向量最大值，对所有节点 i，先设其特征向量中心性初始值 $EC_i = 1$，迭代收敛后得到每个节点特征向量中心性 EC_i。

七　凝聚子群

（一）方法选择

由于 Ucinet、Gephi 等软件自身算法的局限性，在尝试了多种算法以及不同的分类方式之后，最终选择使用能够进行大型数据运算的 Pajek 软件中的 Louvain 算法，并结合上文各个节点的特征，计算 274 个城市的凝聚子群。该算法是启发式算法，基于模块最优化，计算过程分为两步。

第一，模块度优化阶段：节点将自身作为社区标签，使每个节点都方便与自身相邻的邻居节点，并尝试更换自身的社区标签为邻居节点的社区标签，根据贪婪思想选择模块度增量最大的社区标签，重复该项操作直至全部节点均无法通过该方法提高自身模块度，模块度公式如下：

$$Q = \sum_c \left[\frac{\sum_{in}}{2m} - \left(\frac{\sum_{tot}}{2m} \right)^2 \right] \qquad (5-7)$$

模块度用于衡量网络社区结构的强度。该公式中 $\sum_{in}$ 表示社区 c 内部的权重；$\sum_{tot}$ 表示与社区 c 内部的点连接的边的权重，此处的边不仅包括社区内部的边，也包括社区外部的边。

第二，网络凝聚阶段：把得出的每一个社团视为新顶点，进行下一轮迭代，直至模块度不再发生变化，得出凝聚子群。凝聚子群的结果表明每一个子群中间存在频繁的创新联系①。

（二）数据处理

计算建立在引力模型的基础之上，对其结果进行数据处理。首先计算城市节点之间联系强度的平均值，再将数值在平均值之上的结果记为1，之下的结果记为0，按此规则分别绘制2010年、2015年和2020年的0—1矩阵，在此结果的基础之上运用各个节点的中心性、网络密度等自身特征，使用 Pajek 软件中的鲁汶算法计算得出10个凝聚子群。

第三节　结果分析

一　区域创新能力评估

根据公式计算得出各主要城市创新能力得分，可知城市自身创新能力的综合得分的排名情况，城市呈现出自身创新能力逐年递增的情况。从综合能力得分可以看出，全国整体城市创新能力水平在2010年不高。创新能力平均得分为0.117324，超过平均水平的城市有99个城市，可见整体创新能力还有待提升。尤其是北京、上海、深圳、天津等城市，创新能力得分排名处于前列，明显高于平均水平，主要分布于东部地区。2015年的创新能力平均得分为0.1181805，与2010年大致相同。2020年城市创新能力平均得分为0.1190472，创新能力强的京津冀地区的创新能力得分在2010—2020年逐年增强，创新能力增长快速的城市有青岛，从2010年的0.21197增长至2020年的0.24631；苏州从2010年的0.31845增长至2020年的0.48842；武汉从0.27332增长至0.37978等，这些城市均在各自创新体系中发挥重要作用。

二　区域创新联系

通过引力模型，即式（5－1），计算城市之间引力强度，选取10对

---

① 孙宇、彭树远：《长三角城市创新网络凝聚子群发育机制研究——基于多值 ERGM》，《经济地理》2021年第9期。

重点城市展示两两城市之间的创新联系强度的计算结果（参见表5-3），绝大多数城市呈现出创新联系在单一年份中逐渐增强的趋势。

表5-3 排名前十城市综合得分

	2020 年得分	2015 年得分	2010 年得分
北京	0. 619260226	0. 655385703	0. 728593456
上海	0. 485672509	0. 504931603	0. 528444097
成都	0. 353024138	0. 266952445	0. 241182459
西安	0. 349784004	0. 270535649	0. 22067136
广州	0. 312694987	0. 315091701	0. 289908789
杭州	0. 30124788	0. 31396201	0. 328386501
武汉	0. 279781424	0. 284730926	0. 273322337
重庆	0. 272975073	0. 288050186	0. 255202158
天津	0. 229867869	0. 350014772	0. 330889986
长沙	0. 226915321	0. 216663575	0. 206596198

三 创新网络的演化

从2010年、2015年与2020年三年的创新网络演化情况看，2015年，仅有少数创新能力较强的城市，并多集中于国家东部地区，发展到2020年，创新能力强的城市已基本遍布全国各个省份。城市间强联系分布于京津冀创新区域、长三角创新区域和粤桂琼闽创新区域。

然后，再对274个城市进行子群特征计算，得出网络中心势结果表现为逐年升高（参见表5-4），说明创新网络构建并非围绕单一城市展开，而是存在多个核心城市带动周边城市的发展，起到辐射带动的作用。而度中心性计算结果可知各个城市节点在其所处的网络中心地位的高低与联系的广度，得出10个在网络中最具影响力的城市节点（参见表5-5），节点城市较为稳定，主要是北京、上海、南京、广州、深圳、武汉、杭州、天津、西安、苏州等国内创新能力较强的一二线城市，且每个城市的度中心性数值均呈现出逐年上升的趋势，北京一直为度中心性最高的城市，西安从 2015 年排名第 10 上升至 2020 年排名第 6，上升幅度明显。最后特征向量中心性公式的计算结果选择该值排名前十位的城市节点（参见表 5－6），该计算结果说明这些城市通过建立与自身相关的区域创新网络，已达到提升自身的创新能力等效果。

表 5－4　　　　　　　　　网络中心势计算结果

	2010	2015	2020
网络中心势	89.44029851	91.50000000	92.35294118

表 5－5　　　　　中国城市创新网络度中心性前十城市

2010		2015		2020	
城市	数值	城市	数值	城市	数值
北京	240	北京	240	北京	256
上海	208	武汉	216	武汉	220
武汉	198	南京	196	上海	210
南京	194	上海	210	南京	212
天津	172	天津	182	郑州	180
郑州	166	苏州	168	西安	174
杭州	154	郑州	170	合肥	170
苏州	152	杭州	158	苏州	174
济南	146	合肥	158	深圳	156
合肥	144	西安	144	杭州	158

表 5－6　　　中国城市创新网络特征向量中心性前十城市

2010		2015		2020	
城市	数值	城市	数值	城市	数值
上海	0.1752627	北京	0.1750786	北京	0.1730178
北京	0.1761706	上海	0.1745964	上海	0.1660065
武汉	0.1683262	南京	0.1640949	南京	0.1628911
南京	0.1745569	武汉	0.1561981	广州	0.1536418
深圳	0.158155	苏州	0.1506219	武汉	0.1510639

续表

2010		2015		2020	
西安	0.1572561	郑州	0.1493459	徐州	0.1440741
广州	0.1551188	徐州	0.1489453	济南	0.1382408
成都	0.1453231	合肥	0.1431314	郑州	0.1439582
杭州	0.1428802	青岛	0.1390145	苏州	0.1437811
天津	0.1348409	济南	0.1466964	合肥	0.1414281

由此结果可知，城市的自身创新能力随着时间的推移，在多因素的作用下不断增强，逐渐形成了中心城市，并在中心城市的辐射下，带动了周围城市的创新发展，形成了相对成熟的区域创新网络。

在区域创新网络快速扩展的同时，城市间的创新合作不断加强、联系强度不断提高。2010 年城市间联系总量在 20 以上的城市有 34 个；而 2020 年城市间联系总量在 21 以上的城市有 269 个，增长近 3 倍。网络密度随着网络规模的扩大不降反升（参见表 5－7），从 2010 年 56.6074 提高至 2020 年 56.6423，该结果表明凝聚子群内部各节点的紧密程度高，城市之间联系紧密，合作化程度高且呈现出逐年上升的趋势。[①]

表 5－7　　　　　　　　　　网络密度计算结果

	2010	2015	2020
网络密度	56.60740741	58.33576642	56.64233577

四　凝聚子群的识别

在子群特征计算的基础之上，进一步对 274 座城市的创新区域进行划分。2010 年的城市聚类得出集群数量为 10 个，西藏、新疆等地城市为单独创新区域，除此之外甘肃部分城市与宁夏划分为一个子群，部分

---

① 操友根、任声策、杜梅：《我国企业牵头创新团队合作：总体特征、网络演化及其启示——基于国家科技进步奖项目的分析》，《科学学与科学技术管理》2023 年第 12 期。

内蒙古、山西城市与京津冀、山东、陕西和河南划分为一个子群，福建部分城市划分到长三角城市群，其余城市创新区域的划分相较于国家的规划，已经大致符合国家标准，基本与 2020 年子群分布类似（参见图 5 - 2）。而 2015 年的城市聚类得出集群数量为 9 个，此时的单独子群只有西藏与新疆，江苏部分城市与京津冀、山东、河南、陕西划分为一个子群，江西与浙江、上海、江苏和安徽划分为一个子群，其余子群分布均与 20 年无较大差异（参见图 5 - 3）。

对 2020 年的城市聚类进行分析得出集群数量为 9 个，模块度（lodu-larity）结果为 0.479574，说明子群内部城市关系相对紧密。该方法将新疆、西藏和甘肃城市划分为单独的子群，将京津冀与山东、陕西与河南划分为一个子群，东北三省及内蒙古部分地区划分为一个子群，粤桂琼闽成为一个子群，长三角地区为一个子群，云贵川渝四省城市为一个子群，宁青及西蒙地区划为一个子群，两湖地区与江西划分为一个子群等（参见图 5 - 4、表 5 - 8）。需要特别说明的是，甘肃虽然从表面上看独立出来为一个单独的创新体系，但是独立出来的甘肃区域创新体系仍然

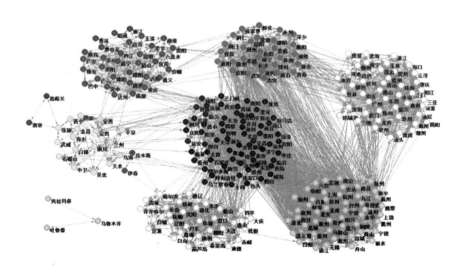

图 5 - 2　2010 年凝聚子群

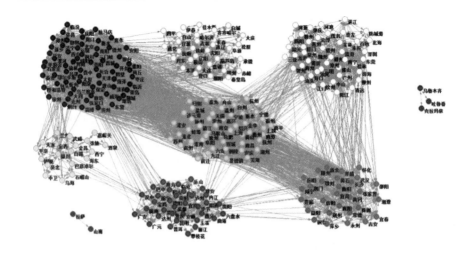

图 5 - 3 2015 年凝聚子群

与宁青（西蒙）区域创新体系有着联系，尤其是省会城市兰州，联系不太紧密的区域为甘肃的西北部的几个城市，而且甘肃从地理位置上看位于青海与西蒙的中间，在位置上也不具有独立性，故仍然将甘肃纳入青宁（西蒙）区域创新体系中心，称为甘宁青（西蒙）区域创新体系。

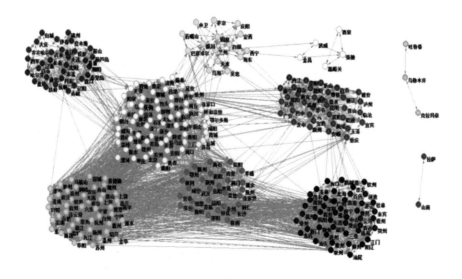

图 5 - 4 2020 年凝聚子群

表 5 – 8　　　　　　　　　差异化区域创新体系样本

序号	所属区域	创新体系	具体省份
1		京津冀鲁豫晋陕	北京、天津、河北、陕西、山东、河南、山西
2	东部地区	长三角	上海、江苏、浙江、安徽
3		粤桂琼闽	广东、广西、海南、福建
4	东北	东北地区	黑龙江、吉林、辽宁、内蒙古（部分）
5	中部地区	长江中游	湖北、湖南、江西
6		甘宁青（西蒙）	甘肃、宁夏、青海、西蒙（部分）
7	西部地区	云贵川渝	云贵川渝
8		西藏	西藏
9		新疆	新疆

第四节　讨论与适应

一　优化组合

在之前的研究中，齐晓丽、聂天雷采用社会网络分析法，分析跨区域产学合作创新绩效演化特征，QAP 回归方法分析各阶段的首要邻近性因素和重要邻近性因素；[1] 国内针对知识合作网络研究大多侧重于空间成因探讨及网络功能结构分析等静态研究，缺乏针对网络演化机制与空间合作关系的动态研究；[2] 武晓静等采用空间聚类方法、碎化度指数及变异系数分析创新能力的空间分布及演化进行分析。[3] 本研究在此基础之上，突破以省份作为研究对象进行数据搜集的现状，从更加细致的颗粒度出发，研究全国 274 所城市的创新能力、创新联系、创新网络的演化以及创新体系的识别。为保证计算结果的准确与科学，我们尝试多种

---

[1] 齐晓丽、聂天雷：《多维邻近下的跨区域产学合作创新绩效演化及影响研究——基于社会网络分析法和 QAP 方法分析》，《河北企业》2023 年第 6 期。

[2] 胡晓辉、杜德斌、龚利：《长三角区域知识合作网络演化的空间特征》，《地域研究与开发》2012 年第 6 期。

[3] 武晓静、杜德斌、肖刚等：《长江经济带城市创新能力差异的时空格局演变》，《长江流域资源与环境》2017 年第 4 期。

社会网络分析软件对城市凝聚子群的分类进行多次模拟，最终得出基本符合预期的凝聚子群分类结果。

本研究还对比其他学者划分的创新指标，从创新投入、创新产出、创新环境与创新生态四个方面出发，基于五大创新主体划分出 35 个三级指标并遵循以下三个原则，更加科学地进行数据分析与研究。

（1）追求数据分析的颗粒度更加细致。从城市的政产学研介五大创新主体出发，追求各个主体在不同城市创新指标体系中的综合性、全面性，旨在全面客观地描述企业、高校和科研机构的创新力度发展现状，以及当地政府和中介机构提供的政策便利和创新支持，力争为当地创新发展提供全方位评价和统计。

（2）指标优化秉承客观、科学、严谨的原则。各地创新投入和产出情况的变化，尊重创新发展的时间规律、地域差异；注重高校和科研机构对学术人才的培养；兼顾实践，在充分了解目前国际上对区域创新体系研究的基础上，结合中国政策构建具有"中国特色"的创新评价体系。

（3）突出创新产出所做出的实际贡献，发挥评价体系的引领作用。指标体系既是对现有实践成果进行评估的工具，又是对未来实践活动发展方向和发展方式的指引。

在创新指标划分的基础之上，进一步推进数据搜集与筛选，运用熵权-TOPSIS 法进行区域创新能力评价，得到不同城市的创新能力；使用引力模型法与导航距离法进行创新联系计算，得出各城市间的创新联系；再运用 ArcGIS 法分析创新网络演化，得出近些年区域创新网络演化情况；最终使用社会网络分析法中 Pajek 软件下的 Louvain 算法识别差异化区域创新体系。

二 创新网络和凝聚子群的结果讨论

（一）创新网络

从 ArcGIS 得到的 3 年分析结果可知，2010 年全国范围内创新联系已经较多，2015 年主要是与一些省会城市和经济发达地区产生创新联系，主要的跨界创新联系还是局限于中部与东部地区城市节点。发展至 2020 年，城市之间创新联系已遍布全国众多地区和城市，不仅与中东部较为发达地区的城市节点建立了创新联系与合作，也与西部较为落后地区建立创新联系。这说明全国城市创新网络经过多年发展，不仅能够接受、融合发达地区的新技术和新知识，还能发挥辐射带动作用，起到知识与技术的辐射、传播作用。

网络结构由之前的单一中心辐射带动发展至现如今的多中心辐射带动网络。2010 年仅存在零散的几个创新能力较高的城市节点，发展至 2020 年，全国出现大范围的高创新能力城市，城市间联系程度得到了相对提升且网络密度更加紧密，中国城市创新网络日益完善，城市创新网络的延伸呈现出"多中心网络化"特征。

首先，在国家政策的背景之下，发挥城市优势，不断完善区域创新网络，充分利用我国科技创新举国体制优势，组织引导创新资源等高端要素向优势区域和中心城市集中，形成以中心城市和城市群为主要依托的创新动力源，提升创新总体效能。其次，要充分利用中心城市的创新辐射带动作用，促成若干联系紧密、创新活跃的城市群区域创新系统或专业技术合作网络，形成若干高效协作的创新发展高地和技术创新系统。最后，一般城市应根据自身的创新资源、创新能力、技术特色和网络资本，找准技术合作对象，采取差异化的创新发展道路。

（二）凝聚子群

赵成伟等计算京津冀创新区域中不同市区的度中心性、特征向量中心性等从而对其进行子群的划分。[①] 在其研究方向的基础之上进一步扩大范围，计算得出 2010 年、2015 年、2020 年 3 年的城市度中心性、特征向量中心性以及各年份的中心势始终处于中高水平，说明各节点城市在网络中的联系广度、网络地位和其相邻节点的重要程度存在差异。中

① 赵成伟、翟瑞瑞、曹智等：《京津冀协同创新多维测度研究》，《科技进步与对策》2023 年第 16 期。

心性值的差异使节点城市之间存在明显分级的现象，其中度数小、创新能力弱的城市积极寻求与度数大、创新能力高的城市合作，强化了中心城市的网络地位，使得网络生长主要围绕中心节点展开。创新能力强的城市具有优先选择其他城市组成凝聚子群的优势，使得中心城市中心性更加突出，中心城市创新能力不断得到强化，网络枢纽地位持续提升。

从2010—2020年北京、上海、武汉、南京、深圳、广州等重要中心城市的特征向量中心度呈现出下降趋势，表明中心城市在选择邻近节点城市作为合作对象的重要性在下降，体现了中心城市的辐射带动作用，验证了城市子群的存在。节点之间建立联系除了选择创新能力高的城市，还侧重于选择与自身存在相似特征的节点，如地理邻近，方便建立联系之后的城市之间创新合作，形成具有区域特色的区域创新体系。追溯原因，由于中心城市数量的逐年增加且与其子群中其他节点城市联系紧密，出现网络多中心与多极化的特征。

综合来看，由于2006年3月中国政府发布的《中华人民共和国国民经济和社会发展第十一个五年规划纲要》在第二十一章第二节明确提出：要把城市群作为推进城镇化的主体形态，逐步形成以沿海及京广京哈线为纵轴，长江及陇海线为横轴，若干城市群为主体，其他城市和小城镇点状分布的空间格局。因此，在2010年，呈现出第一凝聚子群以京津冀为主，包括鲁豫晋陕及内蒙古部分，第二凝聚子群以广州、深圳、中山等城市为主，第三凝聚子群以南京、杭州、扬州、上海等城市为主，第四凝聚子群以成都、昆明等城市为主等分布状况。已形成城市群发展格局的京津冀、长江三角洲和珠江三角洲等区域，之后要继续发挥带动和辐射作用，加强城市群内各城市的分工协作和优势互补，增强城市群的整体竞争力。在此发展背景之下，区域创新网络发展至2020年，处于其发展高峰期，第一凝聚子群未有重大改变，仍以北京、天津等城市为主，第二凝聚子群为以上海、杭州、南京、合肥等城市为主的长三角创新区域，第三凝聚子群为以广州、深圳、厦门等城市为主的粤桂琼闽创新区域。而山东、河南与陕西省的城市被划分到京津冀创新区域中，究其原因为大首都经济圈的产生，由于南北方城市的差距日益增大，北方经济相对薄弱，北京作为政治中心、文化中心、国际交往中心和科研创新中心，理所应当发挥中心城市的辐射带动作用，将山东、河南、陕西等北方大省的城市划入大首都经济圈。将甘肃在 2020 年单独划分一个创新区域而在其他年份并未将其单独分开，究其原因，首先是因为甘肃创新的弱分离性；其次甘肃地理特征明显，整体而言面积广阔且狭长，省内部不太容易建立创新联系，虽与多省邻近，但多为创新能力不太发达的省市，对甘肃创新发展辐射带动效果甚微。

综上所述，我国城市区域创新网络的主要支撑和重要节点为城市凝聚子群和中心城市。分别以北京、上海、杭州、广州、武汉、拉萨、乌鲁木齐、大连、成都、重庆等城市为 10 个城市区域创新网络的中心城市，带动京津冀、长三角、粤桂琼闽、东北地区、长江中游、黄河中下游、云贵川渝等 10 个创新区域的创新发展，共同组成我国的多中心性的城市区域创新网络。作为子群中心的节点城市本身具有很高的创新能力且彼此之间联系相对紧密，不断发展自身周边的节点城市，形成我国城市区域创新网络的支撑骨架。追溯其源，这些中心城市多为直辖市或者各省的省会城市抑或者是副省级城市，自身发展具有便利的制度优势和各种资源优势，使它们本身已经具有很强的克服地理障碍的能力。同时中心城市可以发挥中介作用，通过与其他节点城市建立创新联系，使其围绕中心节点城市，依靠多维邻近性等天然优势，促进要素流动与创新合作，促使中心城市在带动其他城市发展的过程中也强化自身创新能力。

简而言之，中国的"城市群"概念现如今已经相对成熟，其实就是西方学者、城市地理学和城市规划领域的"城市体系"概念。一般系统理论是城市体系研究的基础理论。在国内关于城市体系的研究成果比较丰富，但从区域经济学视角进行城市群研究主要还集中在案例和应用基础研究阶段，相关的理论学术贡献不多。

三 在未来研究中的完善

本章所建立创新能力评价指标体系仅考虑创新投入与产出、创新环境和创新生态四个方面，且创新生态方面指标较少，更多创新能力的评价影响因素未作考虑。相比于周锐波、邱奕锋、胡耀宗从多维邻近性机制入手，研究区域创新网络的演化，存在不足之处。在分析城市间创新联系强度过程中，仅考虑地理距离一个影响因素，在信息化的今天，创新要素流通已不仅仅受地理距离的制约，其广泛受到信息流通、资金流通影响。未来，应进一步强调区域创新体系的跨省级性，以突破创新资源自由流动的行政区划壁垒，凝聚更为广泛的创新力量，提升区域和国家的竞争力。其中，最为关键的是依据科学的区域创新体系划分，从国家顶层设计层面制定差异化的区域创新政策。

第五节　结论

为了更好地发展区域创新网络，本章着重研究区域创新体系的识别。研究结果表明：创新网络的延伸与创新合作的增强，网络整体结构向"多中心网络化"方向发展，中心城市的辐射带动作用开始显现出优势，十大区域创新体系日趋明朗。

由于经济环境的不确定性等不稳定因素的存在，创新不再单方面取决于一个企业，而是取决于创新网络，但是这种多主体迅速学习，促进网络发展的目标不会自发出现，而是需要有效政策干预。基于有利于创新网络形成与差异化的区域创新政策，应鼓励多主体创新网络构建中介服务，从政府支持企业、科研机构等主体的发展，到政府直接支持创新网络的演化。主要目标为促进创新网络形成、区域创新体系的构建以及创建良好的创新环境。目前，中国已经建立具有系统性、多样性和层次性的国家创新政策体系，但在区域创新体系方面，还未形成具有针对性、完善的政策体系。未来，须从以下三个方面进一步完善创新政策：一是均衡政府和市场作用，制定贴合国家创新实践的创新网络与区域创新体系政策；二是完善创新网络与区域创新体系的政策体系；三是构建包容的创新网络与区域创新体系建设发展的环境。

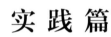

实　践　篇

第六章　京津冀区域创新体系：研发导向型

区域协同创新是区域协同发展的高级阶段，是新时代区域协同发展的重要表现形式。基于京津冀三个主体创新资源的细分数据，利用熵值法、熵权法、引力模型和社会网络分析等多种方法相结合，从宏观城市群之间、微观京津冀内部两个维度，测度京津冀协同创新水平、挖掘其空间网络联系，立体呈现了京津冀协同创新现状。结果发现：对比国内三大世界级城市群，京津冀属于研发推动的原发型科技创新体系；在三地各省份内部43个研究单元，普遍存在创新资源分布不均衡、协同创新水平差距较大的现象；区域间高效协同创新网络尚未充分建立，研究结论为区域创新政策的制定奠定了基础。

第一节　研究背景

自2015年《京津冀协同发展规划纲要》颁布实施以来，京津冀协同创新取得了一定进展。但是，京津冀各地创新发展水平及创新资源配置规模仍然存在较大差距，制约着三地的协同创新发展。北京92.5%的科研成果"蛙跳"到长三角、珠三角进行产业化，[1] 意味着京津研发、河

---

① 田学斌、卢燕：《新发展格局下京津冀产业链创新链深度融合推动河北产业高质量发展——2021京津冀协同发展参事研讨会综述》，《中共石家庄市委党校学报》2022年第1期。

北孵化转化的创新链、产业链条尚未形成。北京科技成果在津冀落地难、三地产业协同难，成为京津冀协同创新的突出问题。[①] 而摸清京津冀协同创新现状和空间网络联系特征，是推进协同创新的先决条件。目前，理论界评价北京、天津和河北 11 个地市之间的协同创新水平的研究较多，关注维度比较单一，尚无法回答京津冀协同创新在全国处于怎样的水平，无法详细回答北京和天津内部各区域和河北各地市的协同水平。因此，本研究从宏、微观两个维度精准画像京津冀协同创新水平，立体呈现京津冀协同创新现状，对推进京津冀区域协同创新的进一步发展具有重要意义。

第二节　研究的理论框架及研究方法

一　研究的理论框架

区域协同创新是当前区域发展中应用很广泛的理念，是区域协同发展的高级阶段，是知识经济时代区域协同的新形式。[②] 京津冀、长三角和粤港澳大湾区是我国创新资源最为集聚、创新能力最强的三大区域，虽然创新体系极为完善，但也各具特色。探究京津冀在我国创新版图的位置和特征，有助于更好地展开京津冀协同创新微观方面的研究。区域协同创新的最终目标是缩小地区间的创新水平差距，最主要的方式是推动跨地区、跨主体的创新要素自由流动和创新协同，而创新网络是区域协同创新最重要的空间表现形式。本研究尝试从宏观、微观维度测度京津冀协同创新水平，具体研究与长三角、粤港澳大湾区的协同创新发展的差异，京津冀43个区（地市）协同创新发展现状及京津冀创新网络构建情况。

---

① 张贵、温科：《协同创新、区域一体化与创新绩效——对中国三大区域数据的比较研究》，《科技进步与对策》2017 年第 5 期。
② 国子健、钟睿、朱凯：《协同创新视角下的区域创新走廊——构建逻辑与要素配置》，《城市发展研究》2020 年第 2 期。

二　研究方法

为准确刻画京津冀协同创新的现状，从宏观和微观两个维度展开研究。在宏观方面，围绕科学、技术和产业三大要素之间的协同关系，通过与长三角、粤港澳大湾区对比，总结出京津冀协同创新特征，主要采用熵值法。在微观方面，为研究京津冀三地协同创新状态，首先研究43个细分区域的协同创新情况，主要采用熵权法。基于各细分区域的协同创新能力，通过网络分析的方式，研究京津冀创新网络构建情况，主要采用引力模型与社会网络分析相结合的方法（参见图6-1），并将分析结果借助 ArcGIS 软件形象呈现。

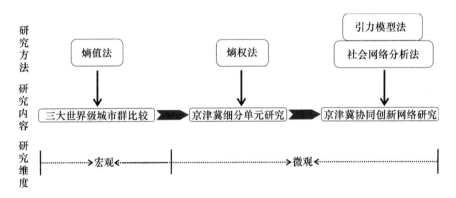

图6-1　京津冀协同创新多维测度理论框架

（一）熵值法

熵值法专门用来研究某一部门或某一产业的专业化率，反映专业化程度，以及某一区域在全国的地位和作用等情况，是目前考察区域差距和区域整体协同情况的常用方法。借鉴赵成伟等以地区人均 GRP 与全国人均 GDP 之比来衡量中国经济与人口分布不匹配度的计算方法，[1] 构建

---

[1]　赵成伟、孙启明：《京津冀人口与第三产业分布匹配研究——兼论影响首都人口疏解效果的因素》，《求是学刊》2018 年第 6 期。

衡量三大城市群的不同创新维度与整体创新投入不匹配度的 R 指数和 M 指数，不仅考察单个区域某一创新维度分布的偏离，还考察三个世界级城市群创新维度分布的偏离。需要说明的是，因为熵值法并没有考虑被研究对象的规模因素影响，可能会产生某一区域的被研究对象体量很小，而地区总量体量也很小，导致区位熵很大，而实际上该地区并不存在被研究对象的集聚现象。在本研究中，被研究的三个区域属于世界级城市群，科学研究、技术创新和产业创新的体量都非常大，故不存在上述现象。具体的计算方法如下所示：

$$LQ_{ij} = \frac{X_{ij} / \sum_j X_{ij}}{\sum_i X_{ij} / \sum_i \sum_j X_{ij}} = \frac{S_Y^i}{S_P^i} \qquad (6-1)$$

式中，$i = 1，2，3$，代表三大城市群；$j = 1，2，3，4，5，6，7$，代表 7 个指标。

$$M = \sum_j M_j = \sum_j |X_{ij} / \sum_j X_{ij} - \sum_i X_{ij} / \sum_i \sum_j X_{ij}| \qquad (6-2)$$
$$= \sum_j |S_Y^i - S_P^i|$$

其中，LQ_{ij} 代表三大城市群各地创新指标的区域熵 R 指数；x_{ij} 代表第 i 城市群第 j 创新维度的相关指标；$\sum_i x_{ij}$ 代表三大城市群第 j 创新维度的指标总量；$\sum_j x_{ij}$ 代表 i 城市群所有创新维度的指标总量；$\sum_i \sum_j x_{ij}$ 代表三大城市群所有创新维度的指标总量；S_Y^i 代表 i 地区某一指标占该地区总体创新指标的比例；S_P^i 代表被研究所有区域的某一指标占该地区总体创新指标的比例。

R 指数可以描述两个指标的偏离程度，值域为 $[0，\infty)$，越接近于 1，两个指标的匹配度越好，当 R = 1 时，两个指标完全相匹配。M 指数表示空间整体的不匹配度，值域为 $[0，2]$，M 越接近于 0，表示整体匹配程度越高，越接近于 2，不匹配度越高；当 M 等于 0 时，表示整体完全匹配，当 M 等于 2 时，表明整体完全不匹配。

（二）熵权法

熵权法属于确定指标体系各项指标权重的常用方法，属于客观赋权法，即根据指标变异性的大小确定评价指标体系权重，本研究选择此方法来确定权重和协同创新水平。通常来讲，指标变异程度与信息熵成反比，某个指标的信息熵越小，指标变异程度就会越大，所能提供的信息量就越多，在综合评价中所能起到的作用也越大，其权重也就越大；相反，指标权重也就越小。

首先，对指标数据进行标准化处理。由于本研究所涉及指标均为正向指标，即所有数值均为越大越好，故采用以下公式进行处理：

$$a_{ij} = \frac{D_{ij} - \min\ (D_{ij})}{\max\ (D_{ij})\ -\min\ (D_{ij})} \tag{6-3}$$

其中，D_{ij} 表示标准化处理前的第 i 个地区的第 j 个指标；a_{ij} 表示标准化处理后的指标。

其次，求各指标的熵权。通过建立标准化的矩阵，确定各指标熵值：

$$H_j = -e \sum_1^n b_{ij} In(b_{ij}) \tag{6-4}$$

其中，$e = 1/Inn$；$b_{ij} = a_{ij}/ \sum_1^n a_{ij}$；$n$ 为地区总个数。

在此基础上，计算各个指标的熵权：

$$W_j = \frac{1 - H_j}{m - \sum_1^n H_j} \tag{6-5}$$

其中，m 为指标个数。

最后，计算各子系统的得分。具体公式如下：

$$P_i = \sum_1^q a_{ij} w_j \tag{6-6}$$

其中，q 为某子系统中指标的个数。

（三）引力模型方法

Reilly[1] 最早于 1929 年将万有引力应用到经济学领域，目前已广泛应用于空间相互作用和具有距离衰减效应的研究中。协同创新是指创新要素在不同区域流动，从而产生空间相互作用，作为创新产出的知识、技术等，其创新溢出效应同样遵循距离衰减规律，可借用引力模型来衡量协同创新联系强度。因此，本研究采用修正引力模型测算京津冀协同创新空间联系度，具体计算方法如下。

$$R_{ij} = K_{ij} \frac{C_i C_j}{D_{ij}^2} \tag{6-7}$$

$$R_i = \sum_{j=1}^{n} R_{ij} \tag{6-8}$$

其中，R_{ij} 为协同创新联系强度，表示 i 与 j 地区之间创新联系情况，为便于后续数据处理，此强度值为熵值法测算的协同创新水平得分均乘 10 的 4 次方；K_{ij} 为修正经验常数，具体计算公式为：$K_{ij} = C_i / (C_i + C_j)$，指 i 地区协同创新水平得分占 i，j 地区得分之和的比重；C_i 为经熵值法计算得到的 i 地区协同创新水平，C_j 以此类推；D_{ij} 为 i 与 j 地区政府驻地的直线距离；R_i 表示 i 地区的对外协同创新联系总量。

（四）社会网络分析方法

为研究区域创新网络空间关联性，本研究基于社会网络分析法，[2] 主要从整体网络特征、个体网络特征与凝聚子群分析三个维度进行考察分析（参见表6-1）。以修正引力模型测算的京津冀协同创新关联矩阵为基础，选取 2014 年协同创新关联矩阵引力值均值为截断数据，构造京津冀协同创新空间关联的 0—1 非对称矩阵，并导入 UCINET 软件，从整体网络、个体网络和凝聚子群三个方面，分析 2014 年、2020 年京津冀协调创新空间网络关联特征。

① Reilly W. J. , *Methods for the Study of Retail Relationships*，Austin：University of Texas Press，1929.

② 李琳、牛婷玉：《基于 SNA 的区域创新产出空间关联网络结构演变》，《经济地理》2017 年第 9 期。

表6-1　　　　　　　　社会网络分析测度指标及其含义

维度	指标	含义
整体网络分析	网络密度	反映整体网络的联系紧密程度，值越大表示联系越紧密
	聚类系数	反映网络整体的聚集情况，值越大表示凝聚力越大
	中心势	反映整体网络对于核心节点的依赖度，值越大表示越不均匀，说明中心位置被少数节点控制；此外还有出度中心势和入度中心势，分别表示输出能力和吸引力大小
个体网络分析	度数中心度	反映节点在网络中的地位，值越大表示地位越高；此外还有出度中心度和入度中心度分别表示输出与输入的情况
	接近中心度	反映节点在网络中的自主性，值越大则自主性越好；此外还有出度中心度和入度中心度，分别表示对外输出和对内输入中的自主性大小
	中介中心度	反映节点对于网络中其他节点及资源的控制能力，值越大控制能力越强
网络结构特征	凝聚子群	反映网络内各节点的内在关联和组团情况

第三节　三大世界级城市群的比较分析

一　城市群创新网络协同测度的指标体系构建

科学是技术之源，技术是产业之源。虽然很多学者从科学研究或者技术扩散的角度来研究创新网络，并取得了一定的进展。然而，脱离产业的创新网络是没有根基的，不利于创新链与产业链的衔接。本研究通过科学研究、技术扩散和产业创新三个创新维度的指标数据，并据此构建7个二级指标，利用熵值法开展京津冀与长三角、粤港澳大湾区三个世界级城市群创新网络协同情况的横向比较研究。

二　相关数据来源

长三角用上海、浙江和江苏来代替，由于涉及安徽省内地域范围较小，本研究忽略这一部分；粤港澳大湾区用广东省相关数据代替，由于本研究关注的是比例，不是绝对值，所以，对结果影响不大。其中，科技论文发表数包括 SCI、EI 和 CPCI-S 三类总和（参见表 6-2）。科学研究、技术扩散和产业创新三个创新维度的指标数据单位虽然不同，但是做了标准化处理后，仅关注不同指标间的比例关系，所以对分析结果影响可以忽略。考虑到 2020 年数据受新冠疫情影响波动较大，且本部分仅做三大城市群的横向比较，不涉及时间变化，为提高研究的精准度，使研究结果更具有普适性，本部分相关指标选取的为 2019 年数据（其他均为 2020 年数据）。

表 6-2 三大世界级城市群协同创新指标

城市群	科学研究		技术扩散			产业创新	
	科技论文发表数/篇	研究数/项	国内申请专利数/件	技术输出地域合同金额/亿元	技术流向地域合同金额/亿元	高技术产业主营业务收入/亿元	工业企业新产品销售收入/亿元
京津冀	158334	177259	423433	6986	4268	10145	15551
长三角	178994	492412	1203718	3781	3763	39768	66340
粤港澳	50150	34578	807700	2223	3126	46723	42970
合计	387478	704249	2434851	12990	11157	96636	124861
全国	772662	2032436	4195140	22398	22398	158849	212060

数据来源：《中国科技统计年鉴》（2020）。

注：技术输出地域、流向地域合同金额是指区域内省（市）的金额总和。

三 城市群创新网络协同测度的结果分析

对京津冀、长三角和粤港澳大湾区三个世界城市群科学研究、技术扩散和产业创新三个创新维度的指标数据匹配程度进行计算，得到相应创新维度对应的 R 指数和 M 指数（参见表 6-3、图 6-2）。

表 6 – 3　　　　　　　三大重点区域科技创新 R 指数和 M 指数

	R 指数			M 指数	结构特点
	科学研究	技术扩散	产业创新		
京津冀	1.752	1.698	0.609	0.729	点状结构
长三角	1.184	0.822	0.961	0.539	网状结构
粤港澳	0.277	0.860	1.287	0.759	条块结构

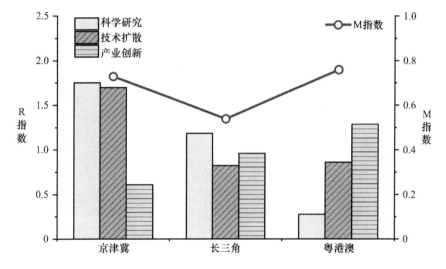

图 6 – 2　三大城市群不同创新维度情况比较

总体上看，京津冀 M 指数为 0.729，位置居中，说明总体匹配度不错。但是，需要引起关注的是，京津冀与粤港澳大湾区整体匹配度非常接近，仅有 0.03 的差距，可能随时被赶超。长三角的匹配度最高，说明长三角地区整体协同创新较好，基于分工形成了较为完善的创新网络。从三大城市群的 R 指数来看，京津冀三个创新维度的指数都远离 1，尤其是科学研究，达到了 1.752，是所有指标之中不匹配程度最高的。北京集聚了大量国家实验室、国家重点实验室、国家工程研究中心、研究型大学、科技领军企业等国家重要科技创新资源，以全国面积的 0.17%，占据了约 1/3 的全国科技创新资源，也能印证这一点。长三角最为协调，各个创新维度指数都在 1 附近。粤港澳大湾区科学研究维度较差，但是产业创新发展最好。京津冀呈现出科学研究体系优势明显、技术扩散体系仅有局部优势、产业创新体系明显落后于其他两区域的协同创新格局。

综上所述，京津冀是科研供给驱动的原发型科技创新中心。该类型表现为科技—产业—科技的循环，丰富的科教资源是其发展的前提，由科教资源外溢推动新兴技术和新兴产业发展，科学发现、技术发明是其主要驱动力，通过网络化知识链接的科学研究体系，不断向技术扩散和产业创新体系融合。在全球创新网络形态上，表现为以科学知识为核心的科学研究体系较早融入全球创新网络，而技术扩散和产业创新体系发展相对滞后。原发型科技创新中心多发生于科教资源密集地区，依靠大学和科研院所的知识供给和技术供给，以及政府的政策指引，开展相关科技成果的转化，推动新产业的发展。整体看，这类科技创新中心的科学研究体系领先于产业创新体系。国际上，典型的如以美国硅谷为中心的旧金山湾区，日本东京以知识集聚形成的创新环境，体现为"科技资源＋政策支持"的特点。

第四节　京津冀协同创新水平的测度分析

一　京津冀协同创新水平的指标体系构建

在对国内三大世界级城市群协同创新情况比较分析的基础上，进一步研究京津冀区域细分单元的协同创新情况，并增加相关指标。为将研究聚焦为京津冀协同创新，从京津冀协同水平和创新水平两个维度展开，实现兼顾协同与创新。在协同水平维度，Cooke 认为不同地区、跨区域创新主体依托特有的区域优势，形成各具特色的区域创新体系，该体系能促进知识快速扩散和创新的不断产生[1]，故以原有的科学研究、技术

---

① Cooke P., "Regional Innovation System: General Findings and Some New Evidence fromBio-technology Clusters", *Journal of Technology Transfer*, Vol. 27, 1992, pp. 133 – 145.

扩散和成果转化为基础，增加区域协同和主体协同 2 个一级指标，以测度不同地区和跨区域创新主体间的创新协作水平。在创新水平维度，借鉴科技部中国科学技术发展战略研究院编著的《中国区域科技创新评价报告》（2021）评价指标体系，构建创新环境、创新投入、创新溢出 3 个一级指标。在此基础上建立了二级指标，并且本研究所用指标均通过了相关检验（参见表 6 - 4）。

表 6 - 4　　　　　　　　　京津冀区域协同创新能力测度指标体系

目标层	研究维度	一级指标	二级指标
协同创新综合水平	协同水平	科学研究	科技论文发表数/篇
			研究数/项
		技术扩散	国内申请专利数/件
			技术输出地域合同金额/亿元
			技术流向地域合同金额/亿元
		成果转化	高技术产业主营业务收入/亿元
			工业企业新产品销售收入/亿元
		区域协同	跨区域合作申请专利数/个
			跨区域合作发表论文数/篇
		主体协同	专利所有权转让及许可收入/万元
			研发机构研发经费内部支出中企业投入占比/%
			高等学校研发经费内部支出中企业投入占比/%
	创新水平	创新环境	人均拥有公共图书馆藏量/册
			有 R&D 活动的企业数/个
		创新投入	R&D 经费支出（万元）
			外商直接投资总额/（万美元）
		创新溢出	经济增长率（%）
			人均 GDP/（元）

注：跨区域合作申请专利数、合作发表论文数是指主体包含待研究区（市）及京津冀两个或两个以上其他区（市）的专利和论文。

二　区域研究对象及数据来源

（一）研究对象范围

根据国家相关文件，本研究将京津冀地区的空间范围限定为北京、天津两大直辖市和河北省全域。考虑到无论创新资源体量，还是行政级别，北京、天津与河北各地市均不在同一层次，为进一步细化研究，本研究将北京市的 16 区、天津市的 16 区与河北省 11 个地级市视为同级研究单元，所以，本研究研究样本共计 43 个单元。需要说明的是，河北省两个省直辖县级市辛集、定州的相关数据分别计入石家庄和保定，雄安新区的相关数据也计入保定。虽然河南省安阳市纳入《"十三五"时期京津冀国民经济和社会发展规划》，为方便研究，未将其纳入本研究范围。

（二）数据来源及相关说明

本研究主要数据来自 2015 年、2021 年《北京科技统计年鉴》《天津科技统计年鉴》和《河北科技统计年鉴》，部分指标数据来源于《中国城市统计年鉴》《2020 年北京技术市场统计年报》及京津冀三地统计年鉴。此外，跨区域合作申请专利数通过国家专利局的中国专利数据库进行手动筛选获取，跨区域合作发表论文数通过 Web of Science 官网获得。由于北京、天津各区科创资源体量非常大，为了提高研究的精准度，将两地数据再细分到区，无法获取的数据根据总值做了均值处理，部分年份缺失数据做了平滑处理。

在数据年份选用方面，考虑到数据可获得性及准确性，同时，根据政策梳理发现，自 2014 年开始，京津冀协同发展进入实质性推进阶段，故本研究将考察期定为 2014—2020 年 7 年间，选取两个重要时间节点为 2014 年、2020 年。

三 协同创新水平测度分析

依据熵权法，计算 2014 年和 2020 年两年的数据，分别得出各级指标的权重和得分，并对各级指标加权求和，最终得到京津冀细分指标协同创新指数（参见表 6 - 5）、京津冀细分区域协同创新指数（参见表 6 - 6）。需要指出的是，由于两年的权重差值不大，因此选择 2020 年的熵权作为标准。

表6-5　　　　2014年、2020年京津冀细分指标协同创新指数

指标	2014				2020			
	北京	天津	河北	京津冀	北京	天津	河北	京津冀
协同水平	0.255	0.084	0.012	0.351	0.294	0.109	0.029	0.432
科学研究	0.079	0.017	0.001	0.097	0.098	0.022	0.002	0.122
技术扩散	0.059	0.016	0.003	0.078	0.071	0.021	0.007	0.099
产业创新	0.049	0.021	0.004	0.074	0.057	0.032	0.014	0.103
主体间协同	0.035	0.017	0.003	0.055	0.039	0.019	0.004	0.062
区域间协同	0.033	0.014	0.001	0.048	0.029	0.015	0.002	0.046
创新水平	0.419	0.222	0.131	0.772	0.929	0.342	0.229	1.500
创新环境	0.237	0.132	0.055	0.424	0.433	0.218	0.091	0.742
创新投入	0.121	0.053	0.058	0.232	0.385	0.082	0.105	0.572
创新溢出	0.061	0.037	0.018	0.116	0.111	0.042	0.033	0.186
综合协同创新指数	1.123				1.932			

表6-6　　　　2014年、2020年京津冀细分区域协同创新指数

区域	2014	2020	区域	2014	2020	区域	2014	2020
北京	0.674	1.223	天津	0.306	0.451	河北	0.143	0.258
东城区	0.048	0.064	和平区	0.005	0.008	石家庄市	0.039	0.062
西城区	0.058	0.076	河东区	0.008	0.012	唐山市	0.026	0.049
朝阳区	0.151	0.281	河西区	0.011	0.015	秦皇岛市	0.003	0.007
丰台区	0.019	0.023	南开区	0.014	0.020	邯郸市	0.001	0.003
石景山区	0.024	0.030	河北区	0.012	0.015	邢台市	0.001	0.003
海淀区	0.322	0.622	红桥区	0.008	0.011	保定市	0.024	0.033
门头沟区	0.001	0.001	东丽区	0.021	0.032	张家口市	0.007	0.021
房山区	0.003	0.004	西青区	0.036	0.058	承德市	0.009	0.012
通州区	0.013	0.035	津南区	0.016	0.024	沧州市	0.011	0.015
顺义区	0.005	0.007	北辰区	0.018	0.027	廊坊市	0.021	0.051
昌平区	0.011	0.021	武清区	0.043	0.062	衡水市	0.001	0.002
大兴区	0.014	0.041	宝坻区	0.014	0.022			

区域	2014	2020	区域	2014	2020	区域	2014	2020
怀柔区	0.001	0.007	滨海新区	0.086	0.122			
平谷区	0.001	0.001	宁河区	0.002	0.004			
密云区	0.001	0.001	静海区	0.011	0.017			
延庆区	0.002	0.009	蓟州区	0.001	0.002			

由表6-5可知，从2014年至2020年，综合协同创新指数增加了将近一倍，得益于三地创新投入的加大，综合创新水平有了较大提高。但是，从细分维度来看，三地协同水平指数仅增长了23.1%，协同水平增长缓慢，仍然徘徊在较低水平，尤其是区域间的协调水平处于下降趋势；三地创新水平有了较大提高，尤其是创新投入方面，2020年创新投入的指数较2014年增加了1倍多。以上情况可能是由于京津冀协同发展上升为国家战略后，尤其是自2016年《国家创新驱动发展战略纲要》颁布以来，京津冀各地创新水平均有了明显的提升，三地政府加大了跨区域平台的建设。但是，三地之间的创新资源流动的壁垒仍然大范围存在，各创新主体间的跨区域合作仍然受到较强的掣肘，导致协同水平提升不高。

由表6-6可知，京津冀三地内部最大特征的协同创新水平极不均衡，虹吸效应不但体现在各省市之间，在一省市内部亦有体现。总体呈现创新资源体量大、集聚性强的特征，并有进一步增强的趋势。北京的创新资源主要集聚在海淀、朝阳两地，两区的创新水平及增长速度远高于全市平均值。通州和大兴分别受城市副中心、北京经济开发区发展的影响而呈现较好发展势头。五大生态涵养区协同创新水平基本维持在0.001的水平，仅怀柔和延庆有一些增长，其他区域受核心区域的虹吸效益更为明显。以专利申请量为例，海淀是延庆的132倍。天津的各区域协同创新差距较京冀两地较小，但是整体发展速度并不快，其中滨海新区、武清和西青发展势头最猛。滨海新区靠沿海经济带动，武清则靠北京带动，西青靠天津整体发展带动。河北整体协同创新发展速度较快，但是创新资源体量不大，集聚性较强，主要集聚在石家庄、保定和唐山等省会城市和京津毗邻城市，南部地区发展极其缓慢。尤其值得注意的是，廊坊的发展速度惊人，依托其地理位置优势，2020年协同创新发展水平位居河北省第二。

第五节　京津冀协同创新网络联系分析

本部分结合引力模型方法与社会网络分析方法，实现了量化数据与关系数据的有机结合，能够更好地研究京津冀协同创新网络情况。

一　整体网络特征分析

2014—2020年，京津冀协同创新实际关系总量、网络密度、中心势和出度中心势增长近一倍，聚类系数也有所增加，而入度中心势略有下降，关系总量、网络密度等仍处于较低水平（参见表6-7），说明协同创新网络关系不断拓展，紧密度、凝聚力都不断提升的同时，创新输出能力也在增强，但整体协同创新水平仍不高，创新网络较为分散、内部联系不够紧密。为进一步分析京津冀协同创新网络密度的稳定性，还测算了不同截断阈值下2020年京津冀协同创新联系矩阵的网络密度变化情况（参见表6-8）。当截断阈值为1时，整体网络密度为0.487，关系总量为880，反映此时网络紧密程度较高。当截断阈值提高到293.707（均值）时，整体网络密度下降至0.039，同时关系总量下降至70，说明京津冀协同创新网络密度稳定性不高，内部区域间创新水平断层现象严重，协同创新整体处于较低水平，进一步证实了前文研究。

表6-7　　　　　　　　京津冀协同创新整体网络特征

	关系总量	网络密度	聚类系数	中心势	出度中心势	入度中心势
2014 年	78	0.043	0.645	0.215	0.224	0.151
2020 年	132	0.073	0.678	0.401	0.413	0.145

表6-8　　　　　　　不同截断阈值下协同创新整体网络特征

截断阈值	≥1	≥3	≥5	≥10	≥30	≥50	≥100	≥293.707	≥300
网络密度	0.487	0.329	0.283	0.210	0.142	0.116	0.080	0.039	0.038
关系总量	880	595	511	379	257	209	145	70	68

二　个体网络特征分析

从度数中心度看，北京海淀、朝阳和天津河北、南开一直处于核心地位；大部分单元中心度有所提升，2020年天津西青超过南开，网络地位涨幅明显的还有天津武清、东丽和北辰。从接近中心度看，各单元的接近中心度都呈现不同幅度下降，说明各单元自主性不断下降，协同性不断增强。从中介中心度看，北京海淀区具有绝对优势，承担着协同创新网络"桥梁"作用，且呈现大幅增加特征，而天津武清区在网络中的控制作用在减弱（参见表6-9）。进一步通过入度和出度分析城市个体在协同创新网络中影响力大小。从度数中心度看，北京海淀和朝阳出度中心度持续稳定在前两位，是京津冀地区的创新策源地，此外还有天津西青和南开；2020年天津北辰进入了创新策源地前列；天津其他区2020年入度中心度较高，说明它们在自主创新的同时更多向创新策源地寻求协同创新（参见表6-10）。从接近中心度看，平均入度中心度略高于平均出度中心度，且平均入度中心度上升而平均出度中心度下降，说明京津冀协同创新输入自主性强于输出自主性，且这种差距有所扩大。值得说明的，前文协同创新指数较高的天津滨海、武清在创新网络中的作用并不突出，可能原因是两区地理位置较偏，分布处于天津西南、东北的位置，无法形成创新合力。

表6-9　　　　　　　京津冀协同创新中心度特征

省份	区域	度数中心度		接近中心度		中介中心度	
		2014 年	2020 年	2014 年	2020 年	2014 年	2020 年
北京	海淀区	11.0	20.0	211.0	94.0	143.5	204.7

省份	区域	度数中心度		接近中心度		中介中心度	
		2014 年	2020 年	2014 年	2020 年	2014 年	2020 年
北京	朝阳区	8.0	13.0	225.0	101.0	6.5	42.7
天津	西青区	5.0	12.0	212.0	102.0	54.0	44.8
天津	南开区	6.0	9.0	222.0	118.0	15.0	2.6
天津	河北区	8.0	9.0	218.0	118.0	76.3	2.6
天津	东丽区	5.0	9.0	232.0	105.0	40.0	34.2
天津	北辰区	5.0	9.0	212.0	106.0	54.0	23.1
天津	和平区	5.0	8.0	233.0	120.0	1.3	1.1
天津	武清区	3.0	8.0	210.0	107.0	121.0	20.8
北京	东城区	5.0	7.0	228.0	114.0	0.0	0.9
北京	西城区	6.0	7.0	227.0	114.0	1.0	0.9
天津	河东区	4.0	7.0	234.0	121.0	0.0	0.3
天津	河西区	5.0	7.0	233.0	121.0	1.3	0.3
北京	丰台区	5.0	6.0	228.0	115.0	0.0	0.2
天津	红桥区	4.0	6.0	224.0	122.0	0.0	0.3
北京	石景山区	5.0	5.0	228.0	116.0	0.0	0.0
北京	大兴区	3.0	5.0	230.0	116.0	0.0	0.0
天津	滨海新区	2.0	5.0	251.0	109.0	21.0	11.7
北京	通州区	2.0	4.0	231.0	117.0	0.0	0.0
河北	廊坊市	2.0	3.0	231.0	115.0	0.0	0.0
北京	顺义区	1.0	2.0	232.0	119.0	0.0	0.0
北京	昌平区	1.0	2.0	232.0	119.0	0.0	0.0
天津	津南区	1.0	2.0	272.0	129.0	0.0	0.0
北京	门头沟区	0.0	1.0	336.0	120.0	0.0	0.0
北京	房山区	0.0	1.0	336.0	120.0	0.0	0.0
北京	怀柔区	0.0	1.0	336.0	120.0	0.0	0.0
北京	延庆区	0.0	1.0	336.0	120.0	0.0	0.0
天津	宝坻区	0.0	1.0	336.0	120.0	0.0	0.0
北京	平谷区	0.0	0.0	336.0	168.0	0.0	0.0

省份	区域	度数中心度		接近中心度		中介中心度	
		2014 年	2020 年	2014 年	2020 年	2014 年	2020 年
北京	密云区	0.0	0.0	336.0	168.0	0.0	0.0
天津	宁河区	0.0	0.0	336.0	168.0	0.0	0.0
天津	静海区	0.0	0.0	336.0	168.0	0.0	0.0
天津	蓟州区	0.0	0.0	336.0	168.0	0.0	0.0
河北	石家庄市	0.0	0.0	336.0	168.0	0.0	0.0
河北	唐山市	0.0	0.0	336.0	168.0	0.0	0.0
河北	秦皇岛市	0.0	0.0	336.0	168.0	0.0	0.0
河北	邯郸市	0.0	0.0	336.0	168.0	0.0	0.0
河北	邢台市	0.0	0.0	336.0	168.0	0.0	0.0
河北	保定市	0.0	0.0	336.0	168.0	0.0	0.0
河北	张家口市	0.0	0.0	336.0	168.0	0.0	0.0
河北	承德市	0.0	0.0	336.0	168.0	0.0	0.0
河北	沧州市	0.0	0.0	336.0	168.0	0.0	0.0
河北	衡水市	0.0	0.0	336.0	168.0	0.0	0.0

注：按 2020 年度数中心度高低依次排序。

表 6 – 10　　　　　**京津冀协同创新出度入度中心度特征**

省份	区域	度数中心度				接近中心度			
		2014 年		2020 年		2014 年		2020 年	
		入度	出度	入度	出度	入度	出度	入度	出度
北京	海淀区	5	11	6	20	264	195	218	124
北京	朝阳区	4	8	7	13	265	207	217	131
天津	西青区	2	5	6	9	229	245	167	199
天津	南开区	4	5	9	7	222	246	169	203
天津	河北区	8	5	9	6	217	247	169	204
天津	东丽区	2	4	7	6	241	251	168	205
天津	北辰区	4	4	7	8	221	246	167	201

续表

省份	区域	度数中心度				接近中心度			
		2014 年		2020 年		2014 年		2020 年	
		入度	出度	入度	出度	入度	出度	入度	出度
天津	和平区	5	3	7	7	227	252	172	202
天津	武清区	2	2	5	6	232	252	172	203
北京	东城区	4	5	7	7	265	210	217	144
北京	西城区	5	6	6	7	264	209	218	144
天津	河东区	4	4	7	5	228	251	172	206
天津	河西区	5	3	7	5	227	252	172	206
北京	丰台区	5	5	6	6	264	210	218	145
天津	红桥区	4	3	6	3	222	248	173	209

注：仅展示 2020 年度数中心度排名前十五的节点市/区。

三 凝聚子群分析

由于创新网络各节点的相似属性和联系紧密程度不同，为进一步分析相邻模块的协同创新情况，将整体网络划分为若干子群，并通过UCINET 软件交互（interactive）识别出京津冀协同创新网络中的 5 个子群（参见图 6 - 3、表 6 - 11）。子群一是以北京海淀区为核心的联系紧密且创新活跃的北京核心城区；子群二是北京其他联系松散的较远城区，以及距离较近的河北廊坊市等；子群三是联系紧密的天津核心城区；子群四是以西青为代表的天津发展较快的较远城区；子群五是联系相对较弱的河北地市为主，以及部分北京、天津边缘区域。与2014 年相比，2020 年子群呈现如下特征：以北京核心城区为核心的子群不断扩展，纳入了北京周边城区；以北京周边城区为主构成的子群向天津、河北扩展；以天津核心城区为主的子群与天津边缘区子群成员构成一定程度进行了交互调整；以河北地市为代表的联系较弱的子群有所缩小。

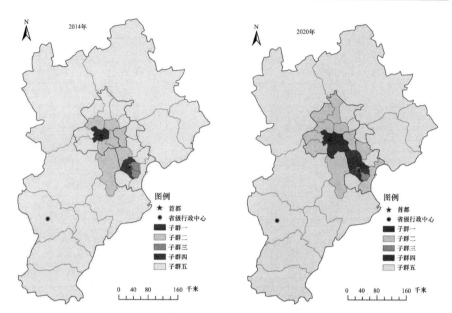

图 6 - 3　京津冀协同创新空间联系网络凝聚子群分布

表 6 - 11　　　　　　京津冀协同创新空间联系网络凝聚子群分区

年份	子群一	子群二	子群三	子群四	子群五
2014	东城区、西城区、朝阳区、丰台区、石景山区、海淀区	通州区、顺义区、昌平区、大兴区、武清区、廊坊市	和平区、河东区、河西区、河北区、东丽区、津南区	南开区、红桥区、西青区、北辰区	门头沟区、房山区、怀柔区、平谷区、密云区、延庆区、宝坻区、滨海新区、宁河区、静海区、蓟州区、石家庄市、唐山市、秦皇岛市、邯郸市、邢台市、保定市、张家口市、承德市、沧州市、衡水市
2020	东城区、西城区、朝阳区、丰台区、石景山区、海淀区、通州区、大兴区	门头沟区、房山区、顺义区、昌平区、怀柔区、延庆区、宝坻区、滨海新区、廊坊市	和平区、河东区、河西区、河北区、红桥区、津南区	东丽区、西青区、北辰区、武清区	平谷区、密云区、宁河区、静海区、蓟州区、石家庄市、唐山市、秦皇岛市、邯郸市、邢台市、保定市、张家口市、承德市、沧州市、衡水市

为进一步反映京津冀协同创新之间的内在联系，计算了 2014 年和 2020 年各子群的密度矩阵（参见表 6－12）。结果显示，2014 年创新能力较强的子群一内部联系紧密，但与其他子群联系相对较弱，主要为距离相近的子群二；2020 年子群一内部联系、与子群二的联系有所降低，与子群四的联系超过子群二；2014 年子群三内部联系也很大，且 2020 年有所提升，而子群四提升更为明显；子群三与子群四之间的联系较强，且有不断增强趋势；子群二、子群五的内部联系较弱，且与其他区域的联系也不强。

表 6－12　　　京津冀城市群协同创新空间联系网络子群密度矩阵

	子群一	子群二	子群三	子群四	子群五
子群一	0.9333/0.8214	0.2778/0.1806	0.0000/0.0000	0.0000/0.1875	0.0000/0.0000
子群二	0.0000/0.0000	0.0000/0.0000	0.0000/0.0159	0.0833/0.0833	0.0000/0.0000
子群三	0.0000/0.0000	0.0000/0.0000	0.5667/0.5952	0.0833/0.3214	0.0000/0.0000
子群四	0.0000/0.0000	0.0417/0.0278	0.2500/0.7500	0.0833/0.5833	0.0000/0.0000
子群五	0.0000/0.0000	0.0000/0.0000	0.0159/0.0000	0.0000/0.0000	0.0000/0.0000

注：表格中依次为 2014 年/2020 年分析结果。

四　京津冀协同创新演进情况的纵向时间比较分析

为便于直观观察 2014—2020 年多年的变化，本研究基于 ArcGIS 软件的可视性，将基于修正引力模型计算的各区域协同创新联系的结果以及社会网络分析的中心度结果投射到地图上（参见图 6－4），进行不同时间维度空间联系特征分析。

一是从京津冀协同创新联系看，整体呈现"两极高、中部弱、周边低"的空间格局，以及"从两极逐步扩展、联系日趋增多"的变化特征。"两极"分别是北京海淀、朝阳，天津西青、南开等；北京和天津之间呈现"接壤区洼地"，北京和天津与周边的河北地市之间联系不多；2014—2020 年，协同创新网络的节点，以及节点之间的联系都不断增多，

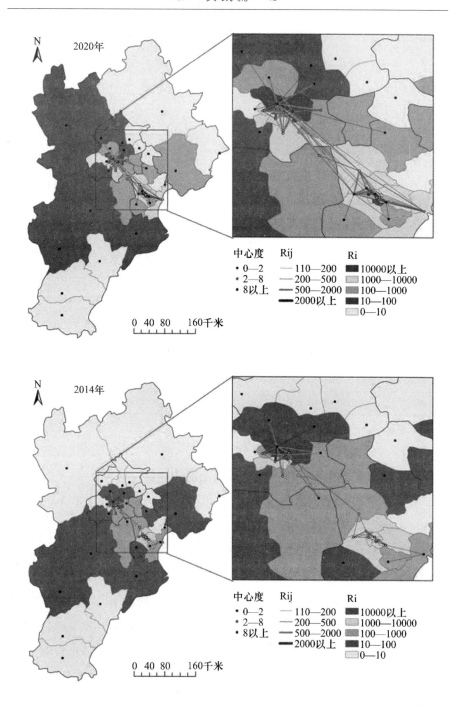

图 6-4 京津冀协同创新空间联系网络

且联系强度也不断增强。二是从京津冀各地区协同创新发展水平看，呈现"头部效应"突出、地域分布不均衡的特征，空间近邻效应明显。空间分布上呈现以"北京—天津"为双核心，向周边扩展的特征；"北京"核心的极化效应明显高于"天津"核心；京津冀协同创新发展水平整体呈现增长趋势，最低等级的区域从 2014 年的 13 个单元减少为 2020 年的 9 个，北部部分区域提升了发展等级。三是从京津冀协同创新节点看，重要节点数量不断增多。中心度大于 8 的单元由 2014 年的 3 个增长到 2020 年的 9 个，全部位于天津市区，说明北京创新极化效应明显，而天津区域创新发展更加均衡。

第六节 结论与政策建议

一 结论

本研究将京津冀协同创新水平置于多个维度，并利用多种方法互为补充、相互结合进行研究，得出如下结论。

一是与长三角、粤港澳大湾区两大世界级城市群相比，京津冀科研水平极强，处于创新链的前端。京津冀前端科研水平和技术扩散水平较高，但是与后端产业链衔接不够，产业发展水平较差，严重制约着京津冀协同创新水平的提高。

二是京津冀三地内部各地区创新发展并不平衡。2014—2020 年，京津冀协同创新水平有较大程度提高，但是主体间协同能力仍然处于较低水平，总体协同创新水平仍有较大提升空间，极化现象有加剧发展的趋势。北京集聚了大量创新资源，尤其海淀、朝阳两区，但绝大部分创新成果都流向南方城市，对津冀的创新辐射带动能力没有充分发挥。

三是京津冀三地间尚未形成高效协同的创新网络。京津冀协同创新实际关系总量、网络密度等虽然增长较快，但仍处于较低水平，网络联系多发生于北京、天津内部及京津之间，呈现以北京、天津为两极的空间特征，并向周边逐步扩展趋势，北京创新能力以核心带动能力为主，而天津则多发挥市区间协同作用。天津滨海、武清两区协同创新发展水平较高，但在创新网络构建中的作用不大，且呈现向东南、西北相反发展的趋势，一定程度上会对创新资源聚集作用的发挥不利。

二 政策建议

一是推进场景创新驱动产业与技术、研发的融合。新场景能瞄准市场前沿需求，为创新要素和创新主体提供生态载体，在京津冀区域内推进应用场景、商业模式和科学技术融合创新，以领域应用带动技术扩散，构建技术创新与场景需求的双轮驱动机制，有利于推进现有技术应用于某个特定领域与场景，实现产业链与创新链融合，创造新技术、新产品、新材料、新流程乃至开辟新市场、新领域[①]。发挥基于京津冀大规模市场而产生的丰富应用场景优势，通过市场需求引导创新资源有效配置，建设近京科创产业带和科创产业协同创新高地，促进三地科技创新和产业协同发展，构筑"产业—创新"耦合高地。

二是提升北京在区域内的创新辐射带动能力，缩小区域协同创新差异。北京应强化非首都功能疏解，治理"大城市病"，培育区域中心城市，充分发挥北京城市副中心和雄安新区的承接功能[②]。天津应做好发展定位，依托滨海新区、武清等地理位置优势，加强与京冀的互动联系。河北省必须抓住京津冀协同发展战略以及雄安新区建设的战略机遇，推进环"京津雄"创新三角蔓延式发展，努力通过产业结构转型升级，实现跨越式发展。

三是构建京津冀高效协同的创新网络。完善创新扩散机制，推动京津冀创新要素自由流动，提升腹地对创新成果的吸纳转化能力。布局高

---

① 尹西明、苏雅欣、陈劲、陈泰伦：《场景驱动的创新：内涵特征、理论逻辑与实践进路》，《科技进步与对策》2022年第15期。

② 赵成伟、刘冬梅、王砚羽：《产业疏解对京津冀协同发展的作用路径及效果研究》，《经济与管理评论》2022年第3期。

技术产业集群，打造区域科创走廊，构建城市空间创新网络载体。大力发展制造业，提升区域内制造业创新水平，促进北京创新成果在区域内转化是缩小三地经济发展差距的关键，天津、河北应当紧紧围绕北京的优势研发资源，完善产业承接、配套与转化体系，而非一味采取"退二进三"的产业结构转变方式。

第七章 长三角区域创新体系：
技术导向型

　　长江三角洲城市群，简称长三角，位于中国东部沿海地区，是中国最具经济活力和发展潜力的地区之一。它由长江和钱塘江汇合形成，涵盖了上海市、江苏省、浙江省和安徽的部分地区，包括苏州、杭州、南京等重要城市。长江三角洲地区以其独特的地理位置、发达的经济实力和创新潜力成为中国经济发展的引擎和创新的重要枢纽。长三角拥有丰富的自然资源和人力资源，其地理位置优越，处于中国沿海经济带的核心地带，毗邻长江经济带和沿海经济带。这一地区经济发展水平较高，是中国的经济中心之一，对中国乃至全球的经济发展具有重要影响。长三角以其强大的制造业、现代服务业和高科技产业而闻名。上海作为全球金融和商业中心，拥有先进的金融体系和国际化的商业环境。江苏和浙江省以其创新能力和制造业优势，成为中国重要的产业基地和创新中心。随着经济的快速发展和市场竞争的加剧，长江三角洲地区正面临着转型升级和创新驱动发展的挑战。在全球经济一体化和科技进步的背景下，长江三角洲地区需要加强创新能力，提高产业链水平，推动经济转型和可持续发展。

　　本章将重点探讨长江三角洲地区的创新发展，包括创新政策体系、创新要素集聚、科技产业创新体系等方面，以期为长江三角洲地区的创新发展提供有益的借鉴和建议。通过深入研究长江三角洲地区的创新现状和问题，将为促进长江三角洲地区的创新能力和竞争力提供理论和实践支持。

第一节　创新政策体系

政府在区域创新系统中扮演着至关重要的角色。一是能够为区域创新系统设定明确的方向和目标，确立创新的优先领域和战略性目标。政策制定者可以根据区域的优势和特点，发挥政府引领性功能，引导创新资源的合理配置，以实现经济增长。二是区域创新体系涉及多个参与者，创新政策可以促进这些参与者之间的合作与协调。政策制定者通过建立创新网络和合作机制，促进企业、大学和研究机构之间的知识共享和技术转移，加强创新链条中不同环节的衔接。

一　长三角一体化发展

从文件出台时间看，长三角是三个国际科技创新中心中成立时间最晚的。因此，从随后出台的时间节点上看，不存在与顶层设计战略不协调的问题。该区域共有两个主要规划政策：《长江三角洲区域一体化发展规划纲要（2020）》［以下简称《一体化纲要（2020）》］和由科技部牵头长三角三省一市共同制定的《长三角科技创新共同体建设发展规划（2020）》［以下简称《创新共同体规划（2020）》］。其中《创新共同体规划（2020）》是对《一体化纲要（2020）》的落实细化。从政策设计初衷看，重在高质量发展和长三角一体化两个支点上。同时在"高质量"和"一体化"中创新驱动都占有较大比重，因此对顶层设计《国家创新驱动发展战略纲要（2016）》的对标也更为聚焦。对如何落实特色区域创新发展格局，在《一体化纲要（2020）》中已详细提出，到2025年区域协同创新体系基本形成，全面建立一体化发展的体制机制，真正建成全国重要创新策源地。对如何跨区域整合创新资源，也聚焦到区域创新共同体和打造具有全球影响力科技产业创新中心的战略目标。对如何打造区域创新示范引领高地，也提出了针对性的区域一体化发展示范区等具体要求。由科技部牵头的《创新共同体规划（2020）》，则进一步细化了分两步走对标《创新纲要（2016）》的实施方案，因而在操作层面更具科学性和实践性。

在双循环新发展格局下，长三角地区的科技新产业被视为实现高质量发展的关键。当前，科技和产业创新成为长三角地区提升一体化水平、率先形成新发展格局的主要战场。长三角地区的产业格局已形成"一个核心、一个三角、两沿和三环"的结构。其中，一个核心是上海市，一个三角由上海、杭州和南京构成，两沿分别指沿江和沿海轴线，三环包括上海大都市圈（由上海市域、苏锡常和杭嘉湖组成）、环杭州湾大都市圈（由杭嘉湖和宁绍舟组成）以及南京大都市圈（参见图 7 - 1）。

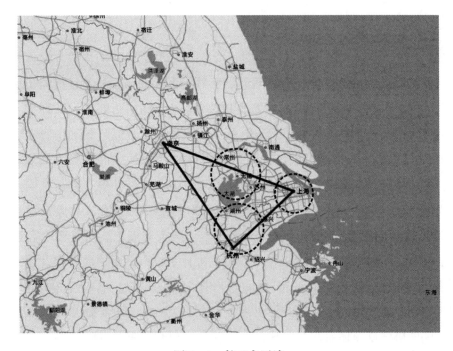

图 7 - 1　长三角区域

根据《"十四五"规划纲要草案》，长三角地区将以国际先进科创能力和产业体系为目标，加快建设长三角 G60 科创走廊和沿沪宁产业创新带，以提升该地区要素有序流动，促进全球资源配置能力和对全国发展的辐射带动能力，缩小地区差异。G60 科创走廊是由安徽省合肥市、芜湖市、宣城市，浙江省湖州市、杭州市、嘉兴市，上海市松江区组成的利用长三角区位、产业基础和高校科研机构集中等特点打造的区域协同创新发展平台。2022 年，国家发改委印发实施《沿沪宁产业创新带建设方案》，标志着沿沪宁产业创新带建设进入新阶段。

二　推进上海建设国际科技创新中心

为加快推进具有全球影响力的科技创新中心的建设，上海市深入贯彻党的十九届四中全会精神，把握好五个坚持的总体要求——坚持需求导向和产业化方向、坚持以集聚和用好各类人才为首要、坚持以合力营造良好的创新生态环境为基础、坚持聚焦重点有所为有所不为。上海在 2020 年前形成科技创新中心的基本框架体系，为今后的发展奠定坚实基础，努力在推进科技创新、实施创新驱动发展战略方面走在全国前头、走到世界前列。到 2030 年前，上海将形成具备核心功能的科技创新中心，发挥其作为全球科技创新枢纽的重要作用。在 2018 年，上海进行了科创中心管理体制的调整，通过重组办公室和推动科技体制机制改革的纵深发展，进一步优化科技创新环境和管理机制，提高创新效率和科技成果转化能力。另外，为了推进科技创新，上海在 2019 年出台了《关于进一步深化科技体制机制改革增强科技创新中心策源能力的意见》（上海科改"25 条"），其中包含了调整收入分配机制、科研经费管理和人才评价制度等重要改革任务和举措。这些改革旨在激发创新活力，提高科研人员的积极性和创造性，为科技创新提供更加公平和有利的环境。

上海科创中心在"十三五"期间取得了全面增强，包括创新资源集聚、科技成果影响力、新兴产业引领力、创新环境吸引力和区域辐射带动力等方面①。其中，张江综合性国家科学中心在提升集中度和显示度方面取得了显著进展，越来越多的高水平科研机构、科技企业和创新人才集聚于此，形成了一个具有强大创新能力和协同效应的科学城。上海市的科研人员在顶尖学术期刊上发表论文的数量众多，占全国论文发布数量的32%，这表明科技进步显著，科技成果大量涌现。同时，上海积极参与完成国家重大科技任务和重大项目，加快了集成电路、生物医药、人工智能等领域的发展。"十三五"末，上海科创中心的基本框架体系将得到形成，为"十四五"科技创新中心的建设奠定了坚实的基础。这一过程中，上海将继续努力，进一步提升科技创新中心在各方面的影响力和竞争力，为推动国家科技创新和经济发展做出更大贡献。

2021年，上海在科技体制机制改革方面也取得了突破，为科创中心提供了良好的制度环境和政策支持。以推动科创中心发展为目标，当年9月，上海市正式发布《上海市建设具有全球影响力的科技创新中心"十四五"规划》。该规划以"强化科技创新策源功能和提升城市核心竞争力"为主线，坚持科技自立自强的使命导向，将聚焦国家重大战略需求，努力在基础研究和关键核心技术领域争取原创性突破，推动科技创新对经济社会发展的深刻影响②。到2025年，上海将以雄厚的科研实力和创新能力，力争成为科学新发现、技术新发明、产业新方向、发展新理念的重要策源地，在全球科技创新中占据重要地位，为国家科技发展作出更大贡献。首先，张江综合性国家科学中心的建设进展顺利，成为科创中心的核心支撑。其次，产业创新高地的建设也取得了可喜的成效，各类新兴产业蓬勃发展，为经济增长注入了强劲动力。

---

① 葛子长：《科技创新：上海打造全球卓越城市的内驱动力》，《上海企业》2022年第3期。

② 金叶子：《上海科创中心"十四五"施工图 强化科技创新策源功能》，《第一财经日报》2021年9月30日。

第二节　创新要素聚集

创新要素聚集是推动创新活动发展和提升区域集群竞争力的关键因素之一。在创新过程中，不同的创新要素相互作用并对创新的结果产生重要影响。人才聚集是创新要素中最为重要的一方面，通过在特定地区或组织中集聚高素质、有创造力的人才。人才集聚的形成会促进知识交流、合作和创新活动，使集聚地优先得到发展，区域创新能力大幅提高。企业、高等院校和科技园区作为人才聚集的主要载体，因此它们的数量成为衡量一个地区人才聚集水平的重要指标。2021 年长三角三省一市共有 26 家企业位居世界 500 强之列，全国占比约为 17%，其中有 4 家企业营收达到千亿级别。截至 2018 年长三角地区共有 8 所 985 高校，17 所 211 高校；35 个国家大学科技园占全国总量的 30% 以上。在 2021 年，长三角拥有 60 家国家级科技企业孵化器，位居全国第一，提供了良好的创新创业环境。根据 2021 年公布的两院院士新增结果，长江三角洲共新增 35 名院士，其中江苏共 16 人当选，居全国首位，上海新增 11 名院士紧随其后，浙江和安徽新增 5 名和 3 名，长三角新增院士占本次两院院士增选总人数（149 人）的 23.5%。说明长三角高层次人才吸引力持续提升，其中上海市引进外国人才数量和质量全国第一，并连续 8 年被外籍人才评为最具吸引力的中国城市。这些高层次人才的加入为上海科创中心注入了新的活力和创新力量。以上数据充分说明长三角人才聚集能力的强大。

此外，科学和技术的聚集也对创新起到重要作用，通过集结具有丰富知识和经验的专业人士、研究机构，可以促进创新活动的交流和合作，提高创新成果的质量和效果。已有研究发现，来自专利中的技术知识（技术）是区域创新体系中的重要创新要素，只有将基于科学的创新和基于技术的创新结合起来，才能实现真正的创新突破和区域发展（参见表 7-1）。

表 7 - 1　　　　　　　　2021 年部分省市国内专利申请按种类分　　　　单位：件；%

	合计	发明		实用新型		外观设计	
		数量	占比	数量	占比	数量	占比
全国	4601457	965946	20.9	3119990	67.8	768460	16.7
江苏省	640917	68813	10.7	515935	80.5	56169	8.8
浙江省	465468	56796	12.2	292944	62.9	115728	24.9
安徽省	153475	23624	15.4	114415	74.5	15436	10.1
上海市	179317	32860	18.3	120857	67.4	25600	14.3
长三角	1439177	182093	12.7	1044151	72.6	212933	14.8

　　在创新成效方面，长三角科创辐射效应显著。2021 年长三角实现全年专利授权 143.83 万件，全国占比超过 30%，高新技术企业 8.6 万家，全国占比高于 30%。在创新投入方面，长三角科创投入持续增加。2021 年，长三角区域 R&D 投入经费达到 8324.57 亿元，占全国 R&D 经费投入的 29.9%。长三角科技创新券发放 238 张，发放券额 1.23 亿元，已兑或拟兑付金额超千万元。在创新活动方面，长三角科技创新韧性增强。长三角科技资源共享服务平台成为这一地区科技创新的核心枢纽，汇聚了大量的科研基础设施和科学仪器。据统计，目前长三角地区已经集聚了 23 个重大科研基础设施，这些设施涵盖了多个科技领域的研究需求。此外，长三角地区还拥有数量庞大的大型科学仪器，总计达到了 37912 台（套）。这些仪器的种类繁多，包括了先进的实验设备、高性能计算机等，为科学家们的研究提供了有力的支持。并且，长三角地区已经拥有 315 家国家级科研基地，这些基地在各自的领域内具有较高的影响力和竞争力；拥有 2403 家科技服务机构，这些机构涵盖了科技创新的各个环节，包括科研咨询、技术转移、创业孵化等方面，为科技创新提供了全方位的支持。长三角地区在科学技术创新资源的聚集已经达到了非常高的水平，这种资源的集聚为长三角地区的科技创新提供了强大的动力和条件。科研人员可以充分利用这些科技创新资源，开展前沿科学研究、推动科技成果的转化和应用。

最后，创新文化的聚集也是创新要素中不可忽视的方面，通过创造积极的创新氛围和文化，可以激发创新思维和实践，进一步推动创新要素的集聚和创新活动的蓬勃发展。综上所述，创新要素的聚集是创新活动的重要推动力，其集聚效应有助于促进创新要素之间的相互作用与合作，从而提升创新能力和创新结果的质量。

第三节　建设科技产业创新体系

一　共同培育区域协同创新创业生态

强化顶层设计，编制《长三角科技创新共同体建设发展规划》，明确发展目标和重点领域，推动长三角地区的整体科技创新水平提升。关注 G60 科创走廊和沿沪宁产业创新带的建设。打造创新创业生态实践区和打造长三角区域创新共同体。促进长三角地区各城市的协同创新，建立更紧密的合作机制，加强资源共享和创新创业生态的培育。由上海、嘉兴、苏州、南通、杭州、宁波、宣城和湖州等多个地区共同打造国际创新带。通过整合各地区的创新资源和优势，共同打造具有国际竞争力的创新生态系统，为长三角地区的创新发展注入新动力。在推进 G60 科创走廊的发展过程中，完善规划 3.0 升级版，加强战略定位和规划实施，进一步提升走廊的科技创新能力和影响力。加大重大研发平台的建设力度，建立关键技术联合攻关机制，促进科技资源的开放共享，以及推动科技成果的转移转化。借此加强长三角地区的创新合作，推动科技成果的转化和应用，实现长三角地区科技创新与发展的整体升级。

二　大力推动创新资源开放共享

"长三角大仪网"是上海、江苏、浙江和安徽四个地区合作发起的科技资源共享服务平台。该平台通过提供科技资源地图、仪器预约和需求对接等服务，实现了长三角地区大科学装置、仪器设备和科研人才的互通。目前，平台上汇聚了 22 个重大科学装置和 35546 台科学仪器，总价值超过 431 亿元，并吸引了 120 万人次的访问量。该平台的推出促进了科技资源的共享与合作，为长三角地区的科技创新发展注入了新动力，提高了科研效率，推动了跨地区科研合作的便利性和深度。另外，江苏、浙江、安徽等地在科技资源共享方面各有特色。例如，江苏省加快建设科技资源开放共享线上线下平台，资源池已汇聚江苏省人才，基础，载体，成果，服务等五大板块、30 个大类的资源信息，基础条件资源汇集仪器设备超过 1200 台（套）、文献资源超过 65 万份、文献数据 315 亿条，重大疾病生物样本超过 120 万份。江苏省还加快推进线上云平台建设，将绘制一张科技资源地图，同时开设科技商城。浙江省通过物联网技术建设大型仪器设备管理平台，解决了科学仪器设备管理中的信息孤岛问题。平台实现了跨部门数据共享，完善了从采购到报废的全生命周期管理，提升了设备管理水平，促进了资源利用和绩效评估。

三 建立跨区域的平台组织协调机制并开展鼓励区域科技资源互用的政策设计

促进区域创新资源的高效配置和互利共享，推动"创新券"在跨区域的兑现。三省一市的科技主管部门于 2020 年 12 月联合发布了《关于长三角地区开展创新券通用通兑试点的通知》。该通知以"扩大服务范围内容上做加法、打通服务界限上做减法"的工作思路为指导，加快建设三省一市共享资源池，并推出通用券和通兑券两种使用方式。除吴江、嘉善和马鞍山等试点区域外，相城等其他地区也将加入试点[①]。长三角地区推出了科技创新券通用通兑平台测试版，上海市青浦区、浙江省嘉善县等区域的科技型中小企业能在线申领创新券，并享受跨区域的技术服务和资源共享。这一举措旨在促进长三角地区创新资源的高效配置。

四 探索技术市场一体化创新路径

2018 年，上海、江苏、浙江和安徽的技术市场签署了合作协议，旨

---

① 王阳：《科技前行的脚步更加铿锵有力》，《上海科技报》2022 年 1 月 27 日第 A1 版。

在实现资源的共享和互通。这一举措为区域间的技术交流和合作奠定了基础。同年12月，长三角区域技术市场联盟成立，由11家技术市场运营机构共同发起，旨在打造全球技术交易中心。该联盟的成立进一步促进了长三角地区技术市场的整合与合作，为技术创新和转化提供了更加便捷的平台。2020年10月，相关部门发布了长三角G60科创走廊建设方案。该方案强调了建立协同联动机制、科技成果转移转化示范基地和统一的技术交易市场的重要性。通过建立这些机制和基地，长三角地区的科技资源可以更好地流动和转化，促进创新成果的产出和应用。这些举措为长三角地区的科技创新和技术交易提供了重要的支持和保障。通过加强区域间的合作与联动，长三角地区正在逐步打造一个创新生态系统，提升科技创新的水平和效率。这对于推动长三角地区的经济发展和产业升级具有重要意义，也为其他地区搭建了一个可借鉴的模式和经验（参见图7-2）。

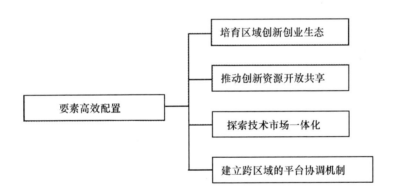

图7-2　要素高效配置路径

第四节　具体举措

一　制定"长三角产业地图"，协同布局企业总部、研发基地、生产基地，实现差异化发展目标

2019年长三角G60科创走廊联席会议的召开标志着该地区发展战略

的制定和实施。会议确定了发展七大战略性新兴产业的规划，并发布了七大先进制造业产业地图，为地区的经济发展提供了清晰的蓝图。根据产业地图规划，各城市开始着重发展不同的新材料产业，旨在推动产业链布局和企业集聚，促进整体协同和产业集群发展。其中，江苏省提出了培育 13 个先进制造业集群的目标，并致力于打造稳定的产业基地。通过集群发展，江苏省能够实现资源的集中配置和优化利用，提升区域的竞争力和创新能力。通过优化产业结构、培育新兴产业和加强产业链的协同发展，长三角地区能够实现经济转型升级，增强创新能力和核心竞争力。为实现这一目标，强化跨区域集群治理机制创新至关重要。政府将整合各方资源，推动合作，以连云港、泰州和无锡为合作伙伴，在生物医药领域建立一个协同发展的产业集群。此外，苏州、无锡和南通也将携手共同打造高端纺织集群。三地将紧密合作，整合各自的产业链，提高研发和生产能力，推动高端纺织品的研发和市场应用，为江苏省的纺织业注入新的活力。同时，浙江省也将积极参与先进制造业集群的建设，以宁波和舟山为核心，与嘉兴、绍兴和衢州等地区联动，组建绿色石化先进制造业集群。该集群将注重环保和可持续发展，整合区域内的资源和优势，推动石化产业向绿色化、智能化方向发展。

二　发挥创新联合体带动作用，促进产业链与创新链融合发展

（一）整合园区资源，成立园区共建联盟，打造产业链经济。长三角地区以环杭州湾经济区为核心，整合省级产业集聚区和开发园区，通过协同创新、产业链整合和集群化发展，打造省级战略平台。促进协同创新和产业链整合，加强资源的优化配置和利用效率，推动长三角地区经济的整体发展。同时，成立"长三角园区共建联盟"，推进产业梯度转移和要素合理配置，促进不同区域之间创新联动发展，形成合理分工布局的产业集群，提升区域竞争力。

（二）创新园区发展模式，高质量推进示范区建设。第一，跨省市合作共建园区。例如，上海漕河泾新兴技术开发区充分发挥市场机制，

由创新公司以自身能动性为主导，借助上海丰富的创新资源，实现自身的快速发展，开发区在长三角产业联动升级中取得良好实效。其中，合作共建主要形式包括项目合作共建型（重点推动区内企业及产业转移到外省市）、紧密合作共建型（与外省市开发区共同投资合作共建）、交流合作共建型（与外省市开发区结为友好园区）。第二，探索园区合作模式。长三角地区主要应用"飞地园区""园中园""托管国"等园区合作模式，为创新承接新途径、推进示范区建设提供值得借鉴的典型经验。

（三）支撑标志性和引领性项目，长三角地区加强大平台建设，并积极培育、引进重大产业项目，推进产业链招商，并建立起完善的产业生态系统。江苏省生产力促进中心与苏南高新园区合作，共同打造科技成果产业化基地，通过合作实验室等创新平台与浙江大学、之江实验室等优秀机构对接，吸引外资和众创空间分支机构。嘉善引进上海大院名校，在当地建立实验室等创新平台，为引进外资和促进创新提供有力支持。同时，长三角地区构建了"平台＋智库＋资本"模式，实现创新资源引进和特色产业培育的无缝对接，以促进创新生态的形成和发展。这些举措将有助于提升长三角地区的创新能力和产业竞争力，推动区域经济的高质量发展。

三　探索区域体制机制创新，推进区域统筹协调发展

由"三级运作"过渡到"合署办公"。在过去，长三角地区的合作与发展工作一直按照"三级运作、统分结合、务实高效"的机制进行。然而，随着新时代的到来，为了更好地推动区域合作，建立了管理职能的"长三角区域合作办公室"，设立12个重点合作专题，负责协调推进重要事项和项目，并统筹管理基金和长三角网站。此举旨在进一步加强长三角地区的合作与发展。为推进长三角区域一体化市场建设，各地签署了《推进长三角区域市场一体化发展合作协议》，在规则体系、创新模式、市场监管、流通设施、市场信息和信用体系方面展开全方位合作。通过这样的合作，打破了行政区划和行业垄断，实现了统一完善的区域

市场一体化目标。通过加强区域合作，长三角地区能够共同应对挑战，实现资源优化配置、创新能力提升和经济发展的协同效应，为区域发展注入新的活力和动力。

第五节 取得的成效

一是长三角跻身世界级城市群。长三角地区作为我国经济最为强劲、实力最为雄厚、区域经济一体化程度最高的地区之一，在建立区域经济协作办公室主任联席会议制度以来，实现了区域经济的快速发展，并成功跻身进入世界六大城市群之列，展现了巨大的发展潜力。展望未来，长三角地区的发展前景令人期待①。

二是长三角主要城市发展差距缩小。长三角区域经济一体化实践逾30年，取得了显著成果。在这一过程中，核心城市与上海的经济差距逐渐缩小，多中心均衡发展的格局逐渐显现出来。尤其是在长三角一体化发展成为国家战略之后，沪苏浙皖四地GDP全国占比逐年增加，2021年总量达到了27.6万亿元，占全国的比重达到了24.1%。其中，安徽省的GDP首次突破了4万亿元的大关，成为长三角区域经济的重要增长引擎之一。上海也成为全国第二个GDP超过4万亿元的城市，其GDP达到了4.32万亿元。这一突破标志着长三角四地GDP全面突破4万亿元，进一步巩固了该区域全国经济发展的重要支撑地位。长三角区域经济一体化的成功实践为各地提供了广阔的发展机遇，各地之间加强了合作与协调，形成了良好的区域协同效应。同时，多中心的均衡发展也有效地缓解了核心城市的压力，促进了区域经济的全面繁荣。在未来，随着长三角一体化发展战略的不断深入实施，我们有理由相信，长三角地区的经济合作与发展将进一步取得重要成果，为我国经济的全面发展注入新的动力。

---

① 郭湖斌、邓智团：《新常态下长三角区域经济一体化高质量发展研究》，《经济与管理》2019年第4期。

　　三是制造业错位竞争格局初现。从制造产业分工布局的角度出发，长三角三省一市产业分工体系正在迅速建立。以上海汽车制造业为例，宁波和台州的汽车摩配产业发展迅速，产业合作频繁。同时，产业错位发展格局也在不断深化。杭州专注于数字经济产业，如电子信息、云计算和大数据；苏州聚焦于生物医药和新一代信息技术；南京则依托强大的科研实力致力于发展新材料和智能装备等产业。从区域协同创新指数的角度出发，长三角区域协同创新指数从 2011 年的 100 分（基期）增长至 2021 年的 247.11 分，较 2011 年增长了近 1.5 倍，年均增速达到9.47%，长三角科技创新一体化能力显著提升，推动高水平科技自立自强。

第八章　粤港澳大湾区区域创新体系：产业导向型

粤港澳大湾区建设是中国推动区域协调发展的重大战略，旨在实现高质量发展和成为世界一流湾区。大湾区以创新为驱动，在科技、产业和金融等领域深化合作，优化创新生态系统，聚集创新资源，力争将粤港澳大湾区打造成为全球领先的创新中心。该区域包括广东省的九个城市（广州、深圳、珠海、佛山、中山、东莞、惠州、江门、肇庆），以及香港特别行政区和澳门特别行政区，总面积达到了5.6万平方公里，汇集了广东省和香港、澳门两个特别行政区的优势资源和发展机遇，是我国最具活力和潜力的城市群之一，是中国经济发展的重要引擎。粤港澳大湾区在经济发展水平和港口规模方面处于全国领先地位，同时已经建立了相对完整的产业体系。

第一节　创新政策

中共中央、国务院印发《粤港澳大湾区发展规划纲要（2019）》[以下简称《纲要（2019）》] 旨在实现特色区域创新发展格局、跨区域整合创新资源和打造区域创新示范引领高地[①]。通过构建开放型区域协同创

---

① 王铁旦、罗强、彭定洪等：《粤港澳大湾区高新技术产业区域品牌价值评估》，《昆明理工大学学报》（社会科学版）2021年第1期。

新共同体，打造高水平科技创新载体和平台，优化区域创新环境，吸引全球科技创新人才和资源，将推动科技创新的突破和跨越发展作为首要举措。其次，《纲要（2019）》强调推动建设"广州—深圳—香港—澳门"[①] 科技创新走廊，加强内地与香港、澳门在科技创新方面的合作潜力，实现香港和澳门与国家创新体系的紧密融合。另外，《纲要（2019）》还提出利用港澳的国际化前沿平台，将大湾区打造成真正的国际科技创新中心。借助港澳的国际化特色和地理位置优势，吸引国内外创新资源和投资，促进科技成果转化和商业化，提升大湾区在全球科技创新舞台上的竞争力。通过实施这些核心措施，旨在充分发挥各地区的优势，促进创新资源的整合和交流，推动科技创新的全面发展。这将有助于加强大湾区与国内外的合作，培育新兴产业和技术创新，提升区域经济的竞争力和可持续发展能力。大湾区有望成为全球范围内引领创新的示范区。可见，大湾区在落实顶层设计的同时，结合自身优势，打造自己的新特色，实现"两条腿"走路。

第二节　具体举措

一　完善区域协调创新体制机制，打造区域协同创新共同体

粤港澳大湾区在高校和科研方面具有优势，其中广州和深圳分别在高校和科创产业链方面展现出集聚效应。粤港澳科创走廊在大湾区的创新驱动中扮演着"引擎"的作用。三地（粤港澳）通过合作联席会议、CEPA 及其后续补充协议、共建自由贸易试验区以及《粤港澳大湾区发展规划纲要》等文件的推动，不断升级科技创新领域的合作机制与模式。广州南沙、深圳前海和珠海横琴被列为全国人才管理改革试验区，为粤港澳大湾区的人才合作提供了平台。粤港高技术合作专责小组的升级进一步促进了粤港科技合作的发展。通过"粤港科技创新联合资助计

---

① 文雅靖：《构建粤港澳大湾区科技创新协同体研究》，《深圳信息职业技术学院学报》2021 年第 5 期。

划"的实施，共支持了 151 个项目，推动了重点领域关键技术的突破。"广州—深圳—香港—澳门"科技创新走廊由湾区建设领导小组提出并建设，为打造大湾区国际科技创新中心做出尝试。由国务院发布的《粤港澳大湾区发展规划纲要》进一步强调深圳前海、广州南沙、珠海横琴等合作平台作用，探索新的协同发展模式，构建开放型融合发展的区域协同创新共同体。

二 深化粤港澳大湾区产学研合作，建立"开放式产业创新"生态

第一是广东省与深圳市深入贯彻并落实创新驱动发展战略，专注于满足产业发展的重大需求，并持续优化创新资源配置。首先，推动产学研一体化，着重打造制造业创新发展载体。其次，探索政策，促进港澳合作，如针对资金流动、人员往来和税收平衡的政策，支持港澳机构申报财政科技计划项目，并开放科学基础设施、实验动物平台和科普基地，同时建设粤港澳联合实验室。深化产学研方面的合作，签署战略合作协议支持粤港澳大湾区国际科技创新中心的建设，并协同推进部省合作重大项目和落实国家重点研发计划。这些措施将为粤港澳大湾区建立一个开放、合作和创新的产业创新生态提供坚实基础和支持。

第二是广东省建立服务大湾区的应用研究及转化平台，通过一系列措施弥补高端创新资源不足。该平台的成立标志着广东省在创新驱动发展战略中迈出了坚实的一步。截至目前，已经成功建成了 10 家省级实验室和 6 家国家制造业创新中心，这些实验室和创新中心在提升广东省高端创新能力、推动产业升级方面发挥着重要作用。不仅如此，广东省还着力布局新型研发机构，提升技术研发能力。目前，共有 251 家新型研发机构在广东省得以发展，为该地区科技创新注入了新的活力。为了进一步促进创新产业的发展，广东省采取了"全国使用、广东兑付"的创新券模式，通过改革创新券使用制度，吸引了港澳服务机构为广东企业提供专业服务和支持。这种模式不仅有效地解决了高端创新资源不足的问题，还促进了港澳与广东之间的科技交流和合作。为了更好地整合科技创新资源，广东省还发展了科技服务网上商城，成功推出具有较大影响力的华南技术转移中心"华转网"。这个平台为广东省科技创新资源的汇聚提供了便捷的途径，已经汇聚了 3 万余项科技创新资源。同时，广东省在技术合同认定和成交方面取得了显著的成绩。据数据显示，在 2022 年，广东省技术合同成交额达 4525.42 亿，全国排名位居第二。这充分体现了广东省在科技合作与交流方面的积极态度和优秀水平。

第三是建立知识产权运营体系。首先，在广州、深圳和东莞等地，建成了广州知识产权交易中心、横琴国际知识产权交易中心和中国（南方）知识产权运营中心等三个国家级运营交易平台。同时，还在这些地区建设了作为"国家知识产权运营服务体系建设城市"的 50 多家专业服务机构，形成了一个庞大的骨干网络。这些平台和网络的建设提供了有效的知识产权交易和服务平台，促进了知识产权的保护和运用。其次，与香港和澳门特别行政区的知识产权管理部门合作举办了"粤港澳知识产权交易博览会"，为粤港澳三地企业的交流合作和高质量发展搭建了重要平台。广州市还发布了粤港澳大湾区知识产权互认互通政策，制定了 10 条具体措施，同时推出一系列激励措施，以促进港澳企业在大湾区落户。这些举措进一步促进知识产权的跨境合作与交流。

第四是鼓励"产学旋转门"文化，让教授们多"下海"。在培养人才及高端人才交流上，鼓励高校教授、科学家、企业家及科技人员之间的流转和交叉任职，使科研更好地匹配市场需求。第一，加快完善全省创业孵化政策体系。制定《广东省大学科技园管理办法》，推进《科技企业孵化器、大学科技园和众创空间税收优惠办理》《试点高校、科研机构利用自有物业建设专业孵化机构》等政策落地实施，大力支持高校教授和学生创新创业。广东省拥有全国第一的科技企业孵化器数量，达到 989 家，以及 986 家众创空间。这些创新孵化平台为广大毕业生提供了就业机会，吸纳了 6.6 万人就业，大学生创业率达到 3%。为推动创新发展，广东省着力打破制约创新的体制和机制障碍。为此，推出"科创 12 条"的政策，旨在加强企业家在科技创新中的重要作用。此外，广东省还推动了"科技型企业家职称评审直通车制度"的实施,将高新技术企业和新型研发机构的法定代表人、创始人,以及董事长、总经理等高层管理人员纳入省市认定高层次人才的范围。目前,已经启动科技型企业家高级职称评审的试点工作,并有89位科技企业家成功获得高级职称认定。通过这些措施,广东省努力促进创新创业环境的改善和科技人才的培养。

第五是积极推动国际产学研交流,加快国家科研创新中心的建设,并深化与粤港澳地区科技创新的开放合作。通过粤港澳分别召开的联席会议,粤港澳共同完成众多合作项目。2019年,广州与澳门共同签署《关于开展联合资助两地合作研发项目的工作计划》,相互借鉴两地创新优势,促进了粤港澳地区创新资源流动和产学研合作。特别值得一提的是,广东省财政科研资金过境拨付港澳项目承接单位总金额已突破千亿大关,推动国际科技合作的进一步发展。为了扩大科技创新的影响力,广东省举办了一系列高端交流活动,积极引进国际高端资源,同时鼓励广东省内的企业和科研机构参与国际科技创新合作。这些举措不仅提升了广东省在国际科技创新领域的影响力,也增强了其在国际竞争中的实力。广东省的努力旨在推动科技创新成果的转化和应用,加速产业升级和经济转型。通过与国际合作伙伴的交流与合作,广东省不仅拓宽了创新资源的渠道,还加速了科技成果的转移和商业化过程。这将为广东省的企业和科研机构带来更多的机遇和竞争优势,推动经济的持续发展。

三 "超级通道"开启城市群互通,"珠链成串"打造创新集群

粤港澳大湾区加快基础设施互联互通建设,包括建成港珠澳大桥、虎门二桥、广深港高铁,规划建设深中通道等过江通道,基本形成粤港澳大湾区一小时交通圈等。在城市产业和经济发展的同时,增强与周边邻近城市经济的联系,促进广州、东莞、深圳、香港产业带相关要素向珠江西岸扩散,使粤港澳大湾区要素集聚效应进一步凸显,借助粤港澳大湾区内生产要素的充分优势,特别是依托港口、临港产业和集疏运通

道，进一步发展冷链物流、全程物流、汽车物流等专业物流领域。通过这些举措，现代物流成为港口新的经济增长点，充分发挥了其在经济发展中的重要作用。粤港澳大湾区建设的亮点之一是通关口岸的"硬联通"。横琴口岸在珠海通过新型通关查验模式，成功简化了粤澳通关流程，成为超级通道的典范。另外，深圳的口岸项目也在积极推进中。连塘口岸已建成并开始运营，而深圳湾口岸则实现了全天候24小时的通关服务，为区域内的贸易和人员往来提供了便利。

四 人才、资金、成果等创新要素加速对接

粤港澳大湾区初步建立了区域间的协调机制，主要集中在制度层面。由于大湾区面临一个国家、两种制度、三个关税区和三种货币的复杂条件，因此制度壁垒相对较高。为解决这一问题，粤港澳大湾区相继出台了《内地与港澳关于建立更紧密经贸关系的安排》和"资金自由行"政策规划，打通了区域创新要素流壁垒，建立了统一开放的要素市场。这使得粤港澳合作从"非制度性"向"制度性"过渡，逐渐由市场驱动转向制度引导。三地产业协作呈现转型，由以出口为导向的制造业为主转向以拓展内陆市场的服务业为主。同时，跨境消费、医疗、养老和度假等领域的社会联系明显加强，展现出更紧密的生产和生活协作特点[1]。在人才交流方面，探索各类人才活动，推动高校课程共享，打造人才成长"立交桥"。各地政府积极搭建对接港澳人才的交流平台和网络，发挥港澳地区科技和金融优势，实现人才资源优势互补互惠互利。通过各种创新创业大赛、双创成果展示和创业讲堂沙龙等活动，促进大湾区内人才良性竞争。立足地区产业需求靶向引才育才，通过举办技能大赛、技能培训和技能交流等活动，推动地区技能人才队伍增量增质，积极构建契合产业发展的人才网络。发动社会力量，充分利用企业、人才服务机构，行业协会、高校、科研机构等主体，共同开展与产业发展相匹配

---

① 周春山、邓鸿鹄、史晨怡：《粤港澳大湾区协同发展特征及机制》，《规划师》2018年第4期。

的人才活动。在土地要素层面，探索土地资源精细化管理。近年来，粤港澳大湾区内各大城市纷纷出台新型产业用地（M0）政策，通过设置主体准入门槛、提高开发强度和容积上限、设定自持比例、提供多元用地配套和锁定退出机制等手段，解决土地供应量短缺等问题，倒逼土地功能从单一向多样性发展。

第三节　取得的成效

一　经济快速增长，发展势头强劲

作为我国经济最为活跃、开放程度最高的地区之一，粤港澳大湾区在国家发展大局中扮演着重要的战略角色。截至 2019 年年末，湾区生产总值超过 11.6 万亿元，约占全国生产总值的 1/6。

二　各类创新平台和龙头企业集聚，科技创新成果丰硕

湾区的孵化器和创新平台在推动创新力量的发展中发挥着重要作用。这些平台包括位于南沙的青年创业工场和深度合作区、前海蛇口的青年梦工厂、香港的产业集聚基地、横琴澳门的青年创业谷、粤澳中医药产业园以及广州大学城的青年创新创业基地等。它们不仅为创业者提供了孵化、培训和资源支持，还促进了专业技术人才的流动，激发了内在的创新动力。深圳计划引进多名诺贝尔奖科学家，并设立海外创新中心。这些举措为整个大湾区的创新发展提供了新的思路和机遇。引入国际顶尖科学家能够带来前沿科技和创新理念，推动区域内的科技研究和产业升级。海外创新中心的设立进一步促进国际交流与合作，加强湾区与全球科技创新中心的连接，吸引更多优秀的科研人才和创业者前来大湾区发展。

三　产业结构不断优化，城市产业分工逐渐明显

粤港澳大湾区的产业供应链形成了完备的体系，实现了互补和错位

发展。广东省的工业增加值和出口额在全国居首，其中珠三角地区占据了80%和95%的比重。尽管珠三角地区的生产成本不断上升，但许多企业仍选择在该地区保留生产线，并通过提升自动化和高产值来提升竞争力。大湾区的发展填补了港澳地区的工业空心化，同时港澳地区也为珠三角地区的制造业出口提供了支持。各核心城市与周边城市实现了协同发展，不同城市之间形成了产业互补的关系，从而形成了一个完整的产业布局。推动大湾区发展的关键是提供一站式服务，并降低要素流动的障碍，以提升企业在国际市场上的竞争力。特别值得注意的是，香港、深圳和东莞的联动将打造世界级的新硅谷，其中香港在创意领域具备优势，深圳则担任研发职责，而东莞则成为制造业的主要基地。这种合作模式正在逐渐成为常态，为大湾区的产业发展带来了新的动力。

第四节　建设国际科技创新中心

粤港澳大湾区在科技创新领域具有引领和支撑作用，通过一系列举措，建立开放型的区域协同创新共同体，搭建高水平科技创新载体和平台，改善创新环境，并吸引全球创新资源，以提升科技成果转化能力，努力打造全球科技创新的领军地和新兴产业的策源地。为实现这一目标，制定并出台了《广东省推进粤港澳大湾区建设三年行动计划（2018—2020年）》。首先，深化粤港澳创新合作，通过加强合作机制和交流平台的建设，促进三地之间的创新要素的跨境流动和融通，实现资源的共享和优势互补。其次，推进"广州—深圳—香港—澳门"科技创新走廊的建设，建立高效便捷的科技创新走廊，促进科技成果的跨境转移和合作开发。此举将促进区域内科技创新要素的跨境流动，加强合作伙伴关系，推动区域内创新生态的良性发展。最后，促进科技成果的转化，建设具备国际竞争力的科技成果转化基地，为科技创新提供更广阔的市场和更好的转化环境，推动科技成果向实际应用转化，为经济发展和产业升级提供有力支撑。

第五节　区域创新联动发展

随着中国改革开放的深入推进，粤港澳大湾区、北部湾城市群和海南自由贸易港已成为中国经济发展的重要引擎和战略布局。通过加强区域合作、推动创新驱动和建设开放平台，这些地区可以实现协同发展和互利共赢，进一步推动中国经济的高质量发展。

一　粤港澳大湾区、北部湾城市群与海南自由贸易港发展

粤港澳大湾区、北部湾城市群和海南自由贸易港区在创新能力方面都存在一定差距（参见表8－1）。广东省的发明专利授权量较高，但仍需要进一步提高；广西壮族自治区和海南省的发明专利授权量相对较低，并且研发投入水平也相对较低。另外，三省（区）科技资源配置滞后，分散且效率低下，缺乏官产学研合作机制，存在科技资源的部门化和单位化现象。由于行政切割导致的科技资源沉淀和重复建设，跨区域的重大科研项目难以协作，严重消耗了科技资源。

表8－1　　　　　　　　　　　　区域创新能力情况

区域	发展前景	发展现状	结论
粤港澳大湾区	粤港澳大湾区是中国重要的经济引擎和创新中心之一，拥有广阔的市场和丰富的创新资源。广东省作为该区域的核心，以其发达的制造业和强大的创新能力而闻名	尽管该区域内广东省在专利授权和研发投入方面取得了显著成就，但发明专利授权量占专利授权总量比仅为11.79%。因此，仍存在创新能力有待提升的问题	进一步加强粤港澳大湾区与其他区域的创新联动，共享资源和经验，成为促进粤港澳大湾区创新发展的重要策略
北部湾城市群	北部湾城市群地跨广西、广东和海南三省区，作为连接西南地区和东盟国家的重要纽带，扮演着海上丝绸之路的重要枢纽角色，具有独特的地位和优势	近年来，广西壮族自治区在专利授权和研发投入方面取得了一定的进展，但发明专利授权量占专利授权总量比仅为9.77%	北部湾城市群面临着挑战，需要进一步提升创新能力，以实现区域经济的高质量发展

区域	发展前景	发展现状	结论
海南自由贸易港	海南自由贸易港区作为中国的重要开放门户和创新试验区，面临着巨大的发展机遇	对比之前，海南近6年全年授权专利量增长率高达561.42%，但在创新领域的发展仍然相对滞后。发明专利授权量占专利授权总量比仅为6.99%。此外，海南在基础设施建设、人才培养、产业发展等方面也存在不足之处，与大湾区在人流、物流、资金和信息流量等方面存在一定的差距	需要采取措施推动海南自由贸易港区的创新能力

二　粤桂琼三省（区）区域创新数据

发明专利是衡量一个国家或地区创新能力的重要指标。并且，创新资源的高低会对区域创新能力产生直接影响，研发投入能力通常用 R&D 经费投入衡量。2015 年，广东省全年专利授权总量为 241176 件，其中发明专利授权量为 33477 件；2021 年，广东省全年专利授权总量为 872209 件，其中发明专利授权量为 102850 件。2015 年，广西壮族自治区全年授权专利 13573 件，其中授权发明专利 4017 件；2021 年，广西壮族自治区全年授权专利 46804 件，其中授权发明专利 4573 件。2015 年，海南省全年授权专利 2061 件，其中授权发明专利 417 件；2021 年，海南省全年授权专利 13632 件，其中授权发明专利 954 件。而广西、海南两地 2015 年专利授权量仅分别为广东省全年授权专利量的 5.63%、0.85%；在 2021 年，广西、海南两地专利授权量分别为广东省全年授权专利量的 5.37%、1.56%。与广东省相比，海南省、广西壮族自治区的原始创新能力仍有待加强[1]（参见表 8－2）。

数据显示，粤港澳大湾区在 2017—2021 年发明专利公开总量 176.90 万件，年复合增长率达 14.46%，位列世界四大湾区首位，创新态势强劲。2021 年发明专利授权量占专利授权总量比仅为 11.8%，这说

---

① 郑鹏、侯建国、邵玉昆等：《深化科技合作推进粤桂琼区域创新体系建设》，《科技管理研究》2018 年第 3 期。

明大湾区的区域创新体系仍处于跟踪模仿较多、原始创新少的情况。2020 年，广东省的 R&D 经费投入 3479.9 亿元，位列全国第一，创新资源十分雄厚。海南省在 2021 年发明专利授权量占专利授权总量比仅为 7.0%。据 2020 年《海南统计年鉴》显示，海南的 R&D 经费投入为 36.6 亿元。广西壮族自治区在 2021 年，发明专利授权量占专利授权总量比为 9.8%；2020 年，R&D 经费投入 173.2 亿元（参见表 8-2）。

表 8-2　　　　　　　　　区域创新发展情况

	合计	发明		实用新型		外观设计	
		数量	%	数量	%	数量	%
全国	4601457	965946	20.9	3119990	67.8	768460	16.7
广东省	872209	102850	11.8	484320	55.5	285039	32.7
广西壮族自治区	46804	4573	9.8	34133	72.9	8098	17.3
海南省	13632	954	7.0	11561	84.8	1117	8.2

三　经济区协同发展的必要性

（一）大湾区的基础设施完善、产业体系完备、集群优势明显

大湾区是指广东、香港、澳门及周边地区的综合经济区域，拥有完善的基础设施、完备的产业体系和明显的集群优势。根据数据，大湾区形成了较为完备的产业链和供应链。例如，珠三角地区在制造业、电子信息领域具有显著优势；香港在金融、航运、贸易等领域独具竞争力；澳门则以旅游娱乐业著称。然而，目前大湾区对周边省份的辐射带动作用相对较低，需要进一步加强区域联系。因此，需打通地区之间的梗阻并加强区域之间的联系以实现协同发展。

（二）海南自由贸易港的优势与短板，需要大湾区提供助力

一是海南自由贸易港发展的优势与挑战。海南自由贸易港作为中国自贸试验区的重要组成部分，具有自然资源、生态环境和开放程度的优

势。海南拥有得天独厚的自然资源和美丽的生态环境，是发展旅游、健康养老等产业的理想之地。然而，在经济水平、科技实力、人力资源和基础设施方面，海南仍存在一些短板。数据显示，2019年海南地区的生产总值为5308.94亿元，工业增加值为588.72亿元，仅为深圳的1/16。这显示了海南在产业结构和经济发展水平上处于相对落后的地位。

二是大湾区和海南自贸港的合作机遇。大湾区和海南自贸港具有优势互补的合作机遇。首先，大湾区作为中国经济的重要引擎，拥有雄厚的经济基础和科技资源、人力资源，可以为海南提供强大的助力。其次，大湾区和海南自贸港可以通过产业合作实现互利共赢。例如，可以吸引澳门、香港企业和资本家投资到海南，共同发展高端制造业、现代服务业等产业。此外，大湾区可以借鉴澳门、香港的先进理念，提升海南的旅游服务质量，进一步增强其在国内外旅游市场的竞争力。

三是海南旅游资源改革的必要性。海南面临着东南亚地区旅游竞争的挑战需要进行旅游资源改革，大湾区资源联合可以推动海南旅游资源改革。大湾区拥有丰富的旅游资源和成功的旅游发展经验，可以与海南分享经验、提供支持。通过合作开发旅游产品、推广旅游品牌，提高海南旅游的综合竞争力，吸引更多的游客与经济投资。

（三）广西创新能力的发展现状与必要协同发展对策

广西是中国西南地区的重要省份，以生态旅游产业为名片，但其科技创新滞后，工业化水平不足，创新能力相对较弱。据数据显示，广西的企业创新投入较低，且科技创新资源获取和企业科技创新成果产出效率都需要提升。此外，广西还缺乏"双一流"建设高校，创新型人才供给有限。相比之下，广东作为大湾区的核心地区，具有雄厚的经济基础和科技资源、人力资源，其创新能力优势突出。

为了解决广西创新能力不足的问题，推进粤桂琼省际区域创新协同发展十分关键。通过加强省际合作，共享创新资源，广西可以获得来自大湾区的技术支持、资金支持和人才支持。同时，还能促进科研机构和企业之间的合作，推动科技成果转化和产业升级，提升广西的创新水平和竞争力。加强人才培养和引进，建设一批高水平的研究机构和创新型企业，可以为广西的创新发展提供新的动力。

综上所述，经济区协同发展对于大湾区、海南自贸港和广西的发展都具有重要的意义与联合发展的必要性。通过加强区域联系、产业合作和资源共享，可以实现各地区优势互补，促进经济发展和创新能力的提升。加强协同发展也有助于优化区域经济结构，提高整体竞争力，为全国经济的可持续发展提供新的动力。

四　实现经济区协同发展

（一）北部湾地区借助粤港澳大湾区的辐射能力，改善基础设施，优化经商环境，吸引了大量的产业转移和投资。珠三角地区的产业逐渐向北部湾转移，创造大量的就业机会，拉动经济增长。同时，与粤港澳大湾区和海南自由贸易港的协同发展，使得北部湾地区成为一个更加繁荣和活力的经济区域。随着产业的转移和发展，北部湾地区也得到了更多的关注和支持。政府加大了对基础设施建设和城市规划的投入，为经济发展提供了良好的条件。

（二）海南自由贸易港和北部湾城市群应主动探索并建立由企业牵头或参与承担科研项目管理体系，积极对接粤港澳大湾区科技创新资源。加强与中山大学、深圳大学、香港大学、澳门大学等知名院校的战略合作，签订科技合作协议，组建以企业为主体，联合高校院所的产业技术创新战略联盟，以科学研究、技术咨询、产业孵化、科技信息交流等科技服务为着力点，重点培育一批拥有强大竞争力的专业化科技服务机构和创新产业孵化器。依托政府区域创新政策，加强粤桂闽的高层次人才引进力度，推动各地政府交流合作，探索建立经济区干部队伍到大湾区的香港、澳门、广州、深圳等地交流、挂职机制，提高干部制度创新与政策执行能力①。

---

① 颜兰：《北部湾城市群与粤港澳大湾区联动发展的路径研究》，《市场论坛》2020 年第 11 期。

（三）北海、防城港和钦州是北部湾城市群中极为重要的港口城市，它们拥有先进的港口设施和优秀的航运条件。海南全岛都被划入海南自由贸易港的实施范围，借助于海南自由贸易港的建设，加强北部湾地区国际贸易和国际金融，促进高级人才流动，带动创新资源聚集，这将为北部湾地区的区域创新发展提供强大动力，加快其产业升级。

（四）粤港澳大湾区与海南自由贸易港联动发展推动区域经济一体化，培育出新的经济增长。海南自由贸易港在建设过程中需要主动和粤港澳大湾区在区域联动上做出实质性的项目合作或制度合作，将在中国南部地区的国家两个重大区域决策部署捆绑，获得大量来自粤港澳大湾区的项目投资和人才注入，并且其承担的国家海洋强国战略也需要粤港澳大湾区经济实力和海洋科技人才的支持[①]。此外，还可以引入外省有创新能力的各类高质量经营主体，使其在海南自由贸易港的制度体系和政策体系中落地生根，从而提高海南自由贸易港自主创新能力。

[①]　陆剑宝、符正平：《海南自由贸易港与粤港澳大湾区联动发展的路径研究》，《区域经济评论》2020 年第 6 期。

第九章 东北地区区域创新体系：
老工业基地型

建设区域科技创新中心是新时代实现东北振兴的有效路径。本章在明晰区域科技创新中心概念的基础上，基于东北地区[①]36 地市的主要创新资源数据，通过熵值法对各指标客观赋权，运用 TOPSIS 方法对各城市综合创新能力进行评价。在此基础上，选择沈阳、大连双核中心城市的"人字形"创新城市带作为东北区域科技创新中心。并提出明确沈大城市群区域科技创新中心定位，培育创新环境、增强区域创新能级，以创新中心带动东北地区城市间协同发展，打造新时代东北振兴的新引擎等政策建议。

第一节 创新驱动发展现状

党的十九届五中全会将"布局建设区域性创新高地"纳入国家战略科技力量进行统筹布局，中央经济工作会议将"支持有条件的地方建设国际或区域科技创新中心"作为"十四五"开局之年的一项重点工作，"十四五"规划纲要进一步明确"支持有条件的地区建设区域科技创新

---

① 一般来讲，东北地区还应该包括内蒙古自治区的东部5盟市，具体为：锡林郭勒盟、兴安盟、呼伦贝尔市、赤峰市、通辽市，虽然面积占东北地区的45.2%，但是创新资源相对匮乏，故本研究所提东北地区不包括该5盟市。

中心"的工作部署，两院院士大会更是明确指出"支持有条件的地方建设综合性国家科学中心或区域科技创新中心"。一些创新条件较好的地区开始了区域科技创新中心建设的探索，"加快形成世界科学前沿领域和新兴产业技术创新、全球科技创新要素的汇聚地"。布局建设区域科技创新中心已成为完善国家创新体系、加快科技强国建设的一项中长期的重要战略任务。

东北三省在共和国的发展史上具有举足轻重的地位，在中华人民共和国成立以来大力支援了国家建设事业，升华了"两参一改三结合"的鞍钢宪法、"三老四严"的大庆油田作业标准等先进经验，为新中国的发展壮大做出过历史性的贡献。东北地区经济起步较早，但是，由于种种原因，东北地区并没有跟上国家前进的步伐。国有企业、重化工业比重大，效益不佳，民营经济发展不佳，产业重复度较高，尚没有形成独具特色的优势产业。目前面临着人口外流（尤其是高端人才，呈现高学历化、高技能化和年轻化的趋势）[1]、经济不景气、GDP 增长缓慢等一系列问题。迫切需要转换增长动能，充分发挥东北地区创新资源丰富的优势，依靠科技创新来带动实现新时代东北振兴。新时代东北振兴是党和国家基于东北地区特殊的地位和作用所作出的国家重大发展战略，目标是促进区域协调发展，更好地履行国家赋予的国防、粮食、生态、能源、产业等安全职能[2]。在创新驱动发展和东北振兴的双重战略叠加下，建设东北地区区域科技创新中心成为现实路径选择。

东北地区是我国科技资源富集度最高的区域之一，产业基础和配套能力较强，完全具备通过创新驱动实现新时代东北振兴的资源条件和产业基础[3]。自振兴东北战略实施以来，特别是党的十八大以来，东北地

---

① 李健、陈元晖、胡雅婷、韩永奇：《新一轮东北振兴背景下东北科技人才助力经济发展面临的问题及应对策略》，《产业创新研究》2020 年第 16 期。

② 李清均：《新时代东北振兴战略：本质、机理与路径》，《哈尔滨工业大学学报》（社会科学版）2020 年第 3 期。

③ 刘凤朝、张娜、赵良仕：《东北三省高技术制造产业创新效率评价研究——基于两阶段网络 DEA 模型的分析》，《管理评论》2020 年第 4 期。

区科技创新能力有所提升。当前，在东北地区传统生产要素供给不足的现实约束下，如何充分发挥东北地区创新资源丰富的优势，依靠科技创新转换增长动能，推动新时代东北振兴战略实施，是一个现实而紧迫的问题。因此更有必要梳理东北地区的创新资源，为国家在东北地区实施科技创新中心的战略布局做好谋划。

第二节　建设区域性科技创新中心的必要性分析

一　振兴东北有助于构建新发展格局

东北三省，总人口 0.98 亿，面积 78.7 万平方公里，占全国的 8.2%，新中国成立 70 年来，对于整个国民经济发展发挥了重要的战略支撑作用。同时，东北地区北接西伯利亚，西经蒙古可直通中亚，东有朝鲜半岛和日本海，是东北亚的重要节点。建国初期，苏联对中国 42 个援建项目中，布局在东北地区的占比 71.4%，"一五"时期，全国安排 156 个重点建设项目，东北地区占比 34.6%。[①] 2019 年，东北地区生产总值合计为 5 万亿元，仅占全国的 5% 左右，且近年来呈明显下降趋势。但东北工业门类齐全，逐渐形成了长春一汽、鞍钢、沈阳机床、大连造船、中国一重、哈尔滨三大动力、大庆油田等一批关系国民经济命脉和国家安全的战略性产业，在构建以国内大循环为主体、国内国际双循环相互促进的新发展格局中，东北地区作为腹地，对促进实体经济快速发展具有重要的作用。[②] 实现新时代东北全面振兴、全方位振兴，能有效壮大国内市场和畅通国内大循环。

二　东北地区急需创新驱动发展

"振兴东北"战略的提出始于 2003 年。但东北经济一直未走出"振

---

① 金华：《新中国 70 年工业发展脉络、历史贡献及其经验启示》，《改革》2019 年第 4 期。
② 赵成伟：《科技创新支撑引领"双循环"新发展格局的路径选择》，《科技中国》2021 年第 7 期。

而不兴"的困境，2015 年辽宁、黑龙江、吉林 GDP 实际增速在全国分别位列倒数第 1、3、4 名。第七次人口普查数据显示，东北地区人口近 10 年减少了 1100 万，是人口净流出最严重的地区。老龄化现象同样十分严重，60 岁以上老人约占 25%，与上海一起居于全国前四。与此同时，资源禀赋优势大为削弱，煤、钢、石油乃至木材的资源枯竭现象严重，2001 年阜新被国务院正式认定为全国第一个资源枯竭型城市。产业投资环境一般，素有"投资不过山海关"的说法。《中国创业投资发展报告》（2020）显示，创业投资机构注册地、投资项目分布在东北地区的仅占 3%，投资强度全国垫底。作为东北地区商行领头羊的锦州银行业绩渐现颓势，另外三家上市银行（盛京银行、哈尔滨银行、九台农商行），以及三家非上市但体量较大银行（龙江银行、大连银行、吉林银行），近几年的业绩数据总体均呈下滑趋势，不良率也在逐年攀升，折射出整个东北的金融困局。进入新发展阶段，在传统生产要素投入乏力的客观条件下，东北振兴战略亟须以科技创新加速产业转型升级，为老工业基地注入新活力。

三 建设区域性创新中心有助于打破东北地区发展困境

比较而言，东北地区是我国科技创新资源富集度较高的区域之一。与产业相匹配的高等院校、科研院所和研发试验基地分布集中，不乏国家重点实验室、国家工程研究中心、高水平研究型大学、企业国家重点实验室等国家战略科技力量（具体见表 9-1），在全国综合占比约为 10%。但是，东北地区科技创新整体水平偏低。《中国区域创新评价报告》（2020）显示，辽宁综合科技创新水平位于全国第 14 名，吉林和黑龙江分别位于 19 和 21 名，较上一年下降 3 和 4 个位次。同时存在科技成果转化力度弱、技术市场活跃度不高等现象。现有国家创新平台中的 45% 左右布局在装备制造、冶金、化工等领域，除装备制造外，其他传统产业在全国的比较优势下降明显。近年来，海工装备、新材料、生物医药等新兴产业在东北快速发展，但是创新资源与产业发展需求匹配度不够，存在"存量不少、增量不足、局部过剩与不足并存"的结构性矛盾，亟须最大限度发挥现有创新资源效应，依靠区域科技创新中心建设带动农业、制造业、冰雪产业等共性产业发展，打破现有发展困境，不失为现实选择。

表9-1 　　　　　　　东北地区重要科技资源分布情况

	国家重点实验室	国家工程研究中心	研究型大学（本科以上院校）	企业国家重点实验室
辽宁	8	12	64	8
吉林	10	5	37	1
黑龙江	4	7	39	2
东北地区	22	24	140	11
全国	254	360	1243	177

资料来源：《国家重点实验室年度报告》《企业国家重点实验室年度报告》《国家工程研究中心年度报告》《中国普通高校创新能力监测报告》。

第三节　科技创新中心选择

一　东北地区城市群科技创新指标选取

科技创新资源是创新活动有效开展的基础，是从事科技创新活动所利用的各种物质和智力财富的总称，持续增长的科技创新资源投入和高质量的科技创新成果产出是地区科技创新能力形成的基本保障。建立东北地区城市群科技创新指标体系，需要体现四个方面的特色。

第一，注重导向功能。指标体系要能够体现一个城市的综合创新能力，为有效提高一个城市的创新能力提供导向，即通过指标体系能够明确在哪些方面进行政策发力，抓哪些关键环节。这一功能我们可以通过评价的结果结合各指标得分进行综合分析。

第二，具备描述功能。指标体系要能够及时反映出在城市综合创新能力各方面的变化情况和动态进程。因此我们将采用以动态变动率为主的指标进行评价，以消除已有体量的影响并反映动态变动的过程，这也是进行区域科技创新中心建设的核心要素。

第三，具有评价功能。要能够实现对各个评价对象进行综合评价，而不是创新资源投入的维度的考评。针对这一点，我们开发出综合考虑配置、运行和成果产出的三维度概念模型，来分析城市综合创新能力。见图 9 - 1。

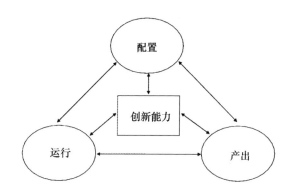

图 9 - 1　东北地区城市群科技创新指标的概念模型

第四，监测预警功能。要能够对未来地区综合创新水平的趋势进行定量测算和分析，能够进行及时的监测预警，并通过正、反馈机制，及时做出政策调整①。

基于上述四种评价需求，参照《中国区域科技创新评价报告 (2020)》的评价指标的选择方法，本研究设计了东北地区城市群科技创新的评价指标体系，包括 3 个二级指标：创新资源配置、创新资源运行和创新成果产出②。

第一，科技创新离不开良好的外部环境，需要固定的人员、财力、

①　赵成伟、孙启明、王砚羽：《北京核心区人口疏解效果评价研究》，《北京邮电大学学报》（社会科学版）2017 年第 6 期。
②　中国科学技术发展战略研究院：《中国区域科技创新评价报告（2020）》，科学技术文献出版社 2020 年版。

物质的创新资源投入，此外还包括一个地方的创新潜力情况。

第二，科技创新通常通过科技成果的转化而形成生产力，最为突出的表现即为高新技术产业化，创新资源的运行从国内、国外两个层面高新技术产业化上来体现。

第三，科技创新水平最为直接的体现之一就是科技活动产出，发明专利数和科技论文数是科技活动产出情况的最重要的体现。

在确定关键指标时，着重考虑指标选取的全面性，综合考量指标的重要程度、可获得性、及时性及权威性。本研究全面整理了东北地区 36 个地市数据，考虑创新资源配置和创新资源运行两个方面，选取了 7 个三级关键指标（参见表 9-2），相关数据主要来源于《辽宁省统计年鉴》（2020）、《吉林省统计年鉴》（2020）、《黑龙江省统计年鉴》（2020）及各地统计公报等相关资料。指标选取既体现了创新资源总量和强度，也体现了创新资源投入和产出的情况。

表 9-2 东北地区创新资源指标体系

目标层	准则层	指标层	单位
创新资源配置	创新人力资源	R&D 人员全时当量	人年
	创新财力资源	R&D 投入强度	%
	创新潜力资源	高等学校在校学生数	人
创新资源运行	国内层面运行	高新技术企业数	个
	国际层面运行	高技术产品出口额占制成品出口额的比重	%
创新成果产出	创新存量资源	万人发明专利拥有数量	件
	创新理论资源	万人国际科技论文数	篇

二 评价指标体系赋权

本研究使用熵权法客观赋权，即根据指标变异性的大小确定评价指标体系权重。通常来讲，某个指标的信息熵越小，表明该指标变异程度越大，所能提供的信息量就越多，在综合评价中所能起到的作用也越大，其权重也就越大。相反的情况下，指标权重也就越小。我们认为，创新资源配置、运行和产出同等重要，故 3 个二级指标按 1：1：1 进行赋权，仅需计算 7 个三级指标的权重。经过数据标准化处理，求各指标的信息熵，然后确定各指标权重。经计算，最终的评价指标体系权重直接呈现结果参见表 9 - 3。

表 9 - 3　　　　　东北地区城市群科技创新评价指标体系权重

二级指标	权重	三级指标	权重
创新资源配置	0.33	R&D 人员全时当量	0.14
		R&D 投入强度	0.15
		高等学校在校学生数	0.14
创新资源运行	0.33	高新技术企业数	0.13
		高技术产品出口额占制成品出口额的比重	0.13
创新成果产出	0.33	万人发明专利拥有数量	0.18
		万人国际科技论文数	0.12
合计			1

三　基于加权 TOPSIS 方法的东北地区城市群科技创新效果评价

城市综合创新能力为综合以上 7 个关键指标后的综合能力。参照张鸿鹤等[1]研究东北地区 36 地市创新产出空间联系、赵成伟等研究北京市六大主城区人口数据效果的研究方法，来考量东北地区城市综合创新能力。对于东北地区城市群科技创新的效果，我们将基于上述评价指标体系对东北地区 36 地市进行实际的评价。为了使评价结果更加科学，本研究采用对经典 TOPSIS 方法进行权重修正的改进 TOPSIS 方法，以体现各个指标不同重要程度对评价效果的影响，计算结果如表 9 - 4 所示[2]。

---

①　张鸿鹤、马荣康、刘凤朝：《基于引力模型的东北地区创新产出空间联系研究》，《大连理工大学学报》（社会科学版）2017 年第 4 期。

②　由于篇幅所限，关于熵权法和加权后 TOPSIS 方法的计算过程省略，仅呈现最终计算结果，如有兴趣可向作者索取。

表9-4　　东北地区综合创新能力位于前十地市的情况（2019年）

省份	地市	排名	R&D 投入强度（%）	R&D 人员全时当量（人年）	高等学校在校学生数（人）	万人国际科技论文数（篇）	万人发明专利拥有量数（件）	高新技术企业数（个）	高技术产品出口额占制成品出口额的比重（%）
辽宁	大连	1	2.85	40321	290589	12.99	21.27	1727	32.51
辽宁	沈阳	2	2.64	34343	424191	17.00	20.69	1814	19.32
黑龙江	哈尔滨	3	1.64	30332	581859	18.99	18.93	793	23.82
吉林	长春	4	2.05	32615	468853	16.28	11.41	1317	11.83
辽宁	锦州	5	0.92	197	77635	2.75	3.20	134	29.42
吉林	吉林	6	0.98	4681	112779	2.42	3.19	146	5.68
黑龙江	大庆	6	0.85	5708	53074	4.10	6.21	211	2.13
辽宁	盘锦	8	2.26	1624	8103	22.97	4.88	137	1.63
辽宁	鞍山	9	0.74	2397	31244	1.48	9.93	316	3.21
黑龙江	齐齐哈尔	10	0.82	6422	60996	0.71	1.97	56	18.21

资料来源：《辽宁省统计年鉴》（2020）、《吉林省统计年鉴》（2020）、《黑龙江省统计年鉴》（2020）及各地统计公报等相关资料。

可见，大连和沈阳是东北地区综合创新能力最强的两个城市。其中，位居前十的城市分别是大连、沈阳、哈尔滨、长春、锦州、吉林、大庆、盘锦、鞍山和齐齐哈尔。从东北三省36地市的7个指标数据分析，排名第一的指标辽宁占了5个，其中大连在R&D投入强度、R&D人员全时当量、万人发明专利拥有数量、高技术产品出口额占制成品出口额的比重方面位居第一，沈阳高新技术企业数位居第一，可以看出，虽然沈阳的基础条件较好，但是大连的进步更快。从数据分析，主要的创新高地分布在沈大地区。黑龙江哈尔滨仅在高等学校在校学生数占据领先优势，而吉林仅通化高技术产品出口额占制成品出口额的比重排名第一，其他城市指标并不突出，进一步验证了计算结果具有一定合理性。

四　建立区域科技创新中心的原则

在现代经济体系中，围绕国家重大区域发展战略，区域科技创新中心承担着国家使命，应借助国家战略科技力量布局，高水平打造一批特色优势明显、辐射带动能力强的区域创新高地，[①] 成为引领和支撑区域经济社会发展的增长极。因此，东北地区区域创新中心的遴选遵循以下三个原则：一是该城市已经建立起基本的科技创新体系，具有相对坚实的经济基础和较强的创新能力。大连和沈阳的 GDP 总量分别为 36 地市的前两名，创新能力非常突出。二是以该城市为核心的周边城市有一定的科技创新能力，能为该城市建设科技创新中心提供支撑。从综合排名来看，除大连和沈阳外，周边城市锦州、盘锦和鞍山也分别进入前十，尤其是锦州，位于四大副省级市之外其他城市的首位，这些城市与中心城市一起形成城市群，形成产业集群和人才集聚效益。三是在空间布局上有所平衡，使该城市辐射带动更大区域，与国家发展战略相布局匹配。国家和地方一直在探讨辽中南城市群的建设问题，探讨东北地区和东部地区对口合作，进一步实现新时代东北振兴与京津冀协调发展、长江经济带发展、粤港澳大湾区建设等国家重大战略的对接和交流合作，使南北协调发展。

五　以沈大城市群为核心，依托"人字形创新城市带"建设区域科技创新中心

综上，应以沈大城市群为核心建设区域科技创新中心，以沈阳、大连为支点，依托沈阳浑南智谷和大连英歌石科学城，突出"两核"的科

[①]　白光祖、曹晓阳：《关于强化国家战略科技力量体系化布局的思考》，《中国科学院院刊》2021 年第 5 期。

技创新引领作用，联合周边基础条件较好的城市，形成"人字形"创新城市带，综合考虑各城市 GDP 总量和 R&D 投入强度，结合 ArcGIS 10.3 软件的分析计算功能，形成如图 9-2 所示城市带，作为区域科技创新中心建设的空间载体；发挥资源集聚的溢出效应，旨在"平原造山""高原造峰"，深度结合地域资源禀赋特色与产业结构特点，形成区域内外循环势差，间接带动长春、哈尔滨等副省级城市，打破东北地区经济联系强度南部高于北部、中部高于两侧空间差异[①]；建设哈大科创大走廊，进而辐射带动整个东北地区，将东北地区的人才优势、科研优势彻底转化为创新驱动发展的动力[②]。

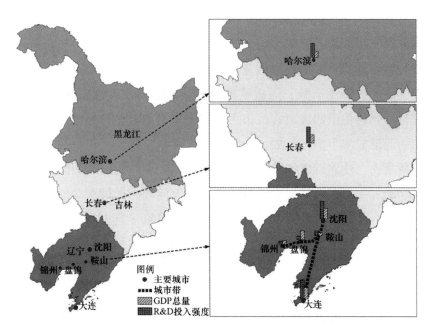

图 9-2　东北地区"人字形"区域创新中心构想

---

① 赵东霞、韩增林、赵彪：《东北地区城市经济联系的空间格局及其演化》，《地理科学》2016 年第 6 期。

② 程娜：《东北老工业基地智能化转型发展研究》，《社会科学辑刊》2020 年第 5 期。

第四节　加快创新中心建设的相关政策建议

一　明确沈大城市群区域科技创新中心的定位

区域科技创新中心建设的主要目标，就是打造地区增长极。沈阳和大连是东北地区在经济和社会关键创新要素中具有优势主导地位的城市，应充分发挥其在先进装备制造、军民融合、新材料、新能量等领域创新要素集聚的特色，依托沈阳作为辽宁中北部中心城市、大连作为东北地区重要口岸的优势，按照创新中心的建设规律，引导各类创新要素合理流动。以沈阳浑南科技城为支撑，建设沈阳综合性国家科学中心，以大连英歌石科学城为支撑，建设大连东北亚科技创新创业创投中心，联合周边基础较好的盘锦、锦州、鞍山等城市作为载体，打造区域创新高地，以核心城市群带动辽宁乃至整个东北地区的创新发展。

二　带动东北地区城市间协同发展，打造新时代东北振兴的新引擎

鉴于沈阳、大连两个城市均位于辽宁省，应考虑这一创新高地对整个东北地区的辐射带动作用。以沈大区域科技创新中心建设为契机，构建"一中心、两城市群、三高地"的区域协同创新格局。推进辽中南城市群和哈长城市群建设，辽中南城市群可实现省内强强联合，哈长城市群可集聚两省优势资源，有效推动整个地区新一轮产业集聚发展和人才集聚。同时，针对四大副省级城市彼此独立又相互依存现状，统筹三个高地建设，即沈大创新高地、长春地理区域创新高地、哈尔滨对外科技合作高地。立足地理、气候、人文、环境的一体性，各城市间的民生民俗、文化背景非常相似，应发挥各省市优势，推进创新资源高效配置、合理流动，形成协同互动、融合发展的区域创新格局。

三　探索以创新驱动东北地区老工业基地转型经验

通过区域科创中心建设为东北振兴注入新鲜力量，以科技创新激发

市场活力，引领东北地区转型升级。充分利用东北地区创新基础条件较好的优势，紧盯经济结构调整和产业多元化发展需求，使科技创新成为区域产业转型和综合实力提升的战略支撑。一是为传统产业赋能，实现重工业基地向高新技术产业基地转型。改造升级传统制造业，推动新一代人工智能技术与制造业融合发展，实现数字技术赋能传统优势产业，促进制造业向智能、绿色、高端、服务方向转型升级。二是深度开发原材料产业链，加快冶金、石化技术升级，创新"双碳"＋产业模式，提高钢铁、金属产品、高端精细化学品、化工新材料等智能制造水平，拉长产业链条，促进传统产业精深发展。三是依托高新技术企业、高校和科研院所优势，结合辽宁及东北地区产业基础和资源优势，培育壮大新兴技术产业。

四　加快创新要素培育，增强区域创新能级

东北地区创新要素不足，面临着人才流失和金融活力不足的现实压力，制约着该地区的创新能力提升。现阶段，应将人才引进和挖掘现有人才潜力相结合，加快金融改革步伐，释放市场化动力。一是畅通科研成果转移转化通道，激发科研人员积极性。鼓励东北地区不断完善职务科技成果所有权归属和转化收益分配机制，让"提取成果净收入不低于50％的比例用于奖励科研人员"的政策在东北地区落地生根。在高校院所开展赋权试点，发挥科技中介等服务机构对科技成果转化"传帮带"作用，[1] 在科技成果权属向科研人员倾斜与"国有资产流失"之间找准制度的平衡点，消除科研人员的后顾之忧。二是探索多元化资金投入机制。制定刚性投入指标，完善稳定支持政策，深化科技与金融的结合，加大政策性银行对东北地区的支持力度，探索设立适应东北地区发展的政府引导性支持基金运作模式，健全政府引导、企业为主、社会参与的多元化投入体系。三是壮大科技人才队伍。利用东北地区高校和科研院

---

① 田国胜、张嘉桐、刘春天、白文翔：《区域性科技成果转化能力提升的探讨——以东北两省数据指标比较为例》，《中国高校科技》2020 年第 7 期。

所资源相对丰富的优势，推行"带土移植"和"柔性引才"相结合的新型引才政策。同时，在国家层面，在院士评审、领军人才命名等方面给予地区性倾斜政策，鼓励更多高端人才扎根东北。

五　打造面向东北亚开放创新合作的窗口

沈大创新城市带南邻黄海、渤海，东与朝鲜一江之隔，与日本、韩国隔海相望，具有陆海联动的重要作用，是面向东北亚开发开放的核心区域。一是通过在沈大布局建设区域科技创新中心，在东北振兴上发挥更大作用，充分发挥东北地区唯一沿海省份和出海大道的优势。充分发挥大连的综合创新水平最高，是辽宁南部的中心城市、东北地区重要口岸和中国北方重要贸易港口优势，努力建设成东北亚国际航运中心，成为对外开放的窗口。二是发挥区位优势和对外合作优势，深度融入京津冀协同发展等国家区域发展战略，高质量参与"一带一路"建设，推进俄、朝、蒙主要口岸通道建设，以推动东北亚合作为重点，主动融入国际创新网络，以高水平开放合作推动创新发展。三是依托"哈大线"科创大走廊，使北部"中蒙俄经济走廊"、中部长吉图经济区（面向朝韩）和南部沿海经济带形成一体化整体发展格局，拓展面向东北亚各国的陆海通道，加大远东贸易通道建设力度和海上贸易开发力度，形成面向东北亚的开发发展新格局。

第十章　长江中游区城市群域创新体系：后来快速发展型

长江中游城市群，又称为"中三角"，包括湖北、湖南、江西三省。它是以武汉为核心形成的特大型国家级城市群，主要由武汉城市圈、环长株潭城市群和环鄱阳湖城市群组成。国家发展改革委员会于2022年发布了《长江中游城市群发展"十四五"实施方案》，提出了加快协同发展的重要任务。该地区对推动长江经济带发展、促进中部地区崛起以及巩固城镇化战略格局都具有关键意义，在我国经济社会发展格局中扮演着重要角色。提升长江中游城市群的科技创新能力对于推动经济发展、增强核心竞争力、实现产业升级和解决地方经济问题都具有重要意义。

第一节　城市群相关概念

中国的城市群概念存在规模等级的差异，这与西方巨型城市区域、巨型都市区、巨型区域概念较为接近。[①] 城市群具有显著的地理临近性与紧凑性，相互之间具有发达的基础设施网络及专业化的经济分工与合作联系。城市群具有地理与经济双重属性，具备地域性、群聚性、中心性、联系性等基本特征。[②] 从城市群的特征分析，可以将城市群细分为

---

① 陈伟、修春亮：《新时期城市群理论内涵的再认知》，《地理科学进展》2021年第5期。
② 戴宾：《城市群及其相关概念辨析》，《财经科学》2004年第6期。

以两三个城市为核心的都市圈，其空间结构呈现为点式；以交通干线为轴线、城市为节点构成的城市带，空间结构呈现为带状；由一组规模相近、各城市之间相互作用所构成的多中心城市群，空间结构呈组团式、块状分布。

长江中游经济区于1991年国家计委研究报告中首次提出，其范围包括湖南、湖北、江西、安徽四省，长江中游经济区发展战略意在推动区域经济发展与产业升级，提升区域综合竞争能力。2003年在湖北省科学院研究中，将"长江中游经济区"范围限定为湖北、湖南、江西三省，并提出鄂东城市群（武汉都市圈）、湘东北城市群（环长株潭城市群）、赣北城市群（环鄱阳湖城市群），由此构建"中三角"长江中游

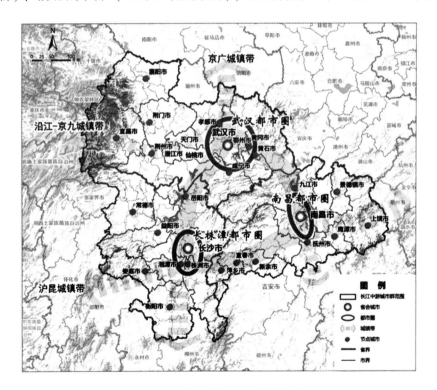

图10-1 长江中游区城市群区位

城市群。① 长江中游城市群从地理邻近、基础设施、产业、市场一体化建设等考量，可以将其分为武汉都市圈、长株潭都市圈、大南昌都市群（如图 10 - 1）。

第二节　长江中游城市群现状

一　武汉都市圈

武汉都市圈于 2002 年 6 月成立，由武汉以及以武汉为中心的鄂州、天门、黄石、黄冈、咸宁等 9 个城市组成。2015 年，武汉都市圈成为首个科技金融改革创新试验区，此后不断丰富创新资源，提升高新产业发展动力，并建立了绿色发展模式。截至 2020 年，武汉都市圈建立了武汉、黄石、东西湖三个国家级经济技术开发区，拥有 564 个省级以上工程技术研究中心、238 家省级以上众创空间、181 个省级重点实验室等创新载体。②

李春香研究武汉全域协调发展指出，武汉与其他都市圈城市相比，在外向型产业方面存在明显差异，但具有良好的互补性。武汉在第三产业方面，尤其是金融、教育、交通仓储邮政等领域具备一定的基础优势。对于第二产业中的制造业，特别是高端制造业，需要进一步加强其对外辐射的能力。而都市圈在经济、科技、服务和环境等方面的协调发展水平不够均衡，尤其是在科技领域，协调发展水平明显偏低。③

武汉都市圈包括大量优质的资源和先进的制造业，形成"光芯屏端网"、汽车制造、生物医疗等优势产业集群。其中武汉是国家中心城市和高新技术产业基地，圈内集聚了大量高校和科研机构，如华中科技大学、武汉大学等，在新能源、生物医药、新材料等领域有着重要的研究

---

① 秦尊文：《长江中游经济区的建立与发展》，《江汉论坛》2003 年第 12 期。
② 张瑞、文兰娇、王宁柯、牟珊珊：《科技创新对城市土地绿色利用效率的影响——以武汉都市圈 48 个区县为例》，《资源科学》2023 年第 2 期。
③ 李春香：《城市流视角下武汉都市圈中心城市建设与圈域协调发展研究》，《湖北社会科学》2022 年第 10 期。

和产业基础，重点发展的领域集中于半导体、新能源、航空航天基地建设的产业集群（参见表 10-1）。

表 10-1　　　　　　　　　　武汉都市圈重点发展领域

产业集群	重点发展领域
电子信息产业集群	光芯屏端网全产业链
轨道交通装备产业集群	城市轨道交通装备和零部件制造
汽车产业集群	新能源、5G 车路协同自动驾驶汽车
航空航天产业集群	航天产业基地建设
生物医药产业集群	加快发展现代生物医药产业
新材料产业集群	先进半导体、特钢、无机非金属等新材料

二　长株潭都市圈

长株潭都市圈是湖南省的核心增长极，由长沙市、株洲市和湘潭市组成。该都市圈总面积为 8623.34 平方千米，人口达 1652.24 万人（2020 年）。它已基本形成了 1 小时通勤圈的城镇空间形态①。长株潭城市群在科研机构、"双创"平台和高新企业等创新发展方面具有明显的集聚效应。据 2021 年湖南省统计年鉴数据显示，全省 70% 的创新成果是由长株潭城市群所创造，得益于长株潭城市群在科研机构、高校和企业等方面的协同发展。②

卢召艳等分析长株潭城市群创新能力，区域内部高新技术企业分布不均匀，核心区域边缘区的联动发展有待加强，科技创新与科技应用呈现南北两带城市群的聚集。③

---

① 李欣、王志远、刘丹丹等：《生态安全格局约束下长株潭都市圈建设用地演变模拟与管控》，《环境工程技术学报》2023 年第 1 期。
② 宁启蒙、胡广云、汤放华等：《科技创新与新型城镇化相关性的实证分析——以长株潭城市群为例》，《经济地理》2022 年第 8 期。
③ 卢召艳、黎红梅、魏晓等：《城市群核心区域科技创新潜力评价及影响因素——以长株潭城市群核心区为例》，《经济地理》2022 年第 4 期。

长株潭三市高新区是高新技术企业主要聚集的地区，形成了工程机械、轨道交通和中小型航空发动机等产业群。汽车制造企业主要分布在湘潭经开区和长沙经开区；装备制造企业主要分布在长沙经开区、长沙高新区、湘潭经开区和湘潭高新区；轨道交通企业主要聚集在株洲轨道交通城，代表性企业有中车株机、中车时代电气、中车株洲所等；新材料企业主要分布在长沙高新区和株洲高新区；电子信息企业主要分布在长沙经开区、长沙高新区和湘潭经开区；航空动力企业主要聚集在株洲高新区。

长株潭还形成了两大科技创新潜力发展轴，一是北部创新发展轴，依托渝长厦高铁和长张高速公路，以长沙高新技术产业开发区、长沙经济技术开发区和望城经济技术开发区作为空间支撑，重点发展高端装备制造、新一代电子信息、轻工食品和高端现代服务业等产业，带动湘西北地区的发展。二是南部创新发展轴，依托沪昆高铁，以湘潭高新技术产业开发区、湘潭经济技术开发区和株洲经济技术开发区作为空间支撑，重点发展海工装备、新能源装备、新材料、轨道交通和航空航天等产业，带动湘中及湘西地区的发展。

长沙市是湖南省的省会和经济中心，拥有湖南大学、中南大学等高校和科研机构。该省在信息技术、新材料、生物医药等领域有着较高的科研水平和产业规模（参见表 10 – 2）。

表 10 – 2　　　　　　　　　**长株潭都市圈重点发展领域**

产业集群	重点发展领域
电子信息产业集群	自主可控操作系统、高端服务器、5G 射频器材、通信模块等
工程机械产业集群	大型、超大型工程机械产品竞争力提升，积极发展特种工程机械
轨道交通装备产业集群	新一代轨道交通整车及控制系统、关键部件研发产业化及虚轨列车
汽车产业集群	燃油汽车产能电动化智能化转型
航空航天产业集群	航空发动机产业和通用航空产业
新材料产业集群	金属、化工、先进硬质、先进储能等新材料

三 大南昌都市圈

2016 年 8 月，江西省提出了南昌大都市区的构想，并于 2019 年将其升级为大南昌都市圈，首次将九江全境纳入其中。大南昌都市圈以南昌市为核心，包括九江市、景德镇市、萍乡市等周边地区。该都市圈集聚了江西省五分之三的科研机构和三分之二的普通高校，拥有全省 70%以上的科研工作者，同时拥有 20 多个国家级和 200 多个省级重点实验室、工程（技术）研究中心、企业技术中心，以及超过全省一半的创新创业平台。大南昌都市圈的创新资源主要聚集在几个核心区域，包括红谷滩区（金融商务区）、赣江新区（科技、人才、教育区）以及抚州市（国家知识产权试点城市）。这些区域提供了良好的创新环境和支持，吸引了众多创新人才和科研机构的聚集。

在大南昌都市圈内，涵盖了多个高新技术开发区和产业园区，例如南昌高新技术产业开发区、南昌国家高新技术产业开发区、九江经济技术开发区等。这些地区吸引了众多高新技术企业和科研机构的入驻，从而促进了科技创新的聚集效应。大南昌都市圈在电子信息领域具有一定的优势。南昌市是江西省电子信息产业的中心，九江市也是国家级新型显示产业基地。该区域在集成电路、软件开发、通信设备等方面进行了一系列的科技创新。此外江西有色金属、航空及装备制造、新能源、新材料等产业优势突出，已成为国家重要的先进制造业基地。

然而，大南昌都市圈对全省的引领带动作用方面存在一些不足。目前，该地的产业结构仍以传统产业为主，并且新兴产业的培育处于初始阶段。科技创新能力相对较弱，企业的研发投入程度不高，高水平的创新平台、科研机构和高新技术企业相对较少。截至 2021 年，江西省仅有31 家国家级企业技术中心。此外，区域内产业同质化竞争比较严重，市场分割问题也较为突出。与周边省会城市的都市圈相比，大南昌都市圈的经济社会发展水平明显较低，容易受到资源、要素、人才和市场等方面的虹吸效应影响。同时，长三角一体化、粤港澳大湾区建设已成为国家战略，国家重点支持海西经济区和福建21世纪海上丝绸之路核心区、福建自贸区等建设，同时支持武汉建设国家中心城市，这些因素都可能使得大南昌都市圈处于国家战略的边缘地位。

为此，江西省人民政府提出了大南昌都市圈的发展规划。该规划将开发区和新城新区确定为重点发展平台，南昌市和赣江新区将着重培育智能装备、电子信息、航空装备、有色金属等产业。九江市和抚州市则分别致力于建设先进制造业基地和生物医药、汽车及零配件等先进产业集群。这一规划旨在推动大南昌都市圈的产业转型升级和创新发展（参见表10-3）。

表10-3 南昌都市圈重点发展领域

产业集群	重点发展领域
电子信息产业集群	智能终端、光电显示、半导体照明、数字视听等
汽车产业集群	特种车和新能源汽车并重
航空航天产业集群	大飞机机身和核心零部件研发制造
生物医药产业集群	打造全国中医药产业重要基地
新材料产业集群	有色金属新材料

第三节 长江中游城市群对比与联系

一 三省经济社会发展的纵向对比

从2012年与2022年国民经济数据角度分析，湖北、湖南、江西三省地区生产总值提升137.57%，人均地区生产总值提升135.75%，相较于全国分别高出12.87%、19.41%，三省增速高于全国水平；三省2012年与2022年生产总值占全国比重分别为10.51%、11.11%；湖北地区生产总值在三省生产总值中的占比稳定于39.9%，领先湖南与江西（参见表10-4）。

从2012年与2022年产业结构角度分析，2012年湖北、湖南、江西三省产业高级化水平均低于全国平均水平，2022年湖北、湖南产业结构高于三省平均水平，与全国水平较为接近，体现出三省在此期间，产业结构有较好调整，但发展水平不一，仍然有较大优化空间（参见表10-5）。

表 10 – 4 长江中游三省国民经济数据对比

区域	地区生产总值（亿元）		年末常住人口（万人）		人均地区生产总值（元/人）	
	2012 年	2022 年	2012 年	2022 年	2012 年	2022 年
湖北	22590.90	53734.90	5781	5844	39077.84	91948.84
湖南	21207.20	48670.40	6590	6604	32180.88	73698.36
江西	12807.70	32074.70	4475	4528	28620.56	70836.35
三省	56605.80	134480.00	16846	16976	33601.92	79217.72
全国	538580.00	1210207.20	135922	141175	39624.20	85723.90

表 10 – 5 长江中游三省产业结构对比

区域	产业结构 2012 年			产业结构 2022 年		
	第二产业增加值（亿元）	第三产业增加值（亿元）	产业高级化	第二产业增加值（亿元）	第三产业增加值（亿元）	产业高级化
湖北	11152.60	8763.50	0.79	21240.60	27507.60	1.30
湖南	9926.70	8712.70	0.88	19182.60	24885.10	1.30
江西	6893.30	4475.20	0.65	14359.60	15263.70	1.06
三省	27972.60	21951.40	0.78	54782.80	67656.40	1.23
全国	244639.10	244856.20	1.00	483164.50	638697.60	1.32

二 科教实力与创新能力的横向比较

截至 2021 年，三省高校数量、教育经费、规模以上企业科技创新资源投入有所差异，其中学校数量方面湖北居于首位，教育经费方面湖南投入在三省中最大。规模以上企业的 R&D 经费、项目数量，湖南具备优势，湖北在研发人员全时当量方面高于湖南，江西省规模以上企业 R&D 人员投入、经费投入相较湖北与湖南差距较大，表现出三省的科技创新资源投入不平衡明显，存在有较大差异性（参见表 10 – 6）。

表 10 – 6 2021 年长江中游三省科技创新投入对比

地区	普通高等学校数（所）	普通高等学校在校学生数（万人）	教育经费（万元）	规模以上工业企业 R&D 人员全时当量（人年）	规模以上工业企业 R&D 经费（万元）	规模以上工业企业 R&D 项目数（项）
江西	106	134.87	15772884	97497	3978466	24316
湖北	130	169.97	16783125	147504	7235941	22613

地区	普通高等学校数（所）	普通高等学校在校学生数（万人）	教育经费（万元）	规模以上工业企业 R&D 人员全时当量（人年）	规模以上工业企业 R&D 经费（万元）	规模以上工业企业 R&D 项目数（项）
湖南	128	159.61	18852587	143908	7661149	35517
合计	364	464.45	51408596	388909	18875556	82446

科技创新产出方面，湖北省优势明显，专利受理数量与授权数量均处于三省前列，技术市场成交额更是江西省的 5 倍以上，三省科技创新产出也呈现较大差异性（参见表 10－7）。提升三省科技创新能力协同，是缩小三省之间差异、促进长江中游区域科技创新能力的关键。

表 10－7　　　　2021 年长江中游三省科技创新产出对比

地区	国内专利申请受理量（项）	国内专利申请授权量（项）	技术市场成交额（亿元）
江西	100930	97372	409.38
湖北	175312	155169	2090.78
湖南	114167	98936	1261.26

三　五大经济区科技创新数据的比较分析

对比分析 2021 年中国五大经济区科技创新能力数据，长江中游高等院校数量、在校学生数量均具有优势；然而在高级人才的占有率方面，虽低于津京冀、长三角，但领先于粤港澳与川渝地区，R&D 经费投入低于京津冀、长三角、粤港澳地域，这形成长江中游城市群科技创新能力的现状：科技创新具有较大的发展基础，但高端人才聚集、资源投入存在短板。相关研究表明，长江中游城市群科技型企业创新产出更多受制于研发人才的投入①（参见表 10－8）。基于区位环境分析，长江中游城市群相较于川渝地区与长三角地区，具有人口、资源比较优势，拥有较

---

① 郑艳婷、李智贤、张可云：《经济追赶、创新水平与经济可持续发展——基于长江中游和成渝城市群的比较分析》，《学术研究》2022 年第 11 期。

强生态承载能力，可持续发展能力强。同时，由于长江中游城市群处于内陆地区，对外经济贸易合作存在短板，除加强与各大经济区传统经济合作，大力发展数字产业是补足区位短板的重要举措。

表 10 – 8　　　　　　2021 年五大经济区科教创新数据对比

区域	高等院校数		普通高等学校在校生数		拥有院士数		R&D 经费		专利授权数	
	个	占比（%）	万人	占比（%）	位	占比（%）	亿元	占比（%）	万件	占比（%）
京津冀	272	9.86	288	8.25	565	30.86	3949.10	14.17	41.69	9.06
长三角	462	16.75	538	15.37	262	14.31	8422.20	30.23	143.83	31.26
粤港澳	195	7.07	254	7.26	31	1.69	4002.20	14.36	87.22	18.96
川渝地区	203	7.36	292	8.36	36	1.97	1818.30	6.53	22.31	4.85
长江中游	350	12.69	464	13.29	96	5.24	2691.30	9.66	35.09	7.63

数据来源：秦尊文、田野、聂夏清：《再论长江中游经济区的建立与发展》，《企业经济》2023 年第 4 期。

第四节　提升长江中游城市群区域
创新能力的路径

一　结合资源禀赋，优化产业结构

湖北、湖南、江西三省产业结构差异较大，根据区域的资源禀赋、市场需求和技术条件等，考虑到区域特色和优势产业，确定重点发展的产业方向和目标；同时大力发展战略性新兴产业，根据区域的优势和未来发展趋势，积极培育和发展战略新兴产业；通过引导产业集聚、推动产业链协同发展等方式，促进不同产业之间的合作与互动；充分发挥湘江新区、赣江新区及武汉东湖等国家级高新技术产业开发区、经济技术开发区、新型工业化产业示范基地引领作用，优化产业链区域布局，加快建设若干先进制造业集群。

二 加强都市圈合作，构建科技创新共同体

鉴于三省科技创新资源投入不平衡的问题，依托"三区"（武汉东湖、长株潭和鄱阳湖国家级自主创新示范区）建设，加强创新资源整合，努力在关键共性技术和产业链供应链安全等重点领域取得突破，并形成协同创新示范。同时将整合区域创新资源，鼓励科技基础设施和大型科研仪器设备的开放共享，推动"三走廊"（光谷科技创新大走廊、湘江西岸科技创新走廊和赣江两岸科创大走廊）之间的合作对接。在光通信、集成电路、装备制造和生物育种等关键领域，建立一批协同创新合作平台，联合攻关关键核心技术。通过加强创新政策的协同，建设区域技术交易市场合作平台，完善知识产权快速协同保护机制，支持有条件地区打造国家科技成果转移转化示范区（参见表10-9）。

表10-9　　科技基础设施、重点实验室、科创平台建设内容

名称	重点内容
重大科技基础设施	脉冲强磁场实验装置优化提升项目、国家作物表型组学研究设施、深部岩土工程扰动模拟设施预研建设
重点实验室	湖北：光谷、珞珈、江夏等实验室建设；湖南：医疗大数据应用技术、机器人视觉感知与控制技术、高分子复杂结构增材制造等方向重点实验室；江西：轨道交通基础设施性能监测与保障、稀土科技与材料、航空应急救援等方向重点实验室
重大科技创新平台	武汉：国家先进存储产业创新中心、国家信息光电子创新中心、国家数字化设计与制造创新中心；湖南：国家先进轨道交通装备创新中心、岳麓山种业创新中心、岳麓山（工业）创新中心；江西：磁约束聚变与材料改性实验平台、南昌大学国际材料创新研究院平台

三 加强城市群互动，补足区域短板

积极吸引来自长三角和粤港澳大湾区等地区的资金、技术和劳动密集型产业。通过引进这些资源，可以完善和加强产业链，提高整个区域的经济实力。通过探索创新的产业转移合作模式，支持"一区多园"和

"飞地经济"的发展，即在城市群内创造更多的产业园区和特殊经济区，以吸引更多的企业和投资。同时，在信息对接、权益分享等方面完善相关制度和政策体系，为企业提供良好的投资环境和政策支持，不断提升长江中游城市群区域内核心城市的综合实力。例如，武汉、长沙、南昌等城市可以加大基础设施建设和城市更新力度，提升城市的软实力和硬实力。这样，这些核心城市将能够更好地辐射和带动周边地区的发展，推动整个都市圈的发展水平不断提升。

第十一章 黄河中下游区域创新体系：
传统文化导向型

黄河中游包括山西和陕西（本部分不再分析内蒙古），黄河下游包括河南和山东，黄河中下游四省相对都属于农业大省、文化大省和人口大省，发展相对独立，但是又有一些共同点。黄河上游注重保护生态与涵养水源，黄河中下游工业产业基础相对扎实，是黄河流域产业发展的任务与重心。该地区着力发展重点产业部门，促使各省份之间产生"补链式""延链式""强链式"产业协作，从而促进联系紧密的主导产业垂直分工布局，创建强根植性循环产业链，构建配套体系促进核心与外围省份协作，成为促进黄河中下游创新的重要动力。

黄河中下游一体化进程随着黄河流域生态保护和高质量发展上升为重大国家战略而进入新阶段。受到东西差异大与资源禀赋等因素的影响，造成在经济增长、技术进步和产业结构方面，黄河中下游各省具有较大的异质性，而各省间的不平衡现象和技术、经济分割状态给黄河中下游的高质量发展带来了严峻挑战。目前，针对黄河中下游的资源要素和技术基础薄弱，地区间的研发投入和创新能力悬殊，以及发展不平衡不协调等问题，应从区域创新发展一体化的角度出发，通过制定相关政策，从整体上推进黄河中下游地区实现高质量发展。因此，本章基于各省的发展现状，分析各省出现的创新发展问题、取得的成果以及创新空间布局等多个维度，对黄河中下游地区各省份的创新发展现状进行分别探讨，深入挖掘各省份存在的问题，为进一步提出推动黄河中下游协同一体化发展的路径建议奠定基础，从而实现黄河中下游高质量发展的现实需要。

第一节　山东省创新发展情况

一　创新驱动发展成效

截至 2020 年，全省高新技术产业产值占规模以上工业总产值的比重达到 45.1%，比 2015 年提高 12.6 个百分点；全省高新技术企业突破 1.46 万家，是 2015 年的 3.75 倍。区域创新能力位居全国第 6 位，青岛、济南跻身全国创新型城市第 10 位和第 14 位。全省科技创新呈现由"量"到"质"、由"形"到"势"的根本性转变。

一是科技发展环境不断优化。山东高度重视科技创新工作，把科技创新作为推动山东高质量发展的重要支撑，进入新发展阶段，更是把科技创新摆到了前所未有的高度。出台关于深化科技改革攻坚若干措施，加快建设高水平创新型省份；整合省直部门科技资金，自 2020 年起每年设立不少于 120 亿元的科技创新发展资金，是 2015 年的 6.8 倍，集中财力支持重大科技创新；强化放权、减负、激励，全面激发各类创新主体内在动力；加快实行以增加知识价值为导向的分配政策，开展经费使用"包干制"试点，赋予科技领军人才更大的人财物自主权和经费使用权；简化财政科研项目预算编制，关键节点实行"里程碑"式管理，大力开展清理"四唯"专项行动，真正为科研人员松绑减负；开展省属院所法人治理结构建设，让科研院所焕发创新活力。

二是科技支撑经济社会高质量发展能力显著增强。"十三五"以来，基础研究投入力度持续加大，基础研究经费增长近一倍，目前省自然科学基金规模已突破 5.05 亿元。在人工智能、新一代信息技术、生物技术、新材料、新能源等领域取得一批重大成果，储备了一批具有产业发展引领作用的前瞻性原创技术，海洋、农业等领域科技创新能力达到全国领先。聚焦"十强"产业，组织实施重大科技创新工程项目近 1000

项，取得一批重大科技创新成果。2016 年以来，山东省 143 个项目获国家科技奖，其中山东省单位或个人牵头 51 项，国家自然科学二等奖 4 项、国家科技进步一等奖 2 项。

三是战略科技力量不断强化。重点打造了以山东产业技术研究院为示范样板，30 家省级创新创业共同体为支撑，300 家省级备案新型研发机构为补充的"1 + 30 + N"的创新创业共同体体系。以中科院海洋大科学研究中心、中国工程科技发展战略山东研究院、中科院济南科创城为代表的国家战略创新力量落户山东。全省建有青岛海洋科学与技术试点国家实验室 1 个，国家重点实验室 21 个，省实验室（筹）5 个，省重点实验室 239 个，国家级技术创新中心数量位居全国前列。在省级层面，目前已在生物合成、高端医疗器械、碳纤维等领域布局建设了 65 家省级技术创新中心，有力提高了"十强"产业集群的核心竞争力。

四是科技强企方阵初具规模。大力实施科技型中小企业培育工程，构建科技型企业全生命周期梯次培育体系。截至目前，全省拥有省级以上科技企业孵化器 225 家，省级以上众创空间 419 家，其中，国家级科技企业孵化器 98 家，国家级众创空间 242 家，分别居全国第三位、第二位，全省科技企业孵化器、众创空间在孵企业超过 2.5 万家，为培育高新技术企业提供源头力量。对科技型企业给予研发投入补助、研发费用加计扣除、中小微企业升级高新技术企业补助、"创新券"补贴等政策，有效降低企业创新成本。2020 年科技型中小企业入库数量达到 18203 家，居全国第三位。大力实施高新技术企业培育工程，"十三五"以来，我省高新技术企业数量实现大幅增长，年均增幅达到 30%。

五是创新人才高地加快隆起。深入实施"人才兴鲁"战略，出台加强集聚院士智力资源 10 条措施、外国人来鲁工作便利化服务 10 条措施、促进自贸区海外人才流动便利化措施等改革政策，为人才发展营造良好环境；强化青年科技人才培养，对不超过 35 岁、全球前 200 名高校或自然指数前 100 位科研机构的博士来鲁就业创业的，直接给予省青年自然科学基金项目支持；连续两年举办山东省创新驱动发展院士恳谈会，设立山东院士专家联合会。截至目前，共有驻鲁"两院"院士和海外学术机构院士 98 人，国家杰出青年科学基金获得者 118 人，长期在鲁工作的外国人才约 1.5 万人。

二 支持济南、青岛建设具有区域影响力的科技创新中心

（一）目标定位

在世界科学前沿领域取得新突破、实现新兴产业技术创新，打造全球科技创新要素的汇聚地，紧抓新旧动能转换综合试验区建设的契机，打造山东陆海枢纽中心、黄河下游生态保护和高质量发展样板区。

（二）主要举措

以济南、青岛为核心，以济青科技创新大走廊为主轴，内连山东半岛城市群，外接中原城市群等沿黄城市群，打造黄河中下游城市群协同创新共同体。一是在世界科学前沿领域取得新突破。布局实施大科学装置，建设中科院济南科创城和齐鲁科创大走廊，培育建设国家实验室和国家综合性科学中心，实施重大科技创新攻关，突破产业关键核心技术，着力在做优做强做大"十强"产业上实现新突破。二是实现新兴产业技术创新突破。推动传统产业智能化改造升级，建设山东半岛工业互联网示范区，打造世界工业互联网之都。发挥青岛海洋科技资源和优势，全力打造陆海航运枢纽中心，实现海洋科技产业聚集区。建设上合组织地方经贸合作示范区、山东丝绸之路高科技园区联盟，打造科技对外开放新高地。三是打造制造业全球科技创新汇聚地。济南和青岛是全国仅有15 个副省级市中的两个，拥有普通高校 78 所，中央级科研院所 17 家，对标世界科研水平，新成立山东产业技术研究院、山东高等技术研究院、山东能源研究院，汇聚全球科技创新要素。建有吸气式发动机热物理试验装置、海洋生态系统智能模拟试验装置等多个重大科技基础设施，以及国家高速列车技术创新中心等近 30 家国家级科技创新基地，高速列车、服务器、海洋等产业在全国占据重要地位，是山东半岛新旧动能转换的引领者。四是打造新旧动能转换综合试验区。2018 年 1 月山东新旧

动能转换综合试验区获批建设，是全国首个，也是唯一一个以新旧动能转换为主题的区域发展战略，重点建设城市是济南和青岛。坚持腾笼换鸟、凤凰涅槃、浴火重生，加快转变经济发展方式，成为推动高质量发展的战略支点、提高经济创新力的重大平台、赢得区域竞争优势的强力抓手、实现产业转型升级的关键之举。五是构建黄河下游生态保护与高质量发展高地。增强济南作为山东半岛乃至黄河流域中心城市的发展能级和龙头地位，构建黄河流域协同创新共同体，打造具有全球影响力的创新网络节点。突出山东北接京津冀、南联长三角，处在"一带一路"十字交汇点上的区位优势，增强辐射带动力，引领黄河中下游城市群协同发展，推动黄河中下游城市群主动对接长三角城市群、京津冀城市群等区域发展战略。构建沿横向黄河流域上下游、纵向东部沿海的纵横相连网络，促进"一带一路"创新互动，推动解决"东西差距""南北差距"问题，加快黄河流域生态保护和高质量发展。

第二节　山西省创新发展情况

我国已进入高质量发展阶段，中部崛起、京津冀协同发展等区域重大战略扎实推进，为山西加速融入京津冀，大规模承接京津冀科技资源溢出和产业转移提供了重要战略机遇。特别是雄安新区规划建设的总部经济与高新技术研发创新基地，将带动相关生产制造与配套环节落地山西，加速山西融入中高端产业链协作分工，为战略性新兴产业开展跨区域合作提供空间。山西步入转变发展方式、优化经济结构、转换增长动力的窗口期、关键期。省第十二次党代会提出，为集聚高质量发展新动能，将重点建设太忻一体化经济区，加快打造山西中部城市群发展的北引擎，与山西转型综改示范区南引擎南北呼应。太忻一体化经济区的建设为太原指明了全方位推动高质量发展的路径，也为太原"率先实现转型出雏形"提供了绝佳机遇。

一　面临的挑战

一是复杂多变的国内外形势使得太原制造业发展面临诸多不确定性。从国际看，当今世界正发生复杂深刻变化，全球经济放缓，贸易保护主义、单边主义等逆全球化思潮有所蔓延，加之罕见疫情冲击，全球创新链、产业链、供应链面临断裂风险。从国内看，由于我国关键零部件普遍依赖进口，导致产业供应链安全风险加剧。突破关键核心技术、实现高水平科技自立自强比以往任何时候都更为重要、更为迫切。山西亟须增强科技创新能力，攻克山西产业发展重大关键领域核心技术的"卡脖子"难题。

二是区域科技竞争日益激烈，太原将面临不创新必退的严峻局面。当前我国经济已转向高质量发展阶段，各区域间必将围绕产业发展、技术创新、人才集聚等多个维度展开全面竞争，抢占科技创新制高点。东部沿海发达地区创新能力遥遥领先于内陆欠发达地区，区域创新发展的"马太效应"不断强化。作为中部六省中的后发省份，山西发展不充分、不平衡、不协调问题突出，需要在激烈的区域竞争中培育后发优势，缩小与领先地区的差距。

三是太原自身经济实力和科技创新能力均存在诸多短板和不足。"一煤独大"的产业格局尚未发生根本改变，经济增长新动能还未真正形成。具有核心竞争力的科技领军企业较少、高能级创新平台和载体有限，对产业高质量发展的支撑引领作用有限。一流创新生态还未形成，科技成果转化体制机制障碍仍存在，科技创新服务水平亟待进一步提高，科技人才总量不足、结构不优，尤其是科技创新领军人才、高端人才匮乏。

加快打造太—忻科创共同体，使太原片区成为太忻一体化经济区创新主引擎、国家（中部）战略科技力量培育基地、国家先进制造业创新高地和京津冀与山西中部城市群创新合作引领区。

二 战略定位

（一）太忻一体化经济区创新主引擎。加快聚焦高端创新资源，吸引京津冀及国内外高水平大学和科研机构、高端科研成果、高层次人才，鼓励开展重大前沿技术和产业技术研究，打造创新活动产生与组织的策源地、科技创新资源集合与配置的集聚地，形成对太忻一体化经济区及山西省中部城市群创新发展的引领带动作用。

（二）国家（中部）战略科技力量培育基地。强化全球科技创新资源配置功能，积极创建全国和省级重点实验室、技术创新中心等重大科技创新平台与基础设施，支持更多国内外高校院所、创新型企业在太原片区设立分子机构、研发中心和成果转化基地，在新材料、新一代信息技术、现代农业、清洁能源、高端装备制造等领域推动形成一批产业技术集群，解决一批"卡脖子"问题，更好辐射带动区域创新发展。

（三）国家级先进制造业创新高地。以中北高新区、阳曲产业园区、杏花岭和万柏林等产业创新带等为重点，强化关键核心技术联合攻关，推动人工智能、软件和信息服务、生物新材料、清洁能源、高端装备制造等创新型产业集群建设，促进产业延链、强链、补链，积极畅通"科—技—产"到"产—技—科"的双回路，合力打造国家级先进制造业创新高地。

（四）京津冀与山西中部城市群创新合作引领区。在构建国内国际"双循环"新发展格局下，充分发挥太原作为山西省会城市的示范带动作用，加强同京津冀和雄安新区及中部地区等在科技创新与产业技术领域的对接与合作，集聚高端创新资源，探索在跨区域科技资源配置、研发组织、成果转化、人才管理等方面为全国提供一批可推广可复制的成功经验与典型模式，着力打造具有全国影响力的开放创新合作引领区与跨区域协同创新创业示范区。

三 建设京津冀与山西中部城市群创新合作引领区

紧紧依靠京津"双核"，深化晋冀分工，打造京津冀重要保障基地和联动发展战略腹地，建设高端科技成果转化基地、产业转移聚集区，实现京津冀晋协同联动发展。

（一）建立"太忻—京津冀"创新合作机制

培育形成太原良好创新生态环境，对接京津冀协同创新网络。基于"京津雄创新三角"辐射带动更大区域，发挥太原在土地、交通、政策等方面优势，促进北京创新成果在区域内充分扩散，打造结合合理、梯度分布、分工协作的创新网络体系。借力国家"东数西算"发展战略，立足"双碳"重点任务，依托山西电力能源优势，争取在太原设立中西部算力中心、国家大数据（分）中心，加强与东部数字产业联系，把太忻地区打造成为山西"北京科技副中心"的核心载体。依托"双轴"建立太忻—雄安创新带。配合雄忻高铁通车后，形成最为便捷第三条进京高铁通道，与G108公路构成"双轴"，前瞻性布局雄忻高铁创新带。深度参与雄安新区建设，做好晋电、晋材和特色优质农产品保障供应，深化在城市建设、科技创新、生态保护等领域与河北省的交流合作，实现近邻的山西与河北合作，实现 $1 + 1 > 2$，共筑承接京津创新成果能力不足的短板，尽量将京津创新成果保留在京津冀晋周边地区。

（二）打造一批京津冀先进科技成果转化基地

通过提高太原创新生态环境，建设一批先进科技成果转化基地，承接北京创新成果溢出，建立在太原孵化、忻州推广机制。征集京津高校科技成果，向企业发布，通过精准服务，促进高校科技成果在太原落地转化，推动太原产业转型升级和高质量发展。围绕太忻一体化经济区建设产业需求、国家可持续发展议程创新示范区建设重大问题，征集一批制约产业发展的"卡脖子"关键核心技术难题，面向京津高校科研团队进行揭榜攻关，不断提升产业基础能力和企业技术创新能力。聚焦太忻一体化经济区建设，围绕7大产业集群延链、补链、强链，打造线上与线下相结合的专业化科技成果转化服务平台，精准服务科技成果落地转化。

立足太原市优势产业，做优做强山西省—北京大学科技创新基地等新型科技创新平台，争取国家布局建设太原信创国家技术创新中心、碳纤维及其复合材料国家技术创新中心，引领产业进入全国价值链中高端，形成具有核心竞争力的产业集群。以布局高端创新平台、突破"卡脖子"技术为抓手，培育发展未来产业。聚焦半导体、量子信息、人工智能、集成电路生命健康等"卡脖子"技术背后的核心科学问题，鼓励企业、高等院校和科研机构以创新平台为承载，研发颠覆性新技术，推动基础研究成果走向应用，打造全省未来产业策源地。加强科研条件建设、支持科技研发和科技成果转化、激发新型研发机构创新活力、营造新型研发机构良好环境，支持企事业单位与京津高校建设新型研发机构，进一步集聚高校高端创新资源。继续扩大科技创新券使用范围，汇聚京津高校创新资源服务太原市科技型中小企业。

（三）建设承接京津冀产业转移集聚区

坚持差异化导向，重点弥补河北承接京津产业转移中的不足，成为京津创新发展新腹地。联合京津冀高新区在太原共建"伙伴园区"。鼓励各组团加强与京津高新技术产业园区、企业总部和科研院所创新合作，采取一区多园、总部—孵化基地、创新链合作等模式建设各类园区和产业基地。深化与京津重点高校、大院大所等对接合作，支持各组团采取"政府建孵化器，企业对接转化"模式。提升太原中北高新区等开发区产业承载能力，采取共建、托管、飞地等模式，在北京设立一批"科创飞地"。支持高新技术企业和科技型中小企业联合京津高校院所设立一批"合作研发中心"，并建立长期稳定技术合作关系，形成"京津研发、太忻转化"新模式。鼓励京津冀开发区或产业园在区域内设立分园，强化资本、技术、人才、品牌、管理等核心要素配套转移，鼓励京津冀金融服务、信息服务等生产性服务企业在区域内设立山西总部。

（四）联合京津开展科技人才交流与合作

坚持引育并举、刚柔结合、以用为本，创新人才机制，优化人才环境，提升人才服务水平，让各类人才各安其位、各得其所、各展所长、各尽其才。积极推行"候鸟式"聘任、"双休日"专家、互联网咨询等灵活用才方式，鼓励支持科研人员兼职创新、在职或离岗创办企业，担任创新一线研发团队负责人，推动更多创新人才带专利、带项目、带团队创业。实施人才创新活力激发工程，培育本土青年科技人才，分类支持高校、科研院所和科技企业的青年科技人才，支持在基础研究、应用基础研究、产品开发和产业化应用等方面潜心研究、自由探索，培养一批有望进入世界科技前沿的科技领军人才、优秀学术骨干、企业技术带头人。建设新型研发机构，集聚高精尖人才。出台激励政策，面向战略性新兴产业，建设发展一批新型研发机构，引进培养院士、杰青等各类高精尖人才，为经济社会高质量发展提供坚强的智力支撑。

（五）强化技术与资本结合

坚持互惠合作，开放发展，服务内陆开放新高地建设。坚持"引进来"与"走出去"并重，扩大金融业双向开放，加强与北京金融合作，充分利用北京证券交易所服务创新中小企业强大优势，不断提升太原金融的影响力。实施金融支持科技创新工程，补上科技成果转化最大短板。通过贷款贴息、保费补贴、创业投资引导等方式，引导金融投资机构针对企业全生命周期融资需求，提供专利权质押、信用贷款、科技保险、创业投资等金融产品和服务。设立国家科技成果转化基金太原子基金，促进新技术产业化规模化应用。提升太原科技大市场科技成果转化公共服务能力，应用现代信息技术手段，集聚人才、技术、金融、法律、咨询等成果转化全要素资源，提升线上、线下服务功能，使科技创新成果走出实验室，实现落地转化。

第三节　河南省创新发展情况

一　发展意义

（一）开创中部地区崛起新局面

中部地区历史厚重、承东启西，产业门类齐全、生产要素密集、科教资源丰富、生态特色鲜明，在全国区域发展格局中占有举足轻重的战略地位。习近平总书记在推动中部地区崛起工作座谈会上强调，要不断增强中部地区综合实力和竞争力，奋力开创中部地区崛起新局面。作为中部地区经济总量第一大省、人口第一大省，河南应在中部地区加快崛起中彰显新担当、新作为。中原城市群是东西联动、南下北上的重要节点与通道，全国"四化同步"协调发展示范区、全国区域协调发展的战略支点、华夏历史文明传承创新区，区位优势显著，地理位置重要，在全国19个国家级城市群中规模最大、人口最密集。中原经济区和中原城市群发展关乎我国东、中、西部区域经济协调发展，战略意义十分重大。

（二）打造全球装备制造科技创新网络枢纽

习近平总书记在河南考察时指出，装备制造业是一个国家制造业的脊梁，目前我国装备制造业还有许多短板，要加大投入、加强研发、加快发展，努力占领世界制高点、掌控技术话语权，使我国成为现代装备制造业大国。河南装备制造业是全省第一大支柱产业，位居全国第一方阵，智能终端、新能源客车、盾构装备、超硬材料等主要产品产量位居全国前列。建立自主、安全、可控的产业链，必须建立东中西部相对接的产业网络和创新网络，河南是重要节点，应当率先挺起装备制造业脊梁。

（三）确保国家粮食战略安全

习近平总书记强调，河南粮食生产这个优势、这张王牌任何时候都不能丢。农业出路在现代化，农业现代化关键在科技进步。河南地处平原，农业发达，粮食作物丰富，储量丰富。2021年，河南全年粮食播种面积为全国第二，达到16158.46万亩，占全国的比重约为10%；粮食总产量1308.84亿斤占全国总量的十分之一，排名全国第二，连续5年超1300亿斤。其中，小麦种植面积、产量均居全国第一，小麦产量一直占全国的20%以上。河南是我国粮食大省，被称为中国大粮仓，担负着国家粮食安全重任。

（四）保障黄河流域生态保护和高质量发展

"黄河宁，天下平"，保护黄河是事关中华民族伟大复兴的千秋大计。河南是千年治黄的主战场、沿黄经济的集聚区、黄河文化的孕育地和黄河流域生态屏障的支撑带，在黄河流域生态保护和高质量发展全局中占据核心地位。

（五）提高内陆地区科技创新高水平对外开放水平

郑州是我国航空港经济综合实验区、中国（郑州）跨境电商综合试验区、国家自贸区等三区汇集地，是我国推进内陆地区实施高水平对外开放的战略要地。高标准高质量建设好"三区"，对于河南全面贯彻国家创新驱动发展战略、增强内陆地区改革开放新优势、引领内陆地区加快转型升级，构建内外并举、全域统筹、量质双高的高水平开放新格局，具有重要战略意义。

二　发展基础

河南素有"九州腹地、十省通衢"之誉，是全国重要的综合交通枢纽和人流、物流、信息流中心，是全国人口大省、经济大省、科教大省、农业大省。习近平总书记对河南高度重视、非常关心，先后四次亲临视察，发表重要讲话，作出重要指示，寄予河南在中部地区崛起中奋勇争先、谱写新时代中原更加出彩绚丽篇章的殷切期望。河南近年经济发展较快，经济总量稳居全国第5位、中西部省份首位，发展潜力巨大，正处于蓄势崛起、攻坚转型的关键阶段，发展活力和后劲不断增强，有基础、有优势、有能力建设国家区域科技创新中心。

（一）经济社会发展迅猛，区域创新格局显现

河南经济呈现逐季好转、稳定恢复态势。2021 年河南全省生产总值58887.41 亿元，同比增长 6.3%，经济总量继续保持全国第五位、中部首位。工业生产继续恢复，规模以上工业增加值同比增长 6.3%。服务业恢复较好，全年服务业增加同比增长 8.1%，成为拉动经济增长的主要力量。2021 年，郑州经济总量 12691.02 亿元，常住人口 1260 万，作为国家中心城市、特大城市、新一线城市，郑州发展进入高质量发展的"新赛道"。郑州"1+8"都市圈总面积 5.88 万平方公里，2020 年常住

人口 4671 万，生产总值 3.28 万亿，人均生产总值 7 万元，是中部地区和黄河流域最具经济活力和创新创业精神的区域之一。

郑开科创走廊加速建设，初步形成以郑州、洛阳、新乡 3 个国家创新型城市，郑州、洛阳、新乡、平顶山、焦作 5 个国家高新区为主要节点的沿黄科技创新带。当前河南先进制造业和现代服务业叠加发力，区位、物流、资本、金融、政策、市场等发展要素在近年的孕育和培植下，都已经呈现出历史高水平，经济高质量发展特征日益显现，产业结构进一步优化。

（二）创新资源加速集聚，战略科技力量基础雄厚

河南 2021 年全社会研发经费投入突破 1000 亿元，财政科技支出351.2 亿元，增长 38.1%，全省科技支出占一般公共预算比重 3.37%，与 2020 年全国地方财政科技支出占比 2.76% 相比，高 0.61 个百分点。高新技术企业突破 8300 家，同比增长 32%，高于全国平均增速 13 个百分点。河南拥有高校 156 所，其中本科 59 所，河南拥有两院院士 25 名，涉及电子信息、能源矿业、土木水利、农业、医药卫生、化学、物理学等 10 多个领域。重新组建的河南省科学院，打造 3 个学部，并启动建设了一批实验室和研究院所。河南农科院创新成果丰硕，农业科技创新竞争力稳居全国第一方阵，小麦、玉米、花生、棉花等品种选育水平全国领先，在生物育种关键技术和重点品种研发上连续取得突破，能够为国家打好种业翻身仗做出河南贡献。

郑洛新国家自主创新示范区，是中西部地区 9 个国家自主创新示范区之一，也是中原地区唯一。郑洛新国家自主创新示范区建设成效显著，国家超算郑州中心投入运营，嵩山实验室、神农种业实验室、黄河实验室相继成立，国家农机装备创新中心、国家生物育种产业创新中心、食管癌防治国家重点实验室、作物逆境适应与改良国家重点实验室等"国字号"创新平台获批建设。

（三）产业基础雄厚，创新动力强劲

目前，河南已形成以装备制造、食品制造、新型材料制造、电子制

造、汽车制造 5 大主导产业为重点，以冶金、建材、化工、轻纺 4 大传统产业为支撑，以智能制造装备、生物医药、节能环保和新能源装备、新一代信息技术 4 大战略性新兴产业为先导的 "544" 现代化工业体系。

河南盾构、新能源客车、光通信芯片、超硬材料等产业的技术水平和市场占有率均位居全国首位。中铁装备集团在郑州建立了国内最大盾构研发制造基地，拉开了中国盾构产业化的序幕，抢占世界掘进机技术制高点，打破国外技术垄断局面，为提升我国装备制造业水平发挥巨大作用。

（四）创新型企业雁阵成形，创新主体活力迸发

近年来，河南省高新技术企业实现量质齐升，高企数量增至 8300家，近三年平均增长率达到 30% 以上，高于全国平均增速 13 个百分点以上，高新技术数量占全国的比重提升至 2.5%。高新技术企业持续保持良好发展态势，规上高企 "小比重" 做出了 "大贡献"，以占规上工业 16.6% 的比重，贡献了 27.1% 的产值和 35.17% 的利润。以高新技术企业为基础，河南培育了宇通客车股份有限公司、中铁工程装备集团有限公司、中信重工机械股份有限公司等 100 家创新龙头企业，拥有知识产权 1.8 万件，主持制订国际、国家、行业标准 1150 项，充分呈现出创新能力强、行业带动作用大、综合实力领先的特点，在引领带动河南省企业转型发展中发挥了重要作用。河南科技型中小微企业极具成长性，2021 年，河南省国家科技型中小企业数量达到 15145 家，同比增长28%，总量居全国第四，中西部首位。

三　空间布局

区域科技创新中心以郑州为核心，开封、洛阳、平顶山、新乡、焦作、许昌、漯河、济源等 "1 + 8" 城市共同承载，构建 "主副引领、两区驱动、一廊一带、双峰并起、多点联动、全域协同" 的区域创新发展格局。以郑州国家中心城市和洛阳副中心城市为 "主副" 双城引领，加快推动郑洛新自主创新示范区和中国（河南）自由贸易试验区在自主创

新、开放创新和制度创新上形成两大战略驱动极，建设 G4 农业科技创新廊道和 G30 未来产业创新带"一廊一带"，围绕神农种业实验室建设打造农业科技创新尖峰、推动中原科技城和河南省科学院融合打造全国一流创新高峰，在创新策源和发展赋能上实现"双峰并起"，联动提升国家级高新区、省级开发区、创新型县市及科技产业园区等多个创新功能区发展效能，带动河南和沿黄全域创新协同，促进高质量发展。

"主副引领"。强化郑州国家中心城市和洛阳中原城市群副中心城市科技创新、产业发展、开放合作、信息交流等核心功能，依托双城数字经济和制造业基础，突出高校院所集聚优势，推进双城提升战略科技力量及科技创新服务体系的集中度、显示度，强化外溢辐射作用，打造国家创新高地、先进制造业高地、开放高地、人才高地创新高地，力争在国家创新型城市中走在前列。

"双区驱动"。突出郑洛新国家自主创新示范区和中国（河南）自由贸易试验区创新驱动高质量发展的主阵地作用，形成自主创新引领、开放创新引领和制度创新引领示范效应，建设高端创新资源和创新型企业汇聚区、孵化地，布局创新创业综合体和公共技术服务平台，培育壮大创新型产业集群，重点发展新一代信息技术、新材料、高端装备、生物医药等领域，强化打造科技创新驱动高质量发展的引擎。

"一廊一带"。沿 G4 公路串联新乡、郑州、许昌、漯河等地，形成 G4 农业科技创新廊道，协同打造覆盖生物育种、高效种植、农机装备、食品精深加工、资源利用与环境保护的"从农田到餐桌"多业态创新、全要素集成的科技产业融合布局；沿 G30 公路串联洛阳、焦作、郑州、新乡、开封等地，依托沿黄科创走廊基础和中原科技城创新策源地，打造 G30 未来产业创新带，培育数字信息技术、装备技术、材料技术等未来技术，梯度推进未来业态、创新产品和新场景、新基建在创新带扩散布局。

"双峰并起"。强化建设神农种业实验室，布局战略性、基础性科研创新平台，面向国家农业稳定和粮食安全开展关键核心技术攻关，打造全国农业科技创新尖峰。高水平打造中原科技城创新高峰，推动中原科技城与省科学院融合发展，聚焦基础研究与应用基础研究，加大省实验室和其他重大科技创新平台布局力度，引进集聚顶尖人才，打造综合性国家科学中心、国家战略科技力量的重要承载区和全省科技创新策源地。

"多点联动、全域协同"。大力推进国家高新区优化升级，争取更多高新区进入国家高新区先进行列，培育创新型特色园区；以高新区建设为引领，推动各类开发区实现创新转型，加强创新型城市和创新型县市（区）建设，推动创新创业街区及科技产业园区、小微企业园等提质增效，打造一批成果转化基地和高新技术产业化基地，重点发展新一代信息技术、新材料、高端装备制造、生物医药等创新型产业集群，探索新兴产业业态，发挥园区在建设创新中心过程中的覆盖支撑作用。建立健全区域发展统筹机制、区域互助合作机制和区际利益补偿机制，促进科创平台分散布局、创新型产业梯度转移、科创服务跨域共享，承接"双城""两区""双峰"的创新资源与成果外溢，全域强化担起科技成果转化、产业链配套、科技企业生产制造、产业转移等功能。

四 支持郑州建设具有区域影响力的科技创新中心

（一）目标定位

构建以生态农业供给安全为主攻方向的全球科学前沿领域新标杆；打造具有技术创新能力的全球数字产业新高地；形成全球科技成果转移创新要素汇聚新范例。

（二）主要举措

做强郑州国家中心城市参与全球竞争和集聚高端资源功能，实现郑开同城化发展率先突破，建设现代化郑州都市圈，形成支撑带动中西部地区高质量发展的强劲动力源。一是创建与国际对标的重大创新平台和重大科技基础设施。积极加强国家实验室和国家重点实验室体系建设，加快建设黄河实验室、嵩山实验室、农业供给安全实验室，推动具备条件的创新平台和实验室晋升为国家级。二是实现关键共性技术与"卡脖子"技术群体性突破。推动产业链创新链深度融合，在高端装备、新一代信息技术、先进材料、生物医药、新能源、生物育种、新能源汽车、绿色食品、现代农业、资源环境、公共安全等领域，突破一批关键核心技术。做大做强计算终端、软件产业，积极培育物联网、云计算、大数据、数字内容等产业，拓展"数字＋""智能＋"应用领域，壮大数字经济核心产业。加强基于鲲鹏架构为主的关键环节核心技术攻关，推动中原鲲鹏生态创新中心建设，促进计算产业龙头企业集聚发展。三是打造中原地区全球科技创新资源聚集高地。依托郑洛新国家自主创新示范区，加速高端创新资源集聚，打造具有国际竞争力的中原创新创业中心。以中原科技城为龙头，以白沙科学谷、西湖数字湾、中原数据湖为主要节点，加快建设郑开科创走廊，汇聚全球创新资源。四是构建形成项目、基地、人才、资金一体化配置的高效创新生态。深化科研放权赋能改革，建立市场化、社会化的科研成果评价制度，推行分级分类评审评价，优化科技奖励项目，实行科技奖励提名制。促进科技开放合作，开展创新资源共享、科技联合攻关、科技成果协同转化，共建一批科技创新园区和成果转化基地创新生态。营造良好创新氛围，对新产业新业态实行包容审慎监管，促进大众创业万众创新。推进国家技术转移郑州中心网络平台建设和运行质效提升，加快国家知识产权运营公共服务平台交易运营（郑州）试点平台建设。五是构建高质量发展动力源。以科技创新全面支撑城市建设、人口健康、生态保护、社会治理、乡村振兴等领域高质量发展，提高黄河中下游地区经济质量效益和核心竞争力，加快推进市域社会治理现代化。

第四节 陕西省创新发展情况

一 发展成效

陕西省地处中国的中西部，具有悠久的历史文化与资源优势。近几年陕西响应国家号召，积极推进创新驱动发展，取得卓越成绩。西安作为陕西地区创新体系的核心城市和关键节点，需要与关中地区的"一线两带"在经济和科技方面实现有机融合并有效地利用各种可用资源。从而提高创新效率，降低创新成本，提升产业结构，进而带动西北地区形成网络化、开放式的创新体系。

（一）科技创新成果显著

科技创新方面取得的卓越成就使陕西产业根基得到巩固。其中 2023 年技术合同成交额在省内达 2552.64 亿元，同比增长 55.28%；拥有科技型中小企业 17254 家，数量增长近一倍；评审通过的高新技术企业 6441 家，同比增长 41%。例如：在西安高新区内，比亚迪新能源乘用车总投资达 90 亿元；铂力特金属 3D 打印技术在飞机、火箭及卫星等领域得到重点运用；高精度的基授时系统为民生行业及基础研究等领域在高精度授时方面提供精确保障。

（二）产业结构不断优化

陕西贯彻落实"三个年"安排部署，在创新体系方面建立"基础研究—应用研究—成果转化—产业化"全链条。截至 2023 年，西安已汇聚超过 4000 家企业，其中包括 217 家高新技术企业和 115 家规上工业企业。成功培育 562 家各级别的"专精特新"企业，国家级企业占全省 162 家企业的 70%。例如：西安电子科技大学宽禁带半导体国家工程研究中心、陕西空天动力创新中心和北斗星基增强系统等多个项目，为光子、空天、新能源和新材料等产业注入创新动力。随着特色产业的持续增长，产业结构得到调整和完善。

（三）科创生态资源丰富

西安作为省会城市，坚持把培育壮大一批具有国际竞争力的战略性新兴产业作为实施"双核驱动"战略的重要内容。且西安拥有高等院校 83 所、院士专家工作站 102 个、博士后创新基地 47 个，各类专业技术人员近 100 万人。已成功建设 18 个共性技术研发平台、23 个新型研发机构、34 个未来产业创新研究院，为推动西安新一轮跨越式发展提供有力支撑。

（四）政府政策支持

陕西提出将西部强省的重中之重放在"一线两带"建设（沿陇海铁路陕西段和宝潼高速公路这一轴线，建设国家级关中高新技术产业开发带和国家级关中星火产业带），充分发挥西安区位优势和创新优势。同时西安也面临新的要求与挑战，需紧密结合"一带两线"建设与"建经济强市，创西部最佳"发展战略，而区域创新体系的构建是"创西部最佳"重中之重，是"建经济强市"的动力来源，更有利于促进制度、技术等全方位创新，发挥创新资源集聚的优势，促进创新优势向经济优势转化，实现"点（西安）—线（关中高新技术产业带和星火产业带）—面（陕南和陕北）"的发展战略目标和部署。

（五）军工与文化底蕴丰厚

陕西是文化产业资源汇聚的省市之一，目前省内已有文化展馆 400 余座，在高新技术迅速发展的大环境下实现了产业融合，促进文旅行业快速发展。而西安又被称为"军工城市"，西部局部地区聚集了较多军工企业与装备制造产业并在改革开放调整之后，已形成门类齐全、特色突出的专业体系。其中武器装备行业位居国内首位，飞机制造总资产占全国航空工业的 50%。西安市阎良区作为国家唯一批准的航空高新技术产业基地，成功实现 C919 飞机试飞，是我国大中型飞机设计、试验和试飞中心。

二 发展问题

陕西属于我国重要省份与军事战略基地，得到国家的重点支持和巨额投入。在新中国成立初期就给予陕西科技布局与国家经济的多方位倾斜，以及在三线建设时期来自军工科技的巨额投资，到如今西部大开发政策，促使陕西成为科教与军工方面的重要建设基地。相比于北京与上海区域创新体系的形成，陕西区域创新体系的建设存在诸多问题。

（一）国家与地方科技力量悬殊

在国家创新体系中，地方科技与民用科技的职责和任务存在显著差异，陕西区域创新体系中科研机构、重点大学与企业以及军民创新体系之间的联系相对薄弱。因此，陕西在构建区域创新体系时应利用国家科技实力，使自身地方科技能力得到提升，与当地的优势资源相结合，实现产业化并增强经济实力。然而，陕西出现自身定位模糊、盲目追求国家目标的问题。自身科技工作未得到重视，一直注重国家级课题、项目和资金支持和赢得更多的国家级和省部级科技大奖并强调建立国际知名和研究型大学等，未实现科技成果的顺利转化，缺少专业化的分工和社会化的合作模式阻碍了区域经济发展和整体创新能力的提升。

（二）创新资源集聚且成果转化差

西安汇聚全省近80%的创新资源且主要集中于高校和科研机构以及大中型企业，呈现出明显的空间集中性，表现为典型的科技单中心城市，与东部地区江苏、山东等经济发达省份的科技双中心或多中心明显不同。而陕西科技较为先进，研发能力相对较强，产业化和市场实施能力则相对较弱，因此应当采用以技术为驱动力的技术创新模式，其包括基础研究→应用研究→试验发展→生产制造→市场营销五个过程。例如：一家压电陶瓷变压器企业，受到陕西军工、高校和行业体制的限制，无法与当地企业高校产生合作，加上近年军工需求增长，国家级科技重点实验室、重点学科、工程研发中心基本不对外开放和合作，地方科技经济难以利用，阻碍了大量科技成果的转化与利用，造成产业"空心化现象"。

三 空间布局

《陕西省"十四五"创新驱动发展规划》（以下简称《规划》）提出，全省预计将在2025年在创新驱动发展方面取得更大进展，促进秦创原创新驱动平台建设；促使区域创新体系协同发展，对西部地区的创新引领区以及全国的科技创新增长中心产生辐射效应。

（一）构建"1＋1＋N"创新体系。《规划》将西安全面创新改革试验区作为引导，带动资源开放与共享，将核心放在秦创原创新驱动平台建设，依照产业链进行创新链布局，构造"1＋1＋N"的创新体系。将陕西发展为创新体系健全、能力领先、机制高效且创新活跃的创新高地，并实施"八大创新发展工程",推进42项重点任务。

（二）构建"一核三区多园"空间布局。以建设西安丝路科创中心为一核，以关中协同创新走廊、陕北能源革命创新区与陕南绿色循环示范区为三区，统筹规划多点支撑、特色鲜明、要素集聚的创新型园区为多园。运用全局谋划、整体推进和战略布局全面利用城市的产业特色，解决存在于创新驱动发展中的诸多问题，挖掘陕西创新潜力，使国家总体创新能力得到提升。

（三）加快西咸新区建设发展。西安与咸阳两市按照"八同"的布局思路，采取"一河、两带、四轴、五组团"的空间格局使咸阳融入西安，加强西咸结合部基础设施建设。紧盯新质生产力，主攻方向为"4+1"产业，按照"大集团引领、大项目支撑、集群化推进、园区化承载"思路推动现代产业加快发展。而秦创原项目在西咸新区的启动，更加鼓励各地市融入秦创原创新驱动平台建设，打造双链融合示范区；科学研究得到加强，有利于集中优势促进西安综合性国家科学中心和区域科创中心的创建；产业创新得到发展，有利于融合数字技术与实体经济，促进数字陕西的建设；创新环境和生态得到优化，有利于科技体制创新，支撑高质量发展。

四　支持陕西推进西安"双中心"建设——秦创原创新驱动平台建设

西安在2022年获批建设综合性国家科学中心与科技创新中心，成了继北京、上海、粤港澳大湾区后全国第四个"双中心"城市。作为清华大学与西安市共建的新型研发机构的最新成果，国内首款基于Chiplet（芯粒）技术的AI芯片"启明930"是陕西省以西安"双中心"建设为牵引，秦创原创新驱动平台为支撑，深化科技成果转化"三项改革"为点火器，持续加大创新驱动高质量发展的力度、深度和效度的一个缩影。

（一）目标定位

从2020年秦创原创新驱动平台的初始阶段起，该平台以深化科技成果转化为牵引，推动创新链产业链等整合为核心思路，以构建全局协同创新驱动发展格局为路径，培育壮大科技型企业为重点，培养引进高层次人才为支撑，营造良好创新创业生态为保障，为全省高质量发展提供更强动力。

（二）主要举措

一是推动全局协同创新发展。围绕"贯通资源联动、打通体制联动、聚合要素联动、区域协作联动、孵化全程联动"的方针，并以政府为主导，构建全聚合科创服务系统。在高新区的基础之上，构建秦创原特色示范区，并促进"三器"平台建设，使"一中心一平台一公司"服务得到提升。同时，使网络平台数据得到扩展，完善数字金融体系，加强"秦创原"品牌管理，促进中心体系建设。

二是实现科技成果转化。面对科技成果转化中的诸多问题，进行"三项改革"试点，目前已推广至75所高校院所。实施如"先使用后付费""权益让渡"和"先投后股"等创新策略，激励总窗口以及条件允许的市（区）进行先行先试，探索与高等教育机构和研究机构的新合作模式，并吸纳先进的技术成果。按类别组织200场重点产业链路演、高等教育机构路演和路演地市行等活动，并通过"以演代评"的策略增强支持，确保科技成果得以实际应用和转化。

三是打造人才培养高地。将打造高水平人才队伍作为秦创原创新驱动平台建设核心，推广"校招共享"人才引进模式，着力于科技工程和产业转型升级，成功实施了三秦英才引进计划和秦创原引进海内外高层次人才专项，组织并实施了一系列高质量外国专家项目，通过多种灵活的方式和柔性的引才策略，"三支队伍"总量由2021年的651支提高到2022年的4742支，实现了628.42%的增长率。

四是培育良好的生态环境壮大优势产业集群。陕西不断完善创新创业孵化体系，实施"链长制"，打造"链主"企业，强调关键技术攻关，鼓励骨干企业建立组合企业，带动产业链上中下游、大中小企业融通创新。同时，积极推进延安、商洛上升为国家高新区，使高新区得到高质量发展，并建设新一批特色园区，使创新型产业集群得到快速发展。

第十二章　成渝地区区域创新体系：
双核联动型

　　成渝城市群逐渐发展成为我国经济的第四大增长极，在全球创新中心东移、创新驱动发展成为时代要求的背景下，建设成渝全国科创中心上升为国家战略。成渝两地创新资源在全国不占优势，但是在西部地区优势明显，为此，两地不要太强调"补短板"，而是要做强自己的特色和优势，差异化建设全国科创中心。本章基于修正的"万有引力模型"，根据成渝两大城市的联系强度，计算出了成渝全国科创中心建设的"工"字形核心城市区，并基于此提出点—线—廊—带的发展路径。最后，从成渝层面、区域层面和国家层面提出具体的政策建议。

第一节　创新驱动发展现状

　　全球普遍出现的发展困境，对于深化拓展传统的发展理念提出了新需求①。进入新发展阶段，社会主要矛盾已发生转变，为构建新发展格局，满足人民日益增长的美好生活需求，体现人民至上的发展目标，实现经济社会高质量发展，努力成为世界主要科学中心和创新高地，② 必

---

① 刘冬梅、吕佳龄：《创新驱动可持续发展的中国实践与反思》，《科技中国》2020 年第11 期。

② 习近平：《努力成为世界主要科学中心和创新高地》，《求是》2021 年第 6 期。

须在新发展理念指导下，形成强大区域协同创新驱动力，加快从要素驱动和投资驱动发展向创新驱动发展的转变。[1] 创新资源又是一种稀缺资源，这就更需要统筹布局国内创新资源，筑巢引凤，吸引海外创新资源，形成强大合力。[2]

从全球来看，以人工智能、信息技术等为基础的新科技革命在世界范围内爆发，引发的第四次工业革命正在加速全球产业结构体系变革，与创新范式发展相匹配的生产要素和创新要素正在向亚太移动，全球科创中心也呈现由欧美向亚太转移的趋势。澳大利亚智库 2thinknow 发布的《2019 全球创新城市指数报告》显示，全球前十大最具创新力城市为纽约、东京、伦敦、洛杉矶、新加坡、巴黎、芝加哥、波士顿、旧金山、多伦多，成为推动全球科技创新的重要枢纽。总体来看，世界一流科技创新中心都具有产学研紧密合作、创新生态环境良好、知识本土化、投融资平台精准高效等特点。

从国内来看，近年来成都、重庆在全国创新版图中的区域中心地位开始逐渐显现，我国专利区域流动结构由原来京津冀、长三角、粤港澳三点支撑的三角形结构，正向四点驱动的菱形结构转变，形成了优势科创资源遍布全国东南西北的新态势，内陆经济崛起已成为我国经济格局的新特征，[3]"京津冀、长三角、粤港澳大湾区和成渝地区双城经济圈 4 个地区作为极"[4] 的态势逐渐凸显。这些充分说明成渝是西部地区、长江上游的重要中心城市，是支撑"长江经济带""一带一路""区域规划"等国家战略的重要载体。成渝地区虽然科技发展总体水平并不耀眼，但却是西南乃至整个中西部地区的领头羊。成渝全国科技中心建设是"成渝双城经济圈"国家战略的重要内容之一，是实现以科技创新支

---

① 李砚忠、赵成伟：《科技创新驱动条件下双循环新发展格局：阐释、误区及路径》，《理论学刊》2021 年第 1 期。

② 张志强、熊永兰、韩文艳：《成渝国家科技创新中心建设模式与政策研究》，《中国西部》2020 年第 5 期。

③ 依据《中国创新地图 2016》相关数据分析所得。

④ 来源于 2021 年 2 月 24 日中共中央国务院印发的《国家综合立体交通网规划纲要》。

撑和驱动西部地区产业转型升级、生态环境保护和社会民生发展的重要举措。[①]

国内外学者关于科创中心建设和成渝地区发展展开了较多研究，一是集中在科创中心建设国际经验、思路、定位、驱动机制、科创走廊等方面，宗喆阐述了"金融支持""政策支持"对以色列科创产业的贡献，为我国科创产业发展和改善中以合作提供了参考经验。[②] 丁明磊、王革对中国全球科创中心展开了研究，提出面向 2035 年我国科创中心建设需要把握的思路和建设路径。[③] 杨拓等在对全球科创中心发展实践研究的基础上，构建了动力驱动模型，认为以市场需求为切入点的外部驱动、以自身利益为基础的各创新主体内部协同是主要驱动力。[④] 乔岳认为创新生态系统决定着科创中心的发展。[⑤] 王潇婉、武健认为科创走廊是创新资源的主要集聚地，国外具有代表性的科创走廊可以分为高校主导型、政府主导型、产业主导型和交通主导型四类。[⑥] 二是集中在成渝地区发展历史、方式、路径等方面，康钰、何丹从历史的角度梳理了成渝两地"分与合"发展历史，[⑦] 魏良益、李后强从博弈论视角分析了成渝地区双城经济圈建设情况，认为构建协同互动和共建共享合作机制的"双赢博弈"才是两地最佳选择。[⑧] 赵伟等认为生态环境的可持续发展对于成渝

[①] 江涛、常斌：《全面融入成渝地区双城经济圈建设打造 引领重庆高质量发展的"科创智核"》，《重庆行政》2020 年第 4 期。

[②] 宗喆：《对以色列科创模式及中以合作的思考》，《经济研究参考》2020 年第 6 期。

[③] 丁明磊、王革：《中国的全球科创中心建设：战略与路径》，《人民论坛·学术前沿》2020 年第 6 期。

[④] 杨拓、邵邦、周寂沫：《全球科创中心的发展实践与运行机制研究——基于对北京建设全球科创中心的启示思考》，《理论月刊》2016 年第 9 期。

[⑤] 乔岳：《创新生态系统视野下的科创中心构建策略》，《人民论坛·学术前沿》2020 年第 6 期。

[⑥] 王潇婉、武健：《如何发挥高校对科创走廊发展的支撑作用》，《中国高校科技》2019 年第 8 期。

[⑦] 康钰、何丹：《分与合：历史视角下的成渝地区发展演变》，《现代城市研究》2015 年第 7 期。

[⑧] 魏良益、李后强：《从博弈论谈成渝地区双城经济圈》，《经济体制改革》2020 年第 4 期。

经济圈的建设至关重要，通过构建良好的生态安全空间格局，从空间结构上协调生态产业经济布局，并基于 ArcGIS 工具，综合夜晚灯光数据，构建"点—线—面"生态格网，研究发现呈"双核—两轴—半包围"格局。[①] 但是，关于成渝地区科创中心建设情况的相关研究比较少，张志强等[②]仅仅探讨了成渝科创中心建设的模式和政策，但是没有对成渝地区现有科技资源进行梳理，缺乏对成渝科创中心的定位分析，导致在建设模式上容易与其他科创中心雷同。

综上所述，涉及成渝科创中心建设的相关研究在一定程度上还处于黑箱状态，特别是关于成渝地区建设科创中心的优势是什么？现有科创资源如何分布？应该如何定位，以便与国内其他科创中心协同发展？建设的具体路径选择是什么？本章在研究国内外科创中心建设和成渝地区创新资源的基础上，对以上问题进行着重论述，以期能为成渝科创中心建设提供些许可供参考的政策建议。

第二节 创新资源的分布特征

总体来看，成渝地区创新资源全国不占优势，并且呈现极化现象明显、行政壁垒有待突破等特点，但是在西部地区优势明显，两地的合作也在逐渐加强。

一 创新资源全国不占优势，在西部地区优势明显

成渝地区科技创新投入、科研人才队伍等在全国并不占优势。2018年，川渝地区全社会 R&D 经费投入总量仅占全国总体投入的 5.8%，同属于长江经济带，却远低于长江中游地区的 9% 和长三角地区的 30%，

---

① 赵伟、邹欣怡、蒲海霞：《成渝地区双城经济圈生态安全格局构建》，《中国环境科学》2021 年第 5 期。

② 张志强、熊永兰、韩文艳：《成渝国家科技创新中心建设模式与政策研究》，《中国西部》2020 年第 5 期。

投入强度也低于同期全国平均水平；科研人才队伍规模偏小，成渝地区 R&D 人员全时当量为 25.4 万人年，较长江中游地区的 40.2 万人年和长三角地区的 135.9 万人年都偏低；科研人才所占比例偏低，成渝地区每万名就业人员中 R&D 人员数为 61.5 人/万人，尚不抵全国平均的 84.7 人年/万人。

但从西部地区来看，成渝地区的科技发展水平居于领头羊的地位。《中国区域科技创新评价报告（2020）》显示，近两年重庆、四川综合科技创新水平排名分别为第七、第十二位，在创新环境、科技活动投入、科研活动产出低于综合排名的情况下，实现了高新技术产业和科技促进经济社会发展两个方面全面赶超，可见两地科技资源利用效率之高，尤其是近几年发展势头更为迅猛，科技创新综合水平位于西部首位。

二　创新资源分布极化，"高峰"与"洼地"并存

成渝两地创新资源分布的极化现象明显，主要集中在成都、重庆、绵阳，而西北、西南边缘地区创新资源匮乏，形成"高峰"与"洼地"并存的现象。其中以四川省最为严重，省内现有科研院所 270 余家，从业人员及研发人员总研发经费支出都位居全国前列；中央驻川科研院所实力雄厚，2018 年，中央驻川科研院所共有从业人员 8.7 万人，R&D 经费支出 220.9 亿元，比例都占到全省总量的 80% 以上。但是，科研院所地域布局高度集中，50% 以上聚集在成都市域；成都、绵阳的科研院所 R&D 经费支出达 215.32 亿元，占全省科研院所 R&D 经费的 90%，而且还基本集中在中国西部（成都）科学城、中国（绵阳）科技城，省内其他广袤区域只占 10%。

三　存在行政区域经济现象，科技对产业发展支撑不足

近年来，我国城镇化速度加快，但是区域协调发展的进程还不能跟上形势的发展，行政区域经济造成的问题逐渐显现，直接结果就是城市之间的恶性竞争。行政区域经济是由行政部门对区域经济的刚性约束所

产生的，与城市区域经济一体化的发展趋势格格不入，会造成政府对经济发展过度干预，导致一定程度的资源浪费、重复建设、产业同构等现象存在。① 以两地最具代表性的园区产业布局为例，重庆两江新区重点发展的是汽车、电子信息和新材料等产业，而成都天府新区也同样将这些产业作为主要发展目标。同时，成渝地区缺乏科技对产业的支撑，仍以传统汽车、电子信息、装备制造等产业为主导，云技术、大数据、人工智能、物联网等新技术与传统产业融合形成的智能制造新兴业态、新兴模式发展迟缓，特色优势产业、新兴先导型服务业以跟随为主，缺乏高价值技术供给，产业发展低端化，技术含量高的知识密集型企业集群尚未形成。

四 行政壁垒有待进一步突破，两地科技合作处于起步阶段

成渝地区发展战略缺乏充分对接，行政壁垒有待进一步突破，两地还在争夺资源，在高端发展平台的谋划和建设方面竞争大于合作，开放层次不够，与区域外部企业联系还不够多，产业分工协作不够充分。与全国各地的高校、科研院所合作也不够，SCI 合作论文总量和比例都不高，在 31 个省区间论文合作网络结构中的中心度不高，尤其是重庆，还处于边缘地带。②

在国家明确提出建设成渝全国科创中心规划前后，两地都在积极探索科技创新合作方式，相关部门和社会团体也在积极推进，具体如表 12－1 所示。2020 年 4 月，两地科技部门探讨将协同建立联席会议机制、联合对上争取机制、协同推进重点工作机制，共同推进七个方面的共同合作；为进一步深化合作，两地高新区也探讨建立联席会议制度，成立工作领导小组，统筹指导和综合协调成渝高新区协同发展战略实施，构

---

① 靳景玉：《区域经济联盟组织机制研究——以成渝经济区域为例》，科学出版社 2018 年版。

② 王志刚、邱长波：《中国内地省区间 SCI 论文合作网络演化分析》，《情报科学》2019 年第 11 期。

建"两极一廊多点"创新格局；随着建设成渝全国科创中心上升为国家战略，"成渝地区双城经济圈科技创新联盟"非营利性的新型技术创新组织成立，旨在定期举行学术论坛、专题讲座、项目路演、技术推介会等活动；2021 年 2 月，科技部进一步明确支持成渝科技创新中心、成渝西部科技城建设，推动重庆、成都自主创新示范区建设。

表 12 - 1　　　　　　　　成渝全国科创中心建设相关文件列表

日期	文件名	主导部门	主要内容
2020 年 4 月	《进一步深化川渝科技创新合作 增强协同创新发展能力 共建具有全国影响力的科技创新中心框架协议》	川渝两地科技厅	协同建立联席会议机制、联合对上争取机制、协同推进重点工作机制
2020 年 4 月	《重庆高新区 成都高新区"双区联动"共建具有全国影响力的科技创新中心战略合作协议》	成渝两地高新区	构建"两极一廊多点"创新格局，明确"六个一"重点任务
2020 年 10 月	《成渝地区双城经济圈科技创新联盟》	自愿组织而成非营利性的新型技术创新组织	充分发挥成渝地区学术和人才优势，整合成渝地区学科资源，加强成渝地区科技合作与交流，实现"三大聚焦"
2021 年 2 月	《关于加强科技创新促进新时代西部大开发形成新格局的实施意见》	科技部	支持成渝科技创新中心建设，支持建设成渝西部科技城，推动重庆、成都自主创新示范区建设，重点支持成渝共建"一带一路"科技创新合作区

资料来源：根据相关资料整理。

第三节　建设全国科创中心的定位分析

成渝地区属于西部，与京津冀、长三角和粤港澳大湾区等东部沿海相对发达成熟的地区相比，存在发展阶段上的差异。受地理条件和自然资源禀赋等外部因素的制约，在谋求高质量发展道路上更需要创新这个内生动力来实现跨越式发展。

一　充分利用突出区位优势，发挥两地创新资源合力

成渝拥有西部地区最突出的区位优势。成渝地区地处长江上游和三峡库区腹心地带，无论是在历史上还是在今天，在维护国家安全方面都起着重要的作用。成渝地区位于西部三大经济带（西陇海兰新经济带、南贵昆经济区、长江上游经济带）之间。往东沿长江和国道主干线（成都—上海）通往长三角城市群；向南连接广西北部湾经济区，并经云贵、两广至珠三角城市群；西南经国道主干线（云南—内蒙古）到达东南亚和南亚；往西经川藏公路至西藏；西北接宝成铁路、兰渝铁路、西渝铁路达陕甘宁新出中亚；2011 年正式运行的渝新欧国际铁路，更是将成渝地区打造成了西部内陆地区对外开放的制高点。[①]

成渝地区集聚了西部地区优势创新资源。对川渝来说，高校院所密集，具有较好的"核领域、空气动力领域等"科研资源优势，重庆综合科技创新水平指数位居全国前列、西部地区第一。新中国成立以来国家在两地布局的军工科技资源也相当丰厚，两地整车产量占全国总量的近 1/5，年产量均保持百万级。此外，随着成绵乐城际铁路、成渝高铁的开通运营，以成渝为核心的三小时都市圈将逐渐形成，会使创新要素的流通更加便捷。

二　充分发挥成渝战略"腹地"作用，以创新培育区域增长极

成渝城市群位于我国西部地区腹地，具有承东启西、连接南北的区位优势，是构建新发展格局、扩大国内需求的潜力所在，随着"一带一路"建设的深入推进，西部地区正在从内陆腹地向开放前沿转变。根据美国硅谷等地的发展经验，由于大城市的创新成本较高，创新往往发生在市中心的边缘或者多中心区域的边缘地带，广大的西部腹地区域具有

---

① 据国家海关统计，2020 年，成渝两地中欧班列开行数量近 5000 列，历年累计开行量达 14000 列，占全国开行总量 40% 以上。

很强的创新潜力。为此，要立足于西部，兼顾国家战略安全和生态环境保护功能，发挥西部地区创新领头羊的作用，以全国科技创新中心建设为契机，通过创新驱动发展、辐射带动作用，培育区域增长极，带动西部崛起。这就要求贯彻落实新发展理念，以科技创新支撑和驱动成渝城市群高质量发展，为长江经济带生态环境保护、产业转型升级和社会民生发展贡献力量，同时把西部大开发、中部崛起等发展战略贯穿起来。通过科技创新，立足生态，实现带动西部、缩小东西差目标。

三　以支持当地产业发展为主，坚持"平原造山"和"高原造峰"并举

成渝地区建设科创中心是国家对西部战略纵深区域的科技力量布局，是国家科技创新中心的战略备份，相较于建设第五大综合性国家科学中心，① 完成国家使命，成渝科创中心建设更应该首先立足自己发展，解决好自己的问题，着力带动以当地为主的产业集群的发展，进而推动当地的产业高级化。成渝地区经济发展基础较好，产业体系完备，对区域科技人才等创新要素有较强吸引力，对周边乃至西部地区具有较强辐射带动效应，是整个国家经济的战略大后方，为我国核心区域发展提供重要支撑。但是，成渝地区传统产业升级和新产业发展迫切需要大量的科技资源的支撑，应充分利用地理条件和自然资源禀赋优势，不要太强调"补短板"，而要做强自己特色和优势，须从国家层面、区域层面、成渝层面找准定位，坚持"平原造山"和"高原造峰"并举，差异化建设全国科创中心。

综上，首先成渝科创中心建设不要太强调"补短板"、向东部沿海看齐，而要做强自己特色和优势，实现与其他三大科创中心优势互补、协调发展。北京是全国科技资源最富集的地方，拥有国内一流的高校科研机构，所以更侧重原始创新；上海制造业基础好，开放程度高，应该

---

① 其他4个综合性国家科学中心分别是：上海张江、合肥、北京怀柔、深圳综合性国家科学中心。

更加侧重利用国际的科技资源，提升技术创新能力；粤港澳产业创新活跃，应该更注重产业创新。而成渝地区，侧重点也应该是产业创新，但是，要立足本土，因为川渝地区创新创业充满活力，创新的生态也比较好，应注重发挥产业创新优势。其次，可以加强与粤港澳地区产业创新合作、加强与北京地区原始创新方面的合作，同时西部地区也可以承接东部转移出来的一些先进产能，四川广安具备政策环境、综合成本和发展基础三方面优势。[①]

第四节　建设全国科创中心路径选择

联合建设跨省（直辖市）国家科技创新中心，在国内是独一无二的，涉及两个省级行政主体的合作和协同，而且成渝两地在行政级别上存在的不对等现象，客观上增加了该战略模式设计的难度。因此，成渝全国科创中心建设关键一步是合适的空间载体和开放共享的区域性协同创新战略平台，借鉴 2016 年上海沿 G60 高速公路构建产城融合的科创走廊[②]、宁波甬江科创大走廊的建设模式，[③] 应结合成渝地区实际情况，重点围绕成都、重庆两个核心城市，协同周边一定区域的城镇，建设成渝科创走廊，以"点—线—面"的构建模式，实现"以点串线""以线扩廊"，进而实现"两极一廊多点"西部科学城建设规划。

一　研究区域

成渝全国科创中心建设关键一步是空间载体的具体划定。目前，很多关于成渝地区的研究在区域范围方面仅仅是泛泛而谈，没有明确具体

---

① 刘志杰、熊筱伟、孙福全：《成渝建科创中心应强化产业特色》，《四川日报》2020 年10 月 26 日。

② 成都科技顾问团：《G60 科创走廊协同创新模式对成渝"一城多园"共建西部科学城的启示》，《决策咨询》2020 年第 5 期。

③ 谭宇文、袁宇昕、张翔：《基于创新网络理论的宁波甬江科创大走廊规划探讨》，《规划师》2020 年第 3 期。

地域。2016 年《成渝城市群发展规划》正式公布，本研究以其划定的成渝城市群范围为依据，参照涂建军等人研究范围，为研究方便做学术化处理，① 一是对于重庆市"开州、云阳的部分地区"的明确问题，考虑该部分地区对总体影响不大，将该两地全部纳入研究范围；二是将绵阳、雅安和达州全域纳入研究范围；三是将重庆主城区（包括渝中区、江北区等 9 城区）和其他区县作为独立的研究单元。2018 年，成渝城市群常住人口 9614.17 万人，分别占西部地区和全国人口的 25.33% 和 6.89%；GDP 为 5.63 万亿元，分别占西部地区和全国的 30.55% 和 6.25%。

二　模型构建

在确定成渝全国科创中心建设空间载体的基础上，周边城镇的选择对于建设科创走廊至关重要，与两核心城市的联系程度是关键的量化指标。城市间的经济流的强度最能反映城市间的密切联系程度，表示中心城市对周边城镇的经济辐射力和周边城镇对中心城市辐射力的接受能力。城市间经济联系强度的大小也反映出城市之间经济交流的频繁程度。Reilly 最早于 1929 年将万有引力应用到经济学领域②，城市联系强度是城市间空间相互作用力大小的表征，遵循距离衰减规律，可借用引力模型来衡量，即牛顿万有引力公式，构建经济联系强度模型，综合考虑人口数量、地区生产总值和城市间距离三个因素进行分析，修正后的具体公式如下：

$$E_{ij} = \frac{\sqrt{P_i \times G_i \times P_j \times G_j}}{R_{ij}^2} \qquad (12-1)$$

其中，E_{ij} 表示城市间联系强度；P_i 和 P_j 表示两个城市的人口数量；G_i 和 G_j 表示两个城市的 GDP；R_{ij} 表示两个城市之间的距离，用高德地图

---

① 涂建军、况人瑞、毛凯、李南羲：《成渝城市群高质量发展水平评价》，《经济地理》2021 年第 7 期。

② Reilly J., *Methods for the Study of Retail Relationships*, Austin, TX: University of Texas, 1929.

两地政府间直线距离来表示。数据主要来源于《四川省统计年鉴 2019》《重庆统计年鉴 2019》《中国城市统计年鉴 2019》，以及各城市统计公报、政府工作报告。

三 计算结果

对相关数据进行统计分析、模型计算、空间分析以及借用 ArcGIS 等软件进行空间可视化表达。城市联系强度值排名前 10 位的城市点对分别为成都—德阳、成都—眉山、重庆主城—江津、重庆主城—璧山、成都—绵阳、德阳—绵阳、成都—资阳、重庆主城—合川、成都—重庆主城、重庆主城—永川。可见，德阳、眉山、绵阳、资阳 4 个城市是成都对外经济联系的主要对象，江津、璧山、合川、永川 4 个城市是重庆主城区对外联系的主要对象，如图 12 - 1 所示，形成成德绵、成渝科创主轴带和沿江城市群三条城市带，并呈"工"字形分布。以此为空间载体，建设科创走廊，进一步发挥辐射带动作用。

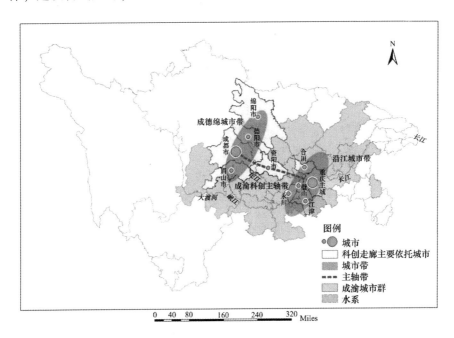

图 12 - 1 成渝科创走廊"工"字形发展规划

其中，成都和重庆主城区与各自周边城市的联系最为紧密，合作基础较好，城市联系质量相对较好。而德阳、绵阳城市规模较大，同时又相互邻近，城市联系同样较为紧密，城市联系质量也较高，也应引起足够的重视。

四 结果检验

在模型构建中，为了计算核心城市对周边城市的联系强度，由于数据的可获取性、模型自身等原因，仅选取了城市生产总值、人口和距离三个指标，为检验计算结果的合理性，特考察联系强度前十城市的研发投入大小及强度，根据四川、重庆两地 2019 年的相关数据，经计算，结果如表 12-2 所示。

表 12-2　　　　　　　　成渝核心区域研发情况列表

城市	成都	德阳	眉山	绵阳	资阳	重庆主城	江津	璧山	合川	永川
R&D 投入（亿元）	452.5	67.8	6.5	186.3	2.0	239.1.	32.2	21.8	14.2	25.5
地区生产总值（亿元）	17012.6	2335.9	1380.2	2856.2	777.8	9330.0	1036.7	681.0	912.5	952.7
R&D 投入强度（%）	2.66	2.90	0.47	6.52	0.26	2.56	3.11	3.21	1.55	2.67

2019 年四川省、重庆市①的研发投入强度分别为 1.87%、1.99%，从表 12-2 可见，除眉山、资阳两地明显低于平均研发投入强度外，其他均高于（或基本持平）平均线，验证了上述计算结果的合理性，即联系最为紧密的十个城市，也是创新资源比较丰富的地方。其中眉山、资

---

① 由于数据的可获得性，重庆的 R&D 投入数据为根据规模以上规模工业企业 R&D 经费修正后的数据。

阳两地明显低于平均研发投入强度，可能原因是两地离核心城市较近，受核心城市虹吸效应比较明显，所以研发投入并不强，但是与核心城市的一体化程度较高。

第五节 科创中心建设的政策建议

成渝两地应以"工"字形科技走廊建设为抓手，逐步突破两地行政壁垒，配套政策，共建产业平台，充分考虑市场机制，调动各方积极性，建立相适应的人才流动机制，关注生态和经济协调发展，使创新要素能够自由流动，发挥区域经济腹地作用，创新国家政策支持方式，使两地逐渐走向协同，共建成渝科创中心。

一 成渝层面——建设"工"字形科创走廊，以科创走廊建设加强成渝城市联盟聚合力

一是推进建设"工"字形科创走廊，以科创走廊建设加强成渝城市联盟聚合力。利用"两极一廊多点"辐射带动作用，以"两极"为创新载体，在成渝发展主轴、成德绵城市带和沿江城市带建设"工"字形科创走廊，针对沿线科创资源，实现"以点串线""以线扩廊"，充分发挥先发优势和集合优势，加强成渝城市联盟聚合力，构建集群化协同创新走廊[1]，实现多点开花。即以成都高新区为支撑的中国西部（成都）科学城、以重庆高新区为核心的中国西部（重庆）科学城为载体，建成"一廊"，即成渝科技创新走廊，涵盖成渝地区 12 家国家高新区，承载创新成果转化、高新技术产业化功能，实现"多点"开花，即成渝地区多个创新功能区和创新节点。

二是借助科创走廊建设，打破城市壁垒。加快两地科技体制改革与政策创新探索，配套政策，借助科创走廊建设，共建产业平台，充分考

---

[1] 成都科技顾问团：《共建成渝地区协同创新体系的建议》，《决策咨询》2020 年第 5 期。

虑市场机制，调动各方积极性，建立相适应的人才流动机制。借鉴长三角已成熟的创新政策，向成渝城市群推广相关经验。深化财政科研经费管理、人才评价和激励、科技资源共建共享等改革，在人事、户籍、住房、医疗、社保、教育等领域联合周边城市共同制定统一政策，进一步打破城市壁垒，加强在科技服务一体化、"创新券"通兑通用、共建共享科技基础设施和创业创新载体、科技人才自由流动等方面的政策协同性，积极构建各具特色的共同市场。

三是促进产业集聚，支持当地产业发展。目前，成都在电子信息产业领域有着最优质的院校基础（两电一邮中的"一电"位于此），从产业集群来看，微电子、固体电子等均有丰富的人才优势；重庆高新区聚集有高校院所 14 所，构建了以大健康、新一代信息技术、先进制造、高技术服务为主导的现代产业体系。两地联合出台产业集群一体化相关文件，加快成都科研机构和高校高精尖技术在重庆企业领域的转化应用，为产业发展提供技术支撑；推动重庆企业通过技术创新深度融入科研机构和高校创新体系，为其发展集聚更多创新资源。围绕现有基础和优势特色，明确哪些科技最能在短时间内掌握话语权、发挥引领作用。然后抓住重点突破，打造"高原和高峰"，协同推进科技产业发展。

四是推动主导创新主体协作，强化产学研和军民合作。一是基于成都科研机构、高校的优势和重庆企业创新主导地位的客观情况，积极推动两地产学研合作策略。同时两地可以通过科技计划项目设立产学研合作技术创新专项，助推企业、高校和科研机构深度融合创新，推动产学研合作逐步成为两地协同创新特色。二是深入推进两地军民科技协同创新。落实成渝特别是四川省政府与科技部、中央军委科技委合作协议，积极推进两地军民科技协同创新平台建设，组织推进军民科技协同攻关和双向转移转化，推进军民两用技术交易中心、技术转移中心和创客空间建设。

五是搭建精准高效的投融资平台，建立多层次、全方位的科技金融体系。研发成果转化需要高额的资金投入，存在巨大的市场风险，因此，为创新创业活动提供多层次、全方位的科技金融服务以及多样化的风险投资，是其顺利进行的有效保障。金融机构通过专业化的审查筛选，为符合标准的企业提供资金支持，使研发得以顺利进行，并最终使产品投产。风险投资也是一种非常重要的金融支持方式，尤其是对于初创科技企业。初创期一般都是技术研发、平台搭建和市场开发等活动比较集中的时期，需要大量且长期的资金投入，但是其本身具有轻资产、缺担保的特点，再加上研发活动的高度不确定性，导致其很难获得银行等金融机构的贷款，所以完善的风投机制对于科创型初创企业的发展至关重要。同时，随着初创企业自身价值的提高，能够吸引更多的风险投资，形成良性循环，最终将使真正有创新能力和意愿的企业脱颖而出。

二　区域层面——发挥战略腹地作用，统筹推进区域经济、生态发展

一是发挥战略腹地作用，为中心区域发展提供充足养分。腹地（Hinterland）最初的意思是指港口的服务区域，现多指经济和文化中心城市周围的毗邻地区。成渝地区乃至整个西部地区就是东部沿海等中心区域的广袤腹地，它们受中心区域的影响，能够为中心区域提供物资和销售市场，并接受中心区域文化服务。良好的腹地对一个区域中心城市功能的有效发挥起着决定性的作用，是区域综合发展的基础条件。广大成渝地区腹地要与沿海地区形成良性互通，支撑中心区域发展，扩大内需市场，为其提供充足养分，节省其发展成本，通过中心区域发展进而实现西部崛起，构建国内新发展格局。

二是推动区域生态环境协同治理，关注经济与生态协调发展。加强长江上游生态大保护，加快推进三峡库区生态文明建设。以科技创新支撑水污染治理、水生态修复、水环境保护的"三水共治"为重点，以流域高校院所和科技型企业为主体，深入实施水体污染控制与治理科技重大专项及相关国家重点研发计划，加强西部区域生态共性科学问题研究和系统性技术示范应用，形成可复制推广的生态环保技术体系，保护一

江清水。加强流域水源生态涵养和水质保障等关键技术研究，持续加大大气、水、土壤污染综合治理力度，强化长江流域的联防联控和协调联动，努力改善生态环境质量，为建设国家生态文明先行示范带提供科技保障。依靠良好的生态环境条件和社会条件，吸引相关人才，留住人才。

三 国家层面——创新政策支持方式，共建两地协同机制

一是主动融入国家重大区域战略。在构建"双循环"新发展格局的时代背景下，两地应协同主动对接"一带一路"建设、长江经济带发展、新一轮西部大开发等国家战略，积极融入西部陆海新通道建设，创新内陆开放新模式，探索经济区与行政区适度分离。抓好成渝、川渝等合作协议落实落地和科技援藏、援疆、援青工作，遴选支持示范带动性强的区域合作项目。共同制定成渝双城创新一体化建设发展规划，同时将成渝两地及相关区县制定的国民经济和社会发展规划与成渝双城经济圈创新一体化建设发展规划相衔接。

二是建立健全成渝地区科技协同创新组织机制。建议在中央层面构建由相关部委会同成渝共同参与的科技创新联席会议，构建有效的区域科技合作制度框架，制定联合工作方案，推动区域间共同设计创新议题、互联互通创新要素、联合组织技术攻关。建立常态化科技合作与交流工作机制，通过定期的部省（市）会商和省市领导联席会议，并落实联席会议办公室，作为成渝地区深化合作的载体。充分发挥成渝地区学术和人才优势，整合成渝地区学科资源，加强成渝地区科技合作与交流，自愿组织而成非营利性的新型技术创新组织——科技创新联盟，进一步破除央地之间、区域之间、产学研之间和军民之间的各种壁垒。

第十三章　甘宁青（西蒙）区域创新体系：交融文化导向型

第一节　引言

甘肃、宁夏、青海以及西蒙地区［以下简称甘宁青（西蒙）］，在地理位置上紧密相连，这一区域的诞生和发展历程悠久。随着历史地理的演变，这一区域逐渐发展壮大，成了一个具有重要地位的地区。在国家创新驱动发展战略下，为了更好地实现经济建设发展，该区域进行区域创新体系建设显得尤为重要。近年来，国家先后出台了《关于新时代支持革命老区振兴发展的意见》《"十四五"特殊类型地区振兴发展规划》等多个涉及革命老区振兴的指导性文件，明确提出要支持革命老区巩固拓展脱贫攻坚成果，推动革命老区实现高质量发展。由于甘肃省地理位置的特殊性，我们将该地区区域创新体系中的甘肃省单独拿出来放到下一章再进行详细讲解。

第二节　建设区域创新体系的阐释

一　建设甘宁青（西蒙）地区区域创新体系是演化经济地理学的提升

演化经济地理继承了演化经济学中的时间和历史的因素，将演化经济学和经济地理加以融合①。甘宁青（西蒙）区域创新体系的构建是依

---

① 颜银根、安虎森：《演化经济地理：经济学与地理学之间的第二座桥梁》，《地理科学进展》2013 年第 5 期。

据我国地缘架构进行划分，该区域最早可以追溯到西汉时期的河西走廊（现青海省境内）和河套平原（现今内蒙古西部），河西走廊地理位置十分重要，东西接塔里木盆地和黄土高原，南北接青藏高原和蒙古高原，是十分重要的交通要塞；河套平原因黄河发生弯曲呈现"几"字形，故称河套。近代，红军长征在陕甘宁地区建立革命根据地，抗日战争时期更是抗日根据地的总后方。现如今，伴随着历史的不断演变，河套地区和河西走廊依旧联系紧密，在现代经济发展过程中扮演着十分重要的角色，将甘肃、宁夏、青海和内蒙古西部地区经济发展联系在一起。陕西在地理位置上位于东侧，离西部地区远，离东部地区近，便于承接东部发展的东风，因此，构建甘肃、宁夏、青海、西蒙地区区域创新体系。该区域创新体系运用演化经济地理学理论在宏观层面上进行空间分析，对于演化经济地理学的应用与提升具有很大的意义。

二 建设甘宁青（西蒙）地区区域创新体系是党和国家顺应时代发展规律不断调整发展战略的总结和深化

国家专门出台了关于支持甘肃、宁夏、青海、内蒙古地区区域创新体系建设的政策文件，《关于加强科技创新促进新时代西部大开发形成新格局的实施意见（2021）》旨在推动西部地区加快实施创新驱动发展战略，提升区域和地方科技创新效能，以支撑新时代西部大开发形成新格局，文件明确了各地在国家整体战略布局中的定位，提出了构建区域创新体系的具体任务和时间表，从国家战略层面为该区域创新发展提供了强有力的保障。这一建设旨在推动该区域经济的持续、协调、健康发展，并逐步缩小地区差距，实现全面建设社会主义现代化国家的目标。

三 缺乏甘宁青（西蒙）地区区域创新体系不利于我国现代化发展目标要求

历史上，甘宁青（西蒙）地区曾是古代丝绸之路的重要通道，承担着东西方贸易和文化交流的重任，拥有丰富的自然资源和独特的地理优势，在古代和近代曾发挥重要作用。由于历史原因和地理环境的限制，甘肃、宁夏、青海、内蒙古地区在过去的发展中常常被忽视或被视为边疆地带，但仍出现过许多著名的发明家和工程师，如毕昇、张衡等，随着现代化进程的推进和全球竞争的加剧，该地区的发展潜力逐渐受到关注，缺乏对甘宁青（西蒙）地区区域创新体系建设将成为影响中国国力提升的重要因素之一。

四 建设甘宁青（西蒙）地区区域创新体系将实现后发赶超

建设甘宁青（西蒙）地区区域创新体系将会打破现有的空间和行政界线，构建一个更为紧密和协调的区域创新网络。这一网络通过加强创新资源的优化配置，推动科技与经济社会发展的深度融合，实现区域内创新能力的整体提升，为区域内的经济社会发展提供强有力的支撑。

第三节 区域创新体系的主体要素

一 地方政府

该地区政府在大力推动区域创新体系的建设过程中，加强政策支持，投入了大量的政策资源，包括税收优惠、财政补贴、人才培养等各项政策措施，以鼓励企业加大科技创新投入，激发创新活力；积极推动产学研一体化发展，通过建立产学研合作机制，加强与企业、高校、科研机构的合作，推动技术成果转化落地，提升区域创新能力。

二 企业产业

企业作为创新活动的主体，直接承担着培养和吸引创新人才的责任，还扮演着推动产业升级和结构优化的重要角色。通过不断升级和优化产业结构，企业可以提升整个区域的产业水平和竞争力，实现区域经济的长期稳定发展。R&D经费内部支出（参见表13-1）代表企业用于研发活动的经费支出，作为企业研发活动的重要组成部分，直接反映了企业对于研发工作的投入力度，这对于企业的创新和发展具有重要意义。

表 13 - 1　　　　甘宁青（西蒙）地区全部企业 R&D
经费内部支出（2021 年）　　　　　　　单位：万元

	全部企业 R&D 经费内部支出	
	政府资金	企业资金
西部地区	1350060	22008764
甘肃	72686	677634
宁夏	63414	523573
青海	3669	166856
内蒙古	72784	1540405

三　大学

大学作为人才培养的重要基地和科研创新的核心力量，对于构建区域创新体系具有举足轻重的作用。中国科学院在《迎接知识经济时代，建设国家创新体系》报告中提出，国家科研机构与科研型大学是知识创新系统的核心组成部分。推动科技成果的市场应用是大学服务区域经济创新发展的重要协同路径[①]，大学的科技产出对于区域创新体系的建设尤为重要，甘宁青（西蒙）地区高等学校科技产出（参见表 13 - 2）和其他区域相比，在科技论文、科技著作、专利和发明等方面存在一定的差距。甘肃的高等学校科技产出在该区域中最高，但区域高校创新发展仍有较大的提升空间。青海和宁夏有关形成国家或行业标准数为零项，说明青海和宁夏高校的科技产出还需继续加强，同时区域内其他高校也需进行帮扶，知识共享，共同建设区域创新体系。

---

①　李春林、王开薇、陆风等：《一流大学建设中高校科技创新服务区域经济社会发展研究》，《科技管理研究》2020 年第 24 期。

表13-2　　　甘宁青（西蒙）地区高等学校科技产出（2021年）

	发表科技论文（篇）	出版科技著作（多种）	专利申请数（件）	有效发明专利（件）	形成国家或行业标准数（项）
西部地区	331869	9982	75240	96302	170
甘肃	19991	573	3327	2819	17
宁夏	4267	156	1015	502	0
青海	3791	93	404	273	0
内蒙古	12844	791	2730	1652	21

四　科研机构

在构建区域创新体系的过程中，科研机构通过不断深化科技体制改革，优化创新资源配置，提高科研活动的效率和质量，进而推动整个区域的创新活力。科研机构的研发活动还会产生大量的创新知识，这些知识不仅是科研机构的核心竞争力，也是区域发展的重要资源。这些创新知识不仅可以转化为可以直接应用于生产生活的科技成果，还可以通过培训和指导，提升区域人才队伍的科技创新能力和水平。

五　中介服务机构

中介服务机构在构建区域创新体系的过程中，扮演着桥梁与纽带的角色，它们连接着政府、企业、高校等不同创新主体，使得区域各主体之间信息交流更为便捷，化解信息不对称问题；中介服务机构了解本地创新活动情况，在技术、人力、政府政策方面具有更多的区域创新资源，更具竞争力。知识邻近性和空间距离影响着中介服务机构对区域内资源的协调，空间距离较近便于区域内快速交流沟通，但是不利于学习新的知识，空间距离较远则更不利于新知识的学习，更新知识库。再者，中介服务机构的类型不同，对于服务区域创新具有一定的差异性，则需要联系差异性知识库针对不同的中介服务机构产生不同的作用，协助政府制定适合当地的创新政策，引导企业加大研发投入，激发科研机构和高校的创新活力。

第四节　区域创新体系的功能要素

一　制度创新

为了加强区域创新体系的构建，需要政府政策的扶持，制定符合创新体系的有利政策，加快甘宁青（西蒙）地区经济建设，推动红色产业品牌，制定有利于区域内部学习的知识创新组织制度，由层级结构演变为网络结构，避免由于程序上的滞后延缓决策的时效性，进而阻碍区域创新活动的效率。

二　技术创新

随着数字经济时代的发展，区域创新体系与大数据、云计算、人工智能等信息技术不断结合，迸发出无尽的潜力。差异化知识库利用蓬勃发展的信息技术，基于数字经济时代，达到知识与具体创新活动的结合，不仅有利于知识的传播，创新知识共享，极短时间内将创新成果辐射应用于整个区域体系内，还可以挖掘识别隐性知识，在区域内进行创新知识创造。此外，对于信息安全技术，也创新出了密码加密，数字摘要加密，数字签名加密，数字认证加密和数字证书加密等技术，保障区域创新过程中的保密数据不被窃取，保障技术创新过程良性发展。

注重发挥区域比较优势，在枸杞、牛羊肉、乳制品等特色农产品加工领域，通过引进先进的技术装备和管理模式，提升产业链条和产品质量竞争力；在新能源、新材料等新兴产业领域，推动技术研发和产业孵化，打造具有国际竞争力的新兴产业集群。

三　管理创新

管理创新的实质就是去中心化，差异化知识管理与区域创新体系结合，量身打造属于各区域的知识库，进行知识管理，使区域创新需求得到最大满足，并最终服务于区域创新体系。在今后的发展过程中，巨型知识库将会出现，且具有共享性，因此需要大力发展科学与技术，摆脱由于技术缺陷对管理能力创新的制约，但涉及方面诸多，难免具有区域针对性。区域面临的风险也具有差异化，尤其基于差异化知识库后，管理风险更为不同，对于已经出现的风险情况详细记录、整理、分类，形成"风险"知识库，之后通过量化分析，可以预防该区域创新风险的产生，并对已经发生的创新风险做好及时处理，为未来处理该类事件提供建议意见，有利于管理、决策。重要的是，差异知识管理行为做到"双环型学习"，在区域创新过程中，不仅要对造成现状原因的反思，发现并改正错误外，还需要对已有的规范、政策、目标等提出异议并修改。基于差异化知识库进行区域创新，势必会增加成本，甚至可能成本会超过其带来的价值，这也是需要考虑的。此外，还可以利用差异化知识库，加强各区域文化营销，进行文化创新管理。

四 服务创新

服务理念创新：随着社会的不断发展和进步，民众对公共服务的需求日益增长，服务质量的要求也越来越高。因此，公共服务机构需要树立以人为本的服务理念，切实满足民众的需求，提高服务质量和效率；服务模式创新：在民族地区，公共服务机构需要结合当地的特点和需求，创新服务模式；服务手段创新：利用现代信息技术手段，如互联网、移动支付等，提高公共服务的便捷性和可及性。例如，提供在线预约、远程诊疗等服务，使得民众能够享受到更便捷、更高效的公共服务。

第五节 区域创新体系的环境要素

一 创新硬环境

（一）基础设施

在交通领域，甘肃省完成了众多公路、铁路和航空项目的建设。例如，兰州至西宁的高速铁路已投入使用，这大大缩短了甘肃省与青海省之间的交通时间。此外，甘肃省还加强了农村公路建设，提高了公路网的覆盖率和通行能力，为了加强区域内各省份之间的交流，必须打通有利于经济发展的交通快速要道，打通地域限制，促进五地联动一体化发展；在能源领域，甘肃省和青海省都积极推进能源基地建设。甘肃省的白银、庆阳和酒泉地区是重要的能源基地，而青海省的海西、柴达木和共和地区也是重要的能源产区；在通信领域，这一地区的基础设施建设也得到了显著加强。互联网和移动通信覆盖了广泛的地域，为人们的生活和工作提供了便利；在水利领域，都加强了水资源管理和保护，推进了重大水利工程建设。

（二）自然环境

在土地资源方面，该地区拥有大量的宜农荒地和戈壁滩，这些土地资源为农业发展和土地利用提供了广阔的空间。同时，这些荒地和戈壁滩也具有较高的生态价值，可以用于生态保护和生态修复；在矿产资源方面，该地区拥有丰富的矿产资源，如煤、石油、天然气等。这些矿产资源的开采和利用可以为区域经济发展提供重要的支持。同时，这些矿产资源的开采和利用也可以促进技术创新和产业升级；在水资源方面，该地区拥有较为丰富的水资源，包括河流、湖泊、湿地等。这些水资源为区域创新体系的建设提供了必要的水资源保障。同时，这些水资源也可以用于生态保护和生态修复。

二 创新软环境

（一）体制

创新体系高质量发展所需人才短缺，应建立能够适应本地的体制、符合"人本位"理念、拓宽人才发展通道的好体制，减缓人才流失，打造区域创新发展基地，培养高层次、复合型人才。创造出符合多样化、个性化需求的创新思维，达成区域内契约式的关系，调动区域内的创新资源共同创新和发展。利用差异化知识库，加强各区域文化营销，进行文化创新。

（二）政策法规

"十三五"时期的革命老区经济不断向上发展，呈良性趋势。"十四五"时期是社会主义现代化建设的起步期，也是推动革命老区高质量发展的攻坚期。2022 年的《政府工作报告》也提出支持革命老区、民族地区、边疆地区加快发展。国家发展改革委下达中央预算内投资 7.54 亿元，重点用于支持宁夏 2022 年度生态保护修复项目建设等。此外，还需要构建完善健全的法制调控制度，保护政府成文的政策，保障创新活动能够朝着富有活力、健康良性的方向发展。

第六节　区域创新体系的创新模式与
发展路径

一　创新模式

中国西部地区的创新体系建设一定要从西部的实际条件出发，既不能照搬发达国家的模式，也不能总是传统的模式，低效运行。根据西部地区的情况，要坚持分类指导的原则，选择如下模式。[1]

（一）构建区域协同创新的异地孵化新模式[2]

区域协同创新的异地孵化新模式是一种新型的创新创业形态，它利用互联网和信息技术，实现跨地域、跨行业、跨领域的合作与交流，促进创新资源的共享与优化配置。在这种模式下，将研发和市场放在京津冀地区，中间的产业化放在甘肃、宁夏、青海和西蒙地区，既发挥了京津冀地区的人才、技术、资金及市场优势，也发挥了甘肃、宁夏、青海和西蒙地区资源、劳动力、建设、成本的优势；其次，京津冀地区一流

---

①　李含琳：《论构建西部区域创新体系的现实基础和有效模式——以甘肃省的案例分析为基础》，《天水行政学院学报》2019 年第 2 期。

②　魏世杰、彭春燕：《以"京蒙高科"为例看区域协同创新的异地孵化新模式》，《科技中国》2021 年第 5 期。

专家和团队介入孵化项目、战略联盟人才核心圈，为甘肃、宁夏、青海和西蒙地区区域创新体系建设提供智力服务；最后，实现科技计划项目资金异地拨付，京津冀地区注册的法人也可以视为甘肃、宁夏、青海和西蒙地区企业申请的科技项目资金，这样一来，可以为企业科技创新提供强有力的资金支持，最终促进地区间的经济互补性和协同发展，推动形成优势互补、协同发展的产业格局。

（二）构建科技创新体系帆船动力机制模型

甘肃、宁夏、青海、西蒙地区作为典型的欠发达地区和资源型地区，李毅、彭佑元①认为只有加快实现由要素驱动型向创新驱动型转变，提高科技竞争力和持续创新能力，才能真正实现转型跨越发展。基于此，搭建帆船动力机制模型，市场需求和竞争是构建该地区区域创新体系的拉动力，科技发展内在需求是构建该地区区域创新体系的推动力，区域发展和竞争是构建该地区区域创新体系的促进力，企业发展与竞争是构建该地区区域创新体系的驱动力，政府政策导向是构建该地区区域创新体系的控制力（参见图13-1）。

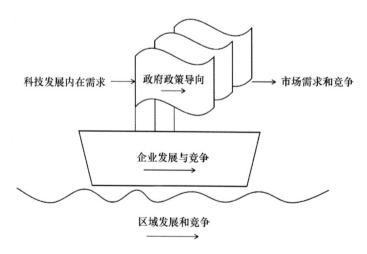

图 13 - 1　甘宁青（西蒙）地区区域创新体系帆船动力机制模型

① 李毅、彭佑元：《青海科技创新体系构建研究》，《青海科技》2020 年第 1 期。

市场需求和竞争是构建该地区区域创新体系的拉动力。市场需求刺激着科技创新的发展，竞争则是存在于市场经济的各个方面，是市场经济的主要调节机制之一。在区域创新体系中，竞争导致创新者不断优化产品和服务，提高质量和性能，从而更好地满足市场需求。

科技发展内在需求是构建该地区区域创新体系的推动力。该区域应大力开展科技创新，把全面推进科技创新作为该区域知识经济发展的有效途径。

区域发展和竞争是构建该地区区域创新体系的促进力。通常情况下，区域的发展与竞争同科技创新表现为一种双向的互动机制。这种机制体现在以下几个方面：首先，区域的发展为科技创新提供了一个良好的创新环境，包括完善的基础设施、优质的城市规划以及丰富的公共福利等。这些因素为科技创新提供了良好的条件，使得科技创新能够在区域内更加顺畅地进行。其次，区域的发展和竞争对科技创新提出了更新的要求。这种要求体现在对科技的质量、科技的水平以及科技的多样性等方面。为了满足这些要求，区域间相互竞争，努力提升创新能力。

企业发展与竞争是构建该地区区域创新体系的动力。企业在区域经济中扮演着主体的角色，也是区域创新的重要主体。在科技创新活动开始之前，企业要对创新活动可能带来的收益情况进行估计，从多个角度对创新活动进行全面的收益估计，以谋求中长期利润的稳定增长。如果企业对科技创新活动的预期收益很高，但成功的可能性很小，企业仍然会失去新动力。在区域创新体系构建过程中，需要企业家精神和公司全员参与，领导企业持续不断地进行科技创新。

政府政策导向是构建该地区区域创新体系的控制力。它可以引导创新资源的配置，激发创新活力，提高区域创新能力。政府一方面可以对创新行为进行保护，通过制定相关法律法规，保护知识产权，鼓励企业申请专利，促进技术创新。另一方面，政府可以采用经济、政策等手段对创新行为进行激励，例如，通过税收优惠、资助补贴等方式，鼓励企业加大研发投入，推动技术创新；通过制定产业发展规划，引导企业投资创新领域，促进产业升级。

（三）构建 DUI 差异化知识模式

根据差异化知识的三个方向的分类演变出 STI 及 DUI 两种差异化知识模式，而宁夏、青海和西蒙地区区域属于实践，应用与互动（DUI）模式。由于经济、科学技术、文化、复合型人才的制约，该区域相较于组织密集型区域创新能力相对不足，因此，该区域的创新模式属于组织薄弱型区域创新体系及 DUI 模式：边缘区域的资源型行业。

二 发展路径

（一）按照"三步走"原则，"逆向"构建区域创新体系

2016 年 7 月，习近平总书记在宁夏考察时强调："越是欠发达地区，越需要实施创新驱动发展战略"。朱永彬、申晓燕[1]认为欠发达地区创新需求与区域自身创新供给能力的严重错配，更加凸显出区域创新体系在支撑区域创新驱动发展中的重要作用。

发达地区在创新主体、创新资源和创新环境方面发展较好，进而区域创新产出水平较高，支撑区域高质量发展。然而，在全国统一大市场下，甘肃、宁夏、青海和西蒙地区经济发展水平落后，进而导致"虹吸效应"，使得甘肃、宁夏、青海和西蒙地区市场规模变小，竞争不充分，无法孕育快速迭代的创新需求。因此，甘肃、宁夏、青海和西蒙地区构建区域创新体系不能按照发达地区的思路继续发展，而应该"逆向"构建区域创新体系。先激发创新需求，进而调动创新主体活力，最终带动创新的良性循环。第一步，培育创新需求，打造具有区域特色的市场主体；第二步，引进科技成果和创新团队，完善区域创新合作模式，鼓励协同创新，借助技术成果与科技领军人才共同提高自主创新能力；第三步，全面区域创新，找准特色产业，明确自身发展定位，形成差异化协同创新格局，激发各类创新主体的活力，最终实现国家创新体系构建和

① 朱永彬、申晓燕：《欠发达地区构建区域创新体系的基础、路径与政策》，《科技中国》2022 年第 7 期。

科技强国建设。

（二）依据地方特色比较优势提升创新能力

欠发达地区的经济和技术都是结构性的，在一般情况下并不是所有产业、所有行业或者所有地区都是非常落后的，因此，要进行嵌入式创新，改造提升个别产业。

发展绿色矿产资源产业：加大科技创新投入，设立绿色矿产资源科技创新基金，建立绿色矿产资源技术研发中心，集中力量进行技术研发和创新，提高产业的核心竞争力。其次，推动绿色矿产资源的清洁利用和节能减排技术的研发和应用，引进先进的技术和经验。此外，完善绿色矿产资源产业链，可以实现资源的有效利用和循环利用，实现产业的升级和转型，提高产业的经济效益和社会效益。

发展绿色农业资源产业：宁夏回族自治区以草畜业为主导产业，青海省以畜牧业、高山农业和中药材种植闻名全国。内蒙古拥有我国面积最大的沙地生态系统，湿地生态系统，拥有伊利、蒙牛、鄂尔多斯羊绒衫等多个知名品牌。发展该区域绿色农业资源产业就要支持农业生产基地建设，打造具有地方特色的绿色农业品牌，实现科技名牌战略[①]，提高绿色农产品知名度和竞争力；还要利用互联网、电商平台等渠道，拓展绿色农业产品的销售市场，提高产品附加值。

发展红色旅游资源产业：积极开发新的红色旅游产品，如虚拟现实技术、数字化博物馆等，让游客能够更加直观地了解红色历史，体验革命斗争时期的艰辛与伟大。设计具有地方特色的红色旅游线路，串联起各地的革命历史遗址、纪念馆等，使游客在游览过程中更加深入地了解甘肃、宁夏、青海、内蒙古地区的革命历史和革命精神。还可以通过举办各种红色旅游活动、研讨会等形式，加强与学术界、文旅界的交流与合作，不断提高红色旅游产业的创新能力和水平。

---

① 姜宝林、侯晋烨：《探索内蒙古科技名牌战略与区域创新体系建设》，《内蒙古煤炭经济》2013年第7期。

第七节 政策建议

一 加快甘宁青（西蒙）地区经济建设，推动红色产业品牌

红色产业品牌建设是指以红色文化为底蕴，以生产、流通、销售等程序为支撑，以品牌建设为手段，推动经济发展和文化传承的一项重要工作。甘宁青（西蒙）地区具有丰富的红色文化资源，可以通过挖掘这些资源，打造红色文化产业，形成具有地域特色和文化内涵的品牌，推动区域经济发展。要鼓励企业开发具有红色基因的特色产品，如甘肃的枸杞、宁夏的滩羊、青海的青稞酒、内蒙古的牛羊肉等，通过注入红色元素，提升这些产品的品牌价值和市场竞争力。

二 打通地域限制，促进区域联动一体化发展

为了促进地区之间的合作与发展，各地政府和企业积极探索创新的方式，打通地域限制，推动区域间联动一体化发展。推动创新平台建设，加强三省一区（甘肃、宁夏、青海、西蒙）之间的创新平台共享与合作，促进企业间的合作交流，共同开展研发、生产、销售等活动，实现产业链的有机衔接，提升区域创新能力和水平。

打通地域限制，最应注意的就是需要建立高效的交通网络。交通是地区间联系的重要纽带，只有通过高效、便捷的交通网络，各地区才能更好地互联互通，应加大对交通基础设施的投入，提升公路、铁路、航空等交通工具的运营效率和服务质量。

三 打造区域创新发展基地，培养高层次人才

打造区域创新发展基地，鼓励和支持区域创新体系人才不断探索、挑战和突破。建立一套灵活高效的人才激励机制，包括薪酬福利、职业发展、学术荣誉等方面，激发人才的工作热情和创新能力。培养一支跨

学科、专业化的区域创新体系人才队伍，通过学术交流、合作研究、项目培训等方式，提高人才的学科交叉融合能力和专业素养。鼓励企业加大研发投入，与高校、科研机构建立紧密的产学研合作关系，共同培养和吸引更多优秀的创新人才。加强区域创新体系人才资源的开发与保护，实施科学的人才评价和分类管理策略，确保各类人才得到公正、合理的评价和待遇。引导和鼓励人才向企业急需紧缺领域和基层一线地区流动，促进人才资源优化配置。

总之，甘宁青（西蒙）地区构建区域创新体系是一个由弱到强的渐进性过程，需要循序渐进，做好创新战略规划。在这个过程中，我们需要选择合适的创新战略和创新模式，构建以政府为主导、市场为导向、企业为主体、科技为支撑的区域创新体系。政府可以加大对创新的投入，制定有利于创新的政策法规，营造良好的创新环境；企业可以加强与高校、科研机构的合作，推动科技成果转化，提高自身的创新能力；市场可以发挥价格信号作用，促进创新资源的优化配置，推动创新的快速发展。

第十四章　甘肃省区域创新体系建设研究：双核引导型

十四五时期以来，创新动力支撑着经济社会发展和民生改善，我国科技创新整体水平正以跻身创新型国家前列为目标不断前进，与此同时，我国发展不平衡不充分问题依然突出，亟待依靠科技创新推动高质量发展。① 为带动一些区域在改革创新方面的发展，系统推进全面创新改革是破解创新驱动发展瓶颈制约的关键。② 甘肃兰州白银国家自主创新示范区、兰白科技创新改革试验区创新引领作用正在进一步凸显。甘肃省属于资源型老工业基地，是一个发展潜力和困难都比较突出，优势和劣势都比较明显的省份，虽然拥有一定的资源条件和基础，但区域创新的综合实力十分薄弱，全省科技创新呈现"中强西高东低南弱"的态势③。

李滋婷、张爱宁比较了创新发展程度较为类似的甘肃、宁夏和贵州三个省份，认为甘肃与宁夏之间的优势逐渐消失、与贵州之间的差距逐渐拉大④，何卫平、葛扬也认为甘肃科技创新在全国排 20 名以内的现状

---

① 参见《甘肃省"十四五"科技创新规划》。

② 2015 年 9 月 7 日，中共中央办公厅、国务院办公厅印发《关于在部分区域系统推进全面创新改革试验的总体方案》。

③ 参见《甘肃省国民经济和社会发展第十四个五年规划和二〇三五年远景目标纲要》。

④ 李滋婷、张爱宁：《区域科技创新能力差距实证研究——基于甘肃、宁夏和贵州的对比分析》，《科技管理研究》2021 年第 9 期。

与人均 GDP 指标在全国排名末位的经济发展情况存在明显不协调现象，[①]
并且甘肃的科技创新对省内各地市经济发展的推动作用不尽相同，影响
显著的地区逐步演化为以兰州市、酒嘉地区以及天水市为主的区域。[②]
李含琳认为甘肃省等地区要在改革开放方面有新的进步，必须要在创新
方面具有独特的创新思路和措施，着力解决软实力不足和突出问题。[③]
本章研究借鉴前人研究思路，具体选用省内各市整体区域创新，甘肃省
自身的专利申请以及论文产出数量等方面对创新现状进行分析，然后聚
焦甘肃省企业、科研机构和高校的累计科技创新成果，最后为下一阶段
甘肃省区域创新建设提出建议。

第一节　甘肃创新资源特征

一　甘肃省主要科技成果情况

甘肃省近 5 年科技发展现状呈上升趋势，但在软科学方面有下滑趋
势，目前具有创新成果不均衡的特征。在基础研究方面，重离子物理、
辐射技术选择氧化催化、冰川冻土、沙漠化防治、高原气象、草业科学
及藏语信息系统等处于国内领先地位；在工业科技方面，石油、化工、
石油机械超高压容器制造、核技术应用、有色金属、生物医药等在全国
有一定地位；在农业科技方面，畜牧兽医、节水农业、旱地农业、日光
温室等具有较高的科技水平；生物制品、中药（藏药）新药等在国内占
一席之地。甘肃省科技成果主要是由本省独立的科研机构、大专及以上
院校、企业、医疗机构和其他一些组织共同产出，从 2018—2022 年 5 年
的甘肃省科技成果中可以发现（参见表 14 – 1），甘肃省整体的科研成果

---

① 何卫平、葛扬：《甘肃区域科技创新与经济发展协调关系研究》，《开发研究》2019 年
第 3 期。

② 张永凯、薛波：《科技创新对甘肃区域经济增长的影响及其空间差异》，《开发研究》
2017 年第 6 期。

③ 李含琳：《论构建西部区域创新体系的现实基础和有效模式——以甘肃省的案例分析为
基础》，《天水行政学院学报》2019 年第 2 期。

数量在不断增加，在应用技术成果、基础理论成果和软科学成果三个方面，都取得了一定的成果，从 2018 年到 2022 年分别增长了 675、344、321 项。但软科学发展相较于其他两个方面较为薄弱，还需要继续提高。

在甘肃省所取得的科技成果中，主要科技成果集中于应用技术成果方面。甘肃省在电子信息、先进制造、生物医药与医疗器械、卫生和社会工作和制造业发展前景良好，在农业方面的应用技术，更是取得了较大的成绩，为全国农业发展做出了巨大的贡献。

二 甘肃省论文产出情况

科技论文是科研创新的重要成果，是衡量国家及创新主体基础科研能力的重要指标①。在 2021 年甘肃省发表论文总数 12226 篇，占全国论文总数的比例为 1.32%，在全国 31 个省（市）中排在第 19 位，较 2020 年上升 2 位，超过河北省和江西省。甘肃 2016—2021 年各地论文发表数量前五的地区和发表论文占全省的百分比参见表 14 - 2。从地域分布来看，2016—2021 年这 6 年甘肃省各市州论文发表数量中，兰州市发表论文数占比约九成，其余市区产出数量不显著。作为全省的主要科研基地，这主要源于甘肃省内大学和科研机构主要集中于省会兰州，给兰州进行科研和产出论文提供了充足的基础条件。同时，科研需要巨大的资金支持，而每年兰州得到的科研方面的资金支持几乎占全省的一半以上，这些综合因素的作用，为兰州科研产出奠定了基础。

三 甘肃省专利申请情况

甘肃省专利申请总数量逐年增加，但在全国专利申请数量中占比不大。专利申请及授权数量是衡量一个国家、地区、机构或企业科技创新能力和知识产权积累的重要指标，全国和甘肃省专利申请受理量指标统计参见表 14 - 3，表 14 - 4。从表中可以得出，虽然在 2019—2022 年 5

---

① 王刚波、官建成：《纳米科学与技术之间的联系：基于学术型发明人的分析》，《中国软科学》2009 年第 12 期。

表14-1

甘肃省科技成果统计

单位：项

2022	合计	独立科研机构	大专院校	企业	医疗机构	其他
登记成果数	1851	361	402	538	335	215
应用技术成果	1188	256	97	525	142	168
基础理论成果	618	90	285	12	191	40
软科学成果	45	15	20	1	2	7

2021	合计	独立科研机构	大专院校	企业	医疗机构	其他
登记成果数	1618	270	376	531	270	171
应用技术成果	1140	186	185	528	102	139
基础理论成果	456	78	180	3	167	28
软科学成果	22	6	11	0	1	4

2020	合计	独立科研机构	大专院校	企业	医疗机构	其他
登记成果数	2140	333	599	635	387	186
应用技术成果	1463	229	290	629	157	158
基础理论成果	648	103	287	5	228	25
软科学成果	29	1	22	1	2	3

2019	合计	独立科研机构	大专院校	企业	医疗机构	其他
登记成果数	1479	269	466	367	256	121
应用技术成果	922	167	188	363	113	91
基础理论成果	504	99	240	4	141	20
软科学成果	53	3	38	0	2	10

2018	合计	独立科研机构	大专院校	企业	医疗机构	其他
登记成果数	1176	221	350	375	145	85
应用技术成果	844	145	189	374	63	73
基础理论成果	297	67	139	1	81	9
软科学成果	35	9	22	0	1	3

2017	合计	独立科研机构	大专院校	企业	医疗机构	其他
登记成果数	—	—	—	—	—	—
应用技术成果	—	—	—	—	—	—
基础理论成果	—	—	—	—	—	—
软科学成果	—	—	—	—	—	—

数据来源：甘肃省科技厅（gansu.gov.cn）。

表 14-2

甘肃省论文发表前五市州统计

序号	2021 年			2020 年			2019 年		
	市/州	论文数（篇）	占甘肃省内论文比重（%）	市/州	论文数（篇）	占甘肃省内论文比重（%）	市/州	论文数（篇）	占甘肃省内论文比重（%）
1	兰州市	7687	0.8976	兰州市	7491	90.49	兰州市	7167	90.86
2	庆阳市	130	0.0152	庆阳市	126	1.52	酒泉市	106	1.34
3	酒泉市	123	0.0144	张掖市	120	1.45	张掖市	92	1.17
4	武威市	104	0.0121	酒泉市	111	1.34	天水市	82	1.04
5	天水市	92	0.0107	天水市	82	0.99	庆阳市	92	1.17

序号	2018 年			2017 年			2016 年		
	市/州	论文数（篇）	占甘肃省内论文比重（%）	市/州	论文数（篇）	占甘肃省内论文比重（%）	市/州	论文数（篇）	占甘肃省内论文比重（%）
1	兰州市	6902	90.23	兰州市	6898	89.64	兰州市	7106	87.51
2	酒泉市	94	1.23	张掖市	125	1.62	张掖市	156	1.92
3	张掖市	93	1.22	天水市	103	1.34	天水市	138	1.7
4	天水市	89	1.16	武威市	91	1.18	酒泉市	120	1.48
5	庆阳市	82	1.07	庆阳市	85	1.1	武威市	115	1.42

数据来源：甘肃省科技厅（gansu. gov. cn）。

年期间，甘肃省内各项专利申请数一直在稳步提升，从 2019 年国内专利申请受理量 27637 项增长至 2022 年的 3 万余项，其中包含甘肃省国内发明专利、实用新型、外观设计专利申请受理量三项指标，整体趋势向好，但是与全国平均值相比依旧偏低，处于全国中下水平，甘肃省在科技创新方面依旧是弱势，需要不断提升。

表 14 - 3　　　　　　全国专利申请受理量指标统计

专利	2022	2021	2020	2019
国内专利申请受理量（项）	5364639	5243592	5194145	4380468
国内发明专利申请受理量（项）	1464605	1427845	1344817	1243568
国内实用新型申请受理量（项）	2944139	2845318	2918874	2259765
国内外观设计专利申请受理量（项）	777663	787149	752339	691771

数据来源：国家统计局（stats. gov. cn）。

表 14 - 4　　　　　　甘肃省内专利申请受理量指标统计

专利	2022	2021	2020	2019
国内专利申请受理量（项）	32512	30165	30732	27637
国内发明专利申请受理量（项）	7005	6423	5684	6056
国内实用新型申请受理量（项）	23725	21626	22490	19226
国内外观设计专利申请受理量（项）	1782	2116	2558	2355

数据来源：国家统计局（stats. gov. cn）。

四　技术市场统计数据

技术市场是技术创新和经济增长之间的重要纽带，通过对 2020—2022 年甘肃省技术市场进行统计可以发现（参见表 14 - 5），甘肃省的技术市场总合同数在 2021 年达到破万的记录，成交额从 2020 年的 200 万件稳步增长至 330 余万件，但是其中的技术交易额却有所下降，合同数中的技术开发合同数与前两年相比有所下降，主要在技术咨询交易额方面从 2020 年的 19 万降低至 2022 年的 3 万左右，说明甘肃省在技术创

续表

新开发这一方面还是有所欠缺和不足，创新能力较弱。

表 14 – 5 甘肃省技术市场统计

合同类别	2022			2021			2020		
	合同数（个）	成交额	其中技术交易额	合同数（个）	成交额	其中技术交易额	合同数（个）	成交额	其中技术交易额
总计	13241	3385731	1498288	10177	2804411	1331558	7403	2331559	1550510
技术开发	1384	307316	192361	1561	220284	173961	1473	167835	153230
技术转让	564	100019	85137	283	98891	81221	176	40594	34115
技术咨询	709	46682	29818	1276	112920	84286	950	306879	196252
技术服务	10439	2886198	1148534	7057	2372315	992090	4804	1816251	1166913

数据来源：甘肃省科技厅（gansu. gov. cn）。

五 科研人员密度

针对近年来甘肃省整体科技水平下滑这一特征，省内投入的机构、人员等数量不断增加。从 2019—2022 年数据可以发现（参见表 14 – 6），甘肃省 R&D 人员密度上升，其中以高端博士人才最为明显，总人数在持续增加，其他学历人才总体也呈上升趋势，不同学历人才的持续增加，为甘肃省科研创新注入源源不断的活力；同时，从工作量也能看出，R&D 全时工作人员数量也在稳步增加，在这些科研人员不断的努力下，逐渐推动甘肃省科研创新向前发展。

表 14 – 6 甘肃省机构、人员和经费统计

指标	2022	2021	2020	2019
机构数（个）	232	187	178	159
从业人员（人）	18220	17032	16442	15371
科技活动人员（不含外聘的流动学者和在读研究生）（人）	14890	13727	12764	11594

续表

指标	2022	2021	2020	2019
本科及以上学历（人）	11805	10578	9873	8844
经费收入总额（万元）	786848	670218	648165	619150
科技活动收入（万元）	676308	554991	550528	509200
经费内部支出总额（万元）	751109	668967	622502	663962
科技经费内部支出（万元）	645484	539173	510130	513537

数据来源：甘肃省科技厅（gansu. gov. cn）。

六　高校科技创新结果

（一）甘肃高等院校数量少

高校作为国家基础研究与原始科技创新的主体之一，为我国科技创新注入源源不断的动力，是我国科技创新的核心源泉，其创新能力不仅代表着国家科技创新能力与区域创新的发展水平，也从侧面不断凸显学校自身综合竞争力[1]。本科院校作为教育创新的"领军人物"，在科技发展、人才培养等方面起着至关重要的作用，从甘肃省普通高等教育院校与全国的数量对比情况（参见表 14 - 7）可以看出，甘肃省本科院校数量少于专科院校数量，学校数目占全国数量的六十分之一，占比很小，因此导致近年来甘肃省整体教育发展状况较差。

表 14 - 7　　　　　甘肃省与全国各级各类学校校数情况比较　　　单位：所

项目	普通高等教育	本科院校	（高职）专科院校
甘肃	49	22	27
全国	2760	1275	1489

数据来源：中国统计年鉴（www. stats. gov. cn）、甘肃省统计局（gansu. gov. cn）。

---

[1]　邢战雷、马广奇、刘国俊等：《基于专利分析的陕西省高校科研创新能力提升策略探索》，《科技管理研究》2019 年第 14 期。

（二）甘肃高等院校结构不合理

高水平研究型大学是科技创新、人才培养的主力军①，从表 14 – 8 看出，大专院校的科研创新成果近年来发展趋势不稳定，科研机构（高校）的创新成果稳定增长并在教育创新领域起着重大作用，但通过表 14 – 7 可知甘肃省的本科院校只有 22 所，本科院校数目较少，教育资源稀缺，科研机构（高校）在甘肃省区域创新教育领域发挥的作用不强，故导致创新发展滞后的局面。

表 14 – 8　　　　　　　　　甘肃省科技成果情况　　　　　　　　单位：项

指标	2022	2021	2020	2015	2010
登记成果数	1851	1618	2140	819	1076
科研机构	361	270	333	188	210
大专院校	402	376	599	200	295

数据来源：甘肃省统计局（gansu. gov. cn）。

研究型大学普遍呈现研究生人数多于本科生数的现状，表 14 – 9 统计了甘肃省各级教育学历人数，本科生远远多于研究生（博士、硕士）人数，截至 2023 年底，本科院校培养的在校生数约为 337224 人，是研究生（博士、硕士）人数的 5 倍多，因此甘肃省重点大学应大力培养高学历研发型人才，提高核心竞争力，大力支持高校创新建设，致力转型为研究型院校。

表 14 – 9　　　　　　　甘肃省各级各类学历教育学生情况　　　　　　单位：人

项目	招生数	在校生数	毕业生数	授予学位数
研究生	21097	60493	14649	14826
其中：博士	1914	7226	888	906

---

① 《推动大学教育和科技创新联动发展》，《人民日报》2021 年 8 月 16 日。

续表

项目	招生数	在校生数	毕业生数	授予学位数
硕士	19183	53267	13761	13920
普通本专科	191920	648141	165898	—
本科院校	96583	337224	80494	79605
本科层次职业学校	6416	7840	—	—
（高职）专科院校	95337	310917	85404	—
职业技术学院	82138	251944	61223	—
成人本专科	34532	91996	22659	120
成人本专科	4400196	9336481	3300668	—

数据来源：甘肃省统计局（gansu. gov. cn）。

表 14 - 10　　　　　　**全国各级各类学历教育学生情况**　　　　单位：人

项目	招生数	在校生数	毕业生数
研究生	1242479	3653613	862185
其中：博士	138951	556065	82320
硕士	1103528	3097548	779845
普通本科	4679358	19656436	4715658
职业本专科	5466063	16937739	4956907
专科	5389761	16708999	4947678

数据来源：中国统计年鉴（www. stats. gov. cn）。

（三）甘肃省内重点高校呈现较落后、不均衡的特征

随着中国改革开放的不断发展，东部沿海地区因地理位置优越，各方面发展不断碾压西部地区，逐渐拉开了与西部地区在科技、教育、发展等方面的差距，同时，"孔雀东南飞"导致大量科技人才的外流，甘肃省科研和师资力量匮乏，对区域创新来说无疑雪上加霜。师资力量的匮乏对本省发展本科院校造成了巨大的障碍，因此出现了发展滞后的局面。表 14 - 11 和表 14 - 12 是甘肃省内排名前 5 名大学的教育资源情况，可以看出兰州大学作为省内综合实力最强的院校，近年来在科技创新方

271

面取得许多成果，无论从硕士生人数占比，一级学科博士、硕士点的建设等方面占比不小，在论文方面，兰州大学共有 19339 篇 SCI、SSCl 论文被计算统计 ESI 数据，这些论文共被引用 230933 次，总被引次数全球排名 507 位，在中国高校中排名第 25 位。近年来，其他四所大学的综合实力不断提高但在学科建设等方面不如兰州大学，并且与东部沿海地区相比较，在论文发表、科技成果、交流平台等教育培养方面差距较大，这表明兰州大学应以"双核"发展为基础，携手省内其他高校协同发展，相互合作，提高科技创新能力。

表 14 – 11　　　　　甘肃省排名前 5 高校学生人数统计

	博士生	硕士生	本科生	留学生
兰州大学	2773	11285	20030	—
兰州理工大学	—	7668	22326	—
兰州交通大学	382	6998	22172	278
甘肃农业大学	688	4023	17530	—
甘肃中医药大学	194	3274	13852	125

表 14 – 12　　　　　甘肃省排名前 5 高校学科情况统计

	一级学科博士点	一级学科硕士点	本科专业
兰州大学	25	48	103
兰州理工大学	6	25	73
兰州交通大学	6	24	70
甘肃农业大学	8	15	69
甘肃中医药大学	3	5	31

第二节　甘肃区域创新体系着力点

一　形成区域"双核"，助力甘肃全面发展

（一）狭长的地域特征是形成"双核"地理基础

甘肃省作为中国为数不多"两头大、中间长"的一个面积狭长的省

份，一方面因为省会兰州坐落于甘肃省东南方向，距离西北方向的酒泉、嘉峪关、张掖和金昌地区距离较远，对这些地方的科技创新带动作用较弱；另一方面，甘肃省整体经济发展水平较弱，没有足够的资金去对每一个城市支持，只能将有限的资金对重要的城市进行投资发展，省会兰州无疑就成为首选，所以兰州整体的科技创新水平相较于甘肃省其他城市，处于遥遥领先的地位。但是，作为老工业基地的甘肃，除兰州外还有一个城市也拥有较强的科研实力，就是位于甘肃省西北端的酒泉市，酒泉市在1958年10月20日成立了中国载人航天基地，是中国创建最早、规模最大的综合型导弹、卫星发射中心，依托国家建立卫星发射基地，酒泉市科技创新和工业基础相较于其他城市较强，是中国石油工业和核工业的发祥地；同时，酒泉市矿产资源也较为丰富，全市已发现矿产97种，其中已查明资源储量的矿产73种。酒泉作为向西开放的门户综合发展区，作为链接新疆和内地的桥头堡，未来在甘肃省区域创新上也能起到举足轻重的作用。

（二）各类创新资源逐渐向"双核"靠拢

甘肃省政府在各地区的研究和实验发展投入中，也在逐渐向"两核"靠拢，一核为兰州及周边地区，另外一核为酒泉—嘉峪关及周边地区。图14－1、图14－2、图14－3为甘肃省科技厅统计的各市州R&D人员（人）、R&D经费支出（万元）和政府资金2017年和2022年数据，用ArcGIS软件进行可视化处理后的结果，图中颜色越深的市州，表示该地区R&D人员（人）、R&D经费支出（万元）和政府资金越多，颜色越浅的市州，表示该地区R&D人员（人）和R&D经费支出（万元）和政府资金越少。从2017年和2022年两年的R&D人员（人）、R&D经费支出（万元）和政府资金数据可以看出，酒泉—嘉峪关地区相关的科研支出和从业人员在不断增加，到2022年，政府支出最多的城市为兰州、酒泉地区。不难发现，酒泉—嘉峪关和兰州周围市州的R&D人员（人）、R&D经费支出（万元）和政府资金在逐渐递减，甘肃省的科研逐渐形成了以兰州为中心和以酒泉—嘉峪关为中心的科研投入发展现状，

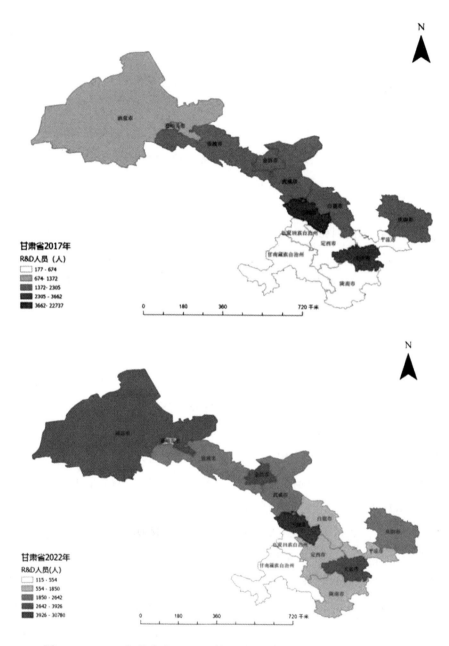

图 14 - 1   2017 年甘肃省 R&D 人员（人）与 2022 年甘肃省 R&D 人员
（人）各市州数量对比

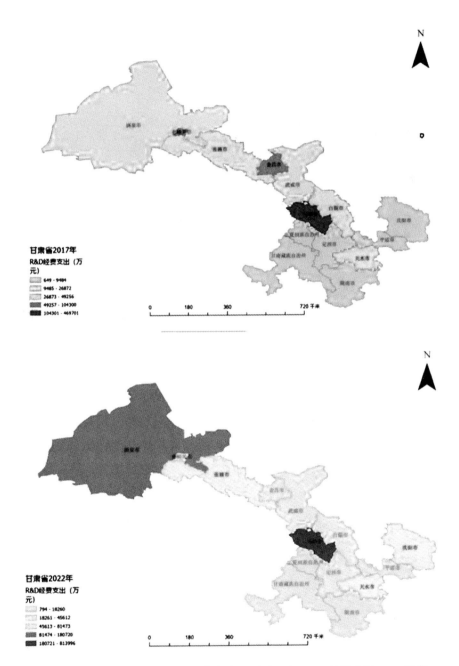

图 14－2　2017 年甘肃省 R&D 经费支出（万元）与 2022 年甘肃省 R&D 经费
支出（万元）各市州数量对比

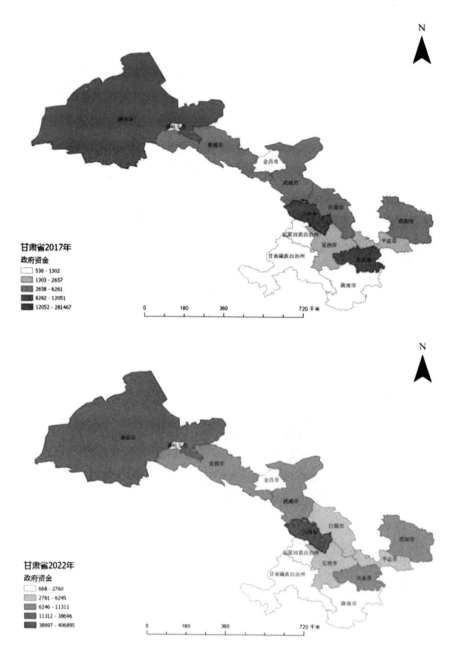

图 14 - 3 2017 年甘肃省政府资金与 2022 年甘肃省政府资金各市州数量对比

这一发展现状逐渐有向省内双核发展的趋势。[①]

（三）"双核"的辐射带动作用凸显

鉴于嘉峪关市暂归酒泉市管理，所以将嘉峪关市 GDP 和居住人口与酒泉市进行合并，形成酒泉—嘉峪关地区，引入引力模型进行计算。城市引力模型是物理学上的万有引力定律和距离衰减效应在经济地理方面的应用，本研究使用引力模型用以衡量各城市之间的空间相互作用强度，既能反映中心城市对周围城市的辐射能力，也能反映周围地区对中心辐射能力的接受程度，表达式为[②]：

$$R_{ij} = \sqrt{P_i G_i} \times \sqrt{P_j G_j} / D_{ij}^2 \qquad (14-1)$$

式中，R_{ij} 为城市 i 与城市 j 之间的空间相互作用强度；P_i 和 P_j 为城市 i 和城市 j 的人口规模；G_i 和 G_j 为城市 i 和城市 j 的 GDP；D_{ij} 为城市 i 与城市 j 之间的时间距离。

由于甘肃省主要以铁路运输为主，本研究使用的时间距离为动车行驶的时间，如果两地没有通行高铁，则以火车时间为准；同时甘肃省中部河西走廊地区分布的城市为张掖市、金昌市和武威市三个城市，兰州市作为甘肃省的省会城市，一定为甘肃省的核心，结合前文，用引力模型计算酒泉—嘉峪关地区对张掖市、金昌市和武威市的相互作用强度，同时计算兰州对张掖市、金昌市和武威市的相互作用强度，可以发现酒泉对张掖市的引力强度高于兰州对张掖市的引力强度，虽然酒泉—嘉峪关地区对金昌市的引力强度没有兰州市对金昌市的引力强度大，但是两者的数据相差不大，也从侧面反映出了甘肃省以金昌市为界限的双核模式的发展。

二　发挥地理优势，实现"四边形"合作

甘肃省作为北方、南方、西北、西南四大板块交界处，同时作为内

---

① 戴宏伟、胡喜飞：《区域双核结构对省域经济发展的影响研究——基于空间杜宾模型的实证分析》，《地理学报》2023 年第 10 期；刘冬梅、赵成伟：《东北地区建设区域科创中心构想》，《开放导报》2021 年第 6 期。

② 孟德友、陆玉麒：《基于铁路客运网络的省际可达性及经济联系格局》，《地理研究》2012 年第 1 期。

地和新疆，以及中亚和欧洲的桥梁，地理位置十分重要，给甘肃省区域创新发展带来挑战的同时，也提供了无限可能。省会兰州地处大西北"十字路口"，是一个立体交通枢纽城市，在铁路方面，有陇海线、包兰线、兰新线、兰渝线等铁路交会，已经作为内地连通新疆，中国连通中亚和欧洲的中欧班列重要始发站和中转站；公路方面，有京藏公路、连霍公路、兰海公路等多条国家高速公路交会；航空方面，兰州中川国际机场是国家4E级枢纽机场。同时，兰州离青海省省会西宁、陕西省省会西安、四川省省会成都距离较近且交通便利，西安和成都也集聚着大量的科研机构和高等院校，兰州可以携西宁，① 与成都和西安进行科技等方面合作，形成以西宁—兰州—成都—西安为"四边形"的区域创新合作圈，相互合作，取长补短，共同进步。

三 做好城市转型，摆脱资源"魔咒"

甘肃省有丰富的矿产资源，很多城市是凭借自然矿产资源优势而崛起、因资源而设立城市，逐渐发展成为工业化城市的，其中，金昌市以镍矿开发和加工全国出名，发展成为中国的镍都，嘉峪关市以镜铁山丰富铁矿石资源而建立了钢铁厂，玉门市以石油和石油工业而出名，白银市除丰富的铜资源外，更是用白银作为城市名称，庆阳市也拥有非常丰富的自然资源，这些城市都拥有各自的丰富的资源并结合各自资源发展不同的工业企业；但是随着资源的不断开发，很多城市的资源都在逐渐枯竭，区域科技转型就变得非常重要，这些城市在前期发展工业时期都积累了扎实的工业基础和丰富的科技创新技术，通过自身不断努力、大胆尝试，实现了成功的转型。其中，玉门市通过自身的不断科技创新，立足工业主导型和城市服务型功能定位，坚持工业强市不动摇，聚力锻造石油工业化、煤化工、精细化工新能源及装备制造和现代物流五个百亿级产业链，实现了资源枯竭型城市转型发展的华丽蜕变；白银市致力

---

① 马志超、贾丰源、白宇航等：《兰州—西宁城市群绿色经济效率测度及影响因素研究——基于超效率 SBM-ML 和 Tobit 模型的分析》，《地域研究与开发》2022 年第 4 期。

于打造有色金属、稀土新材料、循环化工等重点产业链和 42 条子产业链，努力将资源优势转化为发展胜势；嘉峪关市钢铁厂也积极与上海钢铁厂进行技术合作，不断学习上海先进技术，优化自身技术体系，取其精华、去其糟粕，实现了钢铁厂的涅槃重生。

这些资源型城市不断通过科技创新和向外学习，提升自身科技创新实力，进行不断的转型升级，为甘肃省区域创新体系完善贡献自身的力量和智慧。

四 搭乘邻省快车，实现快速发展

"一带一路"作为国家重大发展战略，沿线城市无论是在经济方面还是在科技方面都将会有巨大的发展。作为"一带一路"沿线重要省份之一的甘肃省如何利用好国家战略，发展自身成了重点。其中甘肃省平凉市和庆阳市借助邻省陕西，搭上了发展的快车。2018 年 1 月 15 日，国务院正式批复《关中平原城市群发展规划》，作为继长江中游城市群、哈长城市群、成渝城市群、长江三角洲城市群、中原城市群、北部湾城市群后，国务院批复的第 7 个高级城市群，国家要将关中平原城市群建设成为具有国际影响力的城市群，以深度融入"一带一路"建设为统领，以创新驱动发展、军民融合发展为动力，以延续中华文脉、体现中国元素的风貌塑造为特色，加快高端要素和现代产业集聚发展，提升人口和经济集聚水平，打造内陆改革开放新高地，充分发挥关中平原城市群对西北地区发展的核心引领作用和我国向西开放的战略支撑作用。在最新增加的 4 个城市中，甘肃省平凉市和庆阳市位列其中，形成了关中天水经济区和黄河金三角示范区中心城市的叠加效应，这就为平凉和庆阳发展区域创新提供了更好的条件。

第三节 完善甘肃区域创新体系政策建议

甘肃省地处西部交通枢纽位置，南北跨度大，给自身发展带来各种弊端的同时，也带来了很多机遇。甘肃省应以"双核"驱动，坚持两头发展，逐渐带动甘肃省中部地区，发挥一核连通新疆的重要作用，另一核发挥地理优势，与西宁、西安和成都建立起积极的区域创新合作发展"四边形"承接内地科技创新（参见图14-4），将甘肃省发展成为一个连通内地、新疆、中亚以及欧洲的桥梁，逐步突破各地限制，共建甘肃省新的区域创新体系。

一 提高甘肃省科技创新水平，以科技作为联通桥梁

将甘肃省区域创新与全国其他31个省、自治区、直辖市相比，常年综合科技创新水平位居全国23名，处于第二梯队最后或者第三梯队，区域创新能力位居第27名，甘肃省整体区域科技创新依旧较弱，在科技创新环境、科技活动投入、科技活动产出、高新技术产业化和科技促进经济社会发展方面，与东部沿海地区依旧差距明显。人才和技术无疑是突破这一困局的关键所在，而高新技术企业又是人才和技术的重要集合体。甘肃省应该实施引大引强引头部行动等全省重点工作，加强关键技术攻关和创新平台支撑，引育一批高技术、高成长性、高附加值企业，助力本省新型生产力加速集聚，助推甘肃省区域创新快速发展。

二 丰富甘肃省科技创新成果，多元创新助力区域创新

从甘肃省科技成果方面不难发现，甘肃省登记的成果中，应用成果占比一半以上，而基础理论成果占比较少，软科学成果更是可以忽略不计，整体的科研成果偏向于应用方面，在基础理论方面较弱，软科学方面更是需要加强和追赶；其中在应用成果方面，主要集中在农业方面，其次为电子信息、先进制造、生物医药与医疗器械、卫生和社会工作、制造业等方面，其他领域较弱。不难看出甘肃省在科技创新方面过于单一，科技创新主要围绕农业展开，其他方面都较为薄弱，但很多产业之间存在相互联系，过于单一的科技创新不利于全省区域创新水平的整体

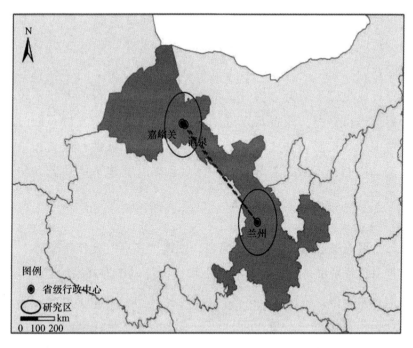

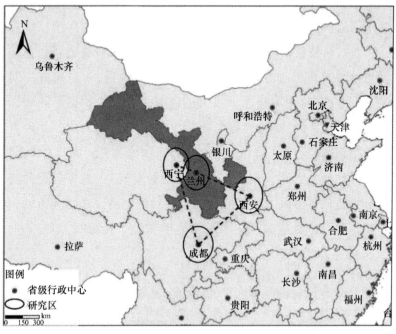

图 14 - 4 甘肃省"双核"分布和"四边形"合作

提升，区域主题数量缺乏①。科研成果的偏向更多的是因为本地区发展的不适应、市场的缺失，相关人才、技术和平台的缺少以及相应政策等因素的缺少。作为曾经老工业基地之一的甘肃，在工业、先进制造业等行业也应不断努力提升，可以向东边发达省份或者技术较为先进的省份进行学习，或将其先进生产线模式进行引入发展；同时政府可以考虑市场机制，共建产业平台，调动各方积极性，建立相适应的人才流动机制，不断完善本省不同领域创新，共建不同功能和特色的区域创新。

三 因地制宜均衡发展各市特色，创建"多点"合作新态势

甘肃省各城市科技创新发展并不均衡，兰州作为甘肃的省会，拥有大量的科研机构、高校和科研人员，同时，每年国家和甘肃都会向这些机构提供大量的资金和政策的支持，造成的结果就是兰州在科研方向"一枝独秀"，几乎占了甘肃省整体科研资源的80%以上，虽然一定程度上带动了周边白银、定西等城市，但对于甘肃省西北方向的城市由于距离较远，导致科技创新服务资源分配不均衡，区域科技创新服务体系无法满足当地增产和产业需求，造成甘肃省发展缓慢。② 甘肃省面对这种不均衡的发展，"集中力量办大事"的同时也应该去挖掘不同地区的特色，发挥不同地区的特长，"点与面"之间进行平衡发展。甘肃省应该根据自身创新体系上的差异以及各地方特色因地制宜，推动主体多样化，要素环境优化等差异化策略，实现全省均衡发展。③ 发挥各市独特的地理位置和科技创新方向，如张掖市的农业科技创新，嘉峪关市的钢铁工业等，逐渐将甘肃省建成一条不同特色创新的"长廊"，实现不同城市

---

① 孙良顺：《区域协同创新体系建设的共性机制与差异分析——以国内十家高科技园区为例》，《郑州大学学报》（哲学社会科学版）2023年第6期。

② 胡彪、王子腾、马广兴等：《创新驱动发展战略背景下区域科技创新服务体系建设研究》，《经营管理者》2023年第12期。

③ 孙良顺：《区域协同创新体系建设的共性机制与差异分析——以国内十家高科技园区为例》，《郑州大学学报》（哲学社会科学版）2023年第6期。

因不同特色发展不同创新方向，"多点"开花共同助力甘肃区域整体创新发展①。

四 "双核"驱动甘肃整体发展，"一廊"链接实现甘肃共同进步

甘肃省作为一个南北跨度大，同时省会兰州坐落于甘肃省东南方向的省份，集中了全省大多数创新资源的兰州市，却不能有效带动全省多数城市，这就造成坐落在西北方向的城市缺少有效的带动和发展。这就需要甘肃省在保证省会兰州快速发展以及对周边城市进行带动的同时，在西北方向投资发展一个城市带动发展西北方向，从甘肃的两头带动发展整体。这就需要甘肃省继续加大对酒泉—嘉峪关 R&D 经费的投入，为其建设高效的发展平台，助力其快速发展，起到对甘肃省西北方向的带动作用，同时，河西走廊链接着甘肃省的两个"核心"的"一廊"建设也要同步进行，以"双核"为创新载体，起主要带动作用，"一廊"为两核的链接，同时串起中间不同"点"的区域科技创新，实现"两头扩展""以线穿点"的整体发展趋势，带动甘肃省各市州共同发展进步。

五 发挥交通位置优势，打造向中部和东部合作的窗口

从全国各省分布位置可以看出，甘肃省地处中国西北地区，远离海洋，黄河泥沙含量较高，也不具备大型船只通航条件，相比起东部沿海省份，区域创新发展处处受到限制，并且自然条件恶劣，全省经济创新发展缓慢、财政对科技创新支出与中部和东部省份相比依旧较少的同时还受到西安和成都两大城市虹吸效应的影响，甘肃省在留人、用人方面做得并不出色，很多优秀人才都在逐渐流失，其中以兰州大学最为明显，很多优秀的科研骨干纷纷离开，为本就不强的甘肃创新发展雪上加霜。这一切主要原因在于经济创新发展过于缓慢，解决发展缓慢问题，为发

---

① 刘冬梅、赵成伟：《成渝地区建设全国科创中心的路径选择》，《开放导报》2021 年第 3 期。

展注入新的动力便成了重点，与周边合作无疑是突破这一困局的办法之一。虽然甘肃没有东南沿海便利的交通，但是兰州作为四区交界处，在西北的地理位置却是十分重要的，兰州更是重要的西部交通枢纽城市，同时兰州大学在很多科研领域依旧较强，政府可以建设一个西部科技交流平台，积极与成都、西安以及东部其他省份进行合作交流，形成一个跨省区域合作中心，鼓励各领域之间的人才进行科技探索，联合办厂等，同时完善各种政策和人才引进条款，加快政策的落地速度，吸引人才扎根西北。

第四节　未来研究展望

本章通过对甘肃省与全国其他省份综合科技创新水平相比较，为甘肃省在全国综合科技创新水平进行了定位。然后通过对甘肃省近几年主要科技成果、论文产出数量、申请数量、技术市场统计数据、科研人员密度、高校科技创新结果6个方面，对甘肃省各地区、各部分区域创新进行了详细的分析，发现甘肃省在区域创新方面比起以前虽然有很大的发展，政策方面也在不断追赶和完善，本省区域创新能力也在不断提高，但是甘肃省在区域创新方面还是存在很大不足，整体的区域创新水平还有待继续增强。同时发现，甘肃省由于受到地形的影响，区域发展逐渐向"双核"靠拢，形成了两个城市群带动甘肃区域整体发展的状况，这是否能够提高甘肃整体的区域创新水平或者是引导甘肃区域创新水平向较好的方向发展，还有待继续研究。[①] 省会兰州也应发挥自身交通优势，积极加强与周边省份的合作，逐渐形成和完善"四边形"合作发展新方向。

在区域发展中，地方政府无疑能够起到关键作用，无论是在新技术学习的引进、吸收、消化、创新等不同阶段，还是针对可编码的显性知

---

① 陆玉麒、俞勇军：《区域双核结构模式的数学推导》，《地理学报》2003年第3期。

识、可意会的隐性知识的学习，其中政府都扮演着重要角色。如何更好地发展一个地区，除了学习先进地区的经验外，还需要将经验因地制宜，进行本地化转换，这样才能够更大程度地激发本地的发展，为此，政府应该继续起到带头协调作用，加强组织领导、加大支持力度、开展监测评价、做好宣传总结，从四方面带动甘肃省区域创新，促进科技创新与技术发展携手进步。

第十五章　结论：统一性与差异性协调发展

第一节　构建创新要素统一大市场

显然，构建创新要素统一大市场具有一些明显的特殊性，具体如下。

一是推动形成创新要素全国统一大市场的主体是企业。推动形成创新要素统一大市场，仅靠体制机制改革是有一定难度的，考虑到企业是创新的主体，还必须依靠超脱于市场机制之外、微观上的组织——企业。

二是创新要素流动动力通常来源于政府干预和市场调节两个方面。一方面是指各地政府会制定各种优惠政策，进行自上而下各类创新基地（平台）的布局，同时增加研发投入来吸引创新要素流入本地；另一方面是市场的资源配置手段，创新要素会在市场机制影响下，基于稀缺资源追求自身利益最大化的目标，自发地从经济收益低的地区流向经济收益高的地区。协同创新的本质是创新资源的自由流动，区域协同创新的核心在于区域内创新要素的有效集聚与自由流动，并最终实现在集聚中动态均衡。但是，归根结底，创新资源的市场属性占主导地位，具有逐利性，会流向适应生存，且能创造更多价值的地方①。

三是创新要素要发挥引领作用。不同的发展阶段，创新要素的具体

---

① 陶良虎、郑炫、王格格：《创新要素流动与区域创新能力——基于政府和市场的调节作用》，《北京邮电大学学报》（社会科学版）2021年第6期。

含义并不相同，农业文明时代，土地、劳动力是最重要的生产要素，工业化时代，资本和技术是最重要的要素，后工业化时代，知识、人才、企业家等地位愈发重要，进入信息化时代，数据资源成为基础性战略资源。

基于对构建创新要素自由流动全国统一大市场的特殊性的再认识，提出以下政策建议。

一 加快培育统一的数据和技术要素市场

一是加快培育数字要素市场。加快推动各地区各部门间数据共享交换，制定出台新一批数据共享责任清单，促进企业登记、交通运输、气象等公共数据开放和数据资源有效流动，推进政府数据开放共享。支持构建农业、工业、交通、教育、安防、城市管理、公共资源交易等领域规范化数据开发利用，提升社会数据资源价值，促进创新生态和平台经济健康可持续发展。

二是加快发展技术要素市场。强化技术产权激励，打通技术需求和供给之间的堵点，建立技术交易全国枢纽节点。深化科技成果使用权、处置权和收益权改革，开展赋予科研人员职务科技成果所有权或长期使用权试点。激活中介服务活力，加强国家技术转移区域中心建设，持续支持高校、科研机构和科技企业设立技术转移部门，建立国家技术转移人才培养体系，提高技术转移专业服务能力，培育发展技术转移机构和技术经理人。

二 健全城乡统一的土地和劳动力市场

一是推进土地要素市场化配置。土地是最基本的创新要素，制定出台农村集体经营性建设用地入市指导意见，全面推开农村土地征收制度改革，扩大国有土地有偿使用范围。建立公平合理的集体经营性建设用地入市增值收益分配制度，建立健全城乡统一的建设用地市场。深化产业用地市场化配置改革，鼓励盘活存量建设用地，为乡村振兴和城乡融合发展提供土地要素保障。实施城乡土地统一调查、统一规划、统一整治、统一登记。推动制定不动产登记法，完善土地管理体制。

二是引导劳动力要素合理畅通有序流动。人才是最活跃的创新要素，推动超大、特大城市调整完善积分落户政策，探索推动在长三角、珠三角等城市群率先实现户籍准入年限同城化累计互认。放开放宽除个别超大城市外的城市落户限制，深化户籍制度改革。健全统一规范的人力资源市场体系，营造公平就业环境，进一步畅通企业、社会组织人员进入党政机关、国有企事业单位渠道，畅通劳动力和人才社会性流动渠道。

三 推进资本要素市场化配置

资本市场对经济发展的作用日趋增大，要发挥好资本市场的枢纽作用。坚持市场化、法治化改革方向，改革完善股票市场发行、交易、退市等制度，完善股票市场基础制度。稳步扩大债券市场规模，丰富债券市场品种，推进债券市场互联互通，加强债券市场评级机构统一准入管理，规范信用评级行业发展，加快发展债券市场。优化金融资源配置，放宽金融服务业市场准入，推动信用信息深度开发利用，增加服务小微企业和民营企业的金融服务供给，增加有效金融服务供给。积极探索通过天使投资、创业投资、知识产权证券化、科技保险等方式推动科技成果资本化，促进技术要素与资本要素融合发展。

四 强化企业创新主体地位

《2020 年全国科技经费投入统计公报》显示，2020 年，企业研究与试验发展（R&D）经费支出 18673.8 亿元，比上年增长 10.4%，占全国 R&D 经费的比重达 76.6%，对全国增长的贡献达 77.9%，企业研发经费对全社会增长的贡献进一步增强。未来，要转变政府"定价格""定规则"的管理方式，最大程度发挥市场决定价格的改革方向。应加快科研院所改革，健全有利于科技人才向企业流动的体制政策环境，完善金融支持创新体系，发展创业板、科创板、新三板等直接融资，促进各类资金向创新活动配置，促进技术、人才、资金等创新要素向企业集聚。

五 推进场景驱动战略、技术、组织和市场的融合

2022 年 8 月 12 日，科技部等六部门公布了《关于加快场景创新以人工智能高水平应用促进经济高质量发展的指导意见》，以促进人工智能与实体经济深度融合为主线，以推动场景资源开放、提升场景创新能力为方向，探索人工智能发展新模式新路径。明确提出场景创新是以新技术的创造性应用为导向，以供需联动为路径，实现新技术迭代升级和产业快速增长的过程。新时期，新场景、新物种、新赛道涌现，应用场景成为"技术翻译器，需求挖掘机"。在以场景为载体，以使命或战略为引领，驱动技术、组织、市场等创新要素及情景要素有机协同整合与多元化应用的趋势下，构建应用场景支撑和使命战略牵引下的技术创新与场景需求的双轮驱动机制，将推进现有技术应用于某个特定领域与场景，进而实现更大价值。同时，基于未来趋势与需求愿景，突破现有技术瓶颈，实现创造新技术、新产品、新材料、新流程乃至开辟新市场、新领域[①]。新场景能瞄准市场前沿需求，为创新要素和创新主体提供生态载体，未来，产品会被场景取代，行业将生态覆盖，推进数字技术、应用场景和商业模式融合创新，以领域应用带动技术进步。要发挥基于超大规模市场而产生的丰富应用场景，以及能够放大创新收益的优势，通过市场需求引导创新资源有效配置。

第二节 构建差异化的区域科技创新中心

通过理论梳理和实践总结可以发现，针对不同层级区域之间创新资源的合作利用问题尚存在改善空间，不同地区产业创新优势互补、错位发展方面仍待加强。区域科技政策或存在贪多求全、针对性不强，或存

---

① 尹西明、苏雅欣、陈劲等：《场景驱动的创新：内涵特征、理论逻辑与实践进路》，《科技进步与对策》2022 年第 15 期。

在政策规划雷同、区分度不足等问题，导致优质科技资源面临过度竞争形势。全国科技创新中心如何进一步发展，区域科技创新中心如何布局则是目前研究的重点和挑战所在。从现有理论来看，技术追赶理论与区域创新体系理论最为贴切，前者解决了为什么建科技创新中心的问题，后者解决了如何建设科技创新中心的问题。

一 明晰科技创新中心历史使命

从根本上讲，科技创新中心最基本的职责就是集聚与扩散，也就是在吸引大学、研究机构、生产性与服务性企业及技术人才等创新要素集聚的基础上，通过各类创新要素的相互作用，产生大量高水平创新成果，最终通过创新扩散以辐射带动更广泛的区域。在双循环的发展背景下，作为区域创新高地的科技创新中心，理应承担起发展增长极的作用，一方面通过参与全球竞争，提高我国的国际竞争力，在国际产业分工中占据领先位置，另一方面要依托内生发展动力，推动各省域范围的创新驱动发展，从而实现全国范围内的区域协调发展。亦即围绕国家区域发展战略和地方发展目标，以更明晰的使命导向，更准确的发展定位，为经济高质量发展注入新的活力。

二 推动科技创新中心体系化建设

科技创新中心主要集中在创新资源富集、经济发达、开放度高、文化繁荣的大城市，依据不同的历史使命，科技创新中心应对不同等级的区域进行体系化布局。国际科技创新中心，作为我国创新要素最为集聚的地区，要聚焦自由探索的基础研究领域，更要关注目标导向的基础研究，在世界科学中心建设上发挥最为重要作用的同时，也要在产业链安全的技术保障上起到更大的作用。全国科技创新中心，应该是跨省建设的，与国家区域发展战略相匹配，向上对接国际科技创新中心，向下带动各省产业技术创新。此外，单省份的区域科技创新中心建设，应在以上两个层级创新中心建设的基础上，更多考虑某些省份或地域在国家发展战略中的特殊地位，深度结合区域禀赋特色与区域产业结构，增强创新的根植性。

三　以科技创新中心统筹各类创新资源

国家各部门建设各等级基地平台、园区等，是进行创新布局的重要手段。应推进以各层级科技创新中心建设为契机，优化布局各类创新资源。针对一些创新布局存在载体不明晰、边界不清楚的情况，以及同一个区域，发改、农业、科技等部门同时挂牌支持现象，实现在各层级科技创新中心集聚不同等级、不同类别的创新资源，实现统筹管理，避免各类型创新集聚区"集中而不集聚""名义性圈地""外部不经济"现象的出现。各类政策集聚区的建设进程实质上是我国区域协同创新的不断探索过程，应紧密结合国家重大发展战略和现有优势科技领域，加强顶层设计和统筹谋划，强化各类创新基地（平台）的归口管理，综合考虑各区域资源条件，严格控制各类中心、园区、基地、平台等的建设标准①。

四　构建差异化区域创新体系

区域创新体系是由地理空间上相互关联与相互分工的企业、大学、科研院所、政府、中介服务组织等创新主体构成的区域组织体系，其主要功能是配置创新资源、促进知识生产和技术扩散、协调区域创新活动。通过各层级科技创新中心建设，统筹各类创新资源，最终目标是实现欠发达地区的技术赶超，实际上，这也是通过制度创新适应新的技术范式的过程。因为欠发达地区与发达地区之间的差距，不仅是经济层面的，更是制度层面的。而不同层级的科技创新中心，以及同层级不同区域的科技创新中心所需要的区域创新体系是不同的。为巩固现有的创新成果，各区域须构建创新规则和制度常态化的差异化区域创新体系，促进隐性

---

① 赵成伟、刘冬梅：《新时期我国区域创新布局的优化研究》，《全球科技经济瞭望》2022年第12期。

知识和显性知识的传播，保持持续的区域竞争力。

第三节　结语

本研究的边际贡献在于从科学中心、科技中心和产业融合的视角给出了科技创新中心定义，详细系统地梳理了支持各级创新中心建设的创新资源，并对下一步科技创新中心的建设提出了指导性建议。通过对科技创新中心的概念及中国实践的初步研究，希望能引发更多相关思考和探索，特别是基于中国科技体制改革的视角，将完善区域创新布局的政策框架理论运用于中国情景，以突出中国科技主管部门的统筹协调能力[①]。科技创新中心作为一项重要的政策工具，仍有许多现实而紧迫的问题需要回答。例如，如何实现目前我国三大国际科技创新中心的协调性发展？如何建设差异化的区域科技创新中心？如何增强区域科技创新中心的根置性？此外，振兴东北和黄河流域高质量发展都是国家重大区域发展战略，但是，至今尚未部署各层级科技创新中心。

此外，在实现技术追赶的过程中，政府的作用无疑是巨大的。无论是在技术学习的引进、吸收、消化、创新等不同阶段，还是针对可编码的显性知识、可意会的隐性知识的学习，其中政府都扮演着重要的角色。为此，政府要在积极塑造创新文化氛围、通过政策创新促进技术学习和自主创新、促进制度创新与技术进步相匹配等方面持续发力。

---

① 吕佳龄、张书军：《创新政策演化：框架、转型和中国的政策议程》，《中国软科学》2019 年第 2 期。

参考文献

白光祖、曹晓阳：《关于强化国家战略科技力量体系化布局的思考》，《中国科学院院刊》2021 年第 5 期。

蔡彬清、黄新焕：《研发经费投入对区域创新质量的影响——区域异质性环境的门槛效应分析》，《电子科技大学学报》（社会科学版）2021 年第 1 期。

蔡坚：《产业创新链的内涵与价值实现的机理分析》，《技术经济与管理研究》2009 年第 6 期。

蔡绍洪、俞立平：《创新数量、创新质量与企业效益——来自高技术产业的实证》，《中国软科学》2017 年第 5 期。

操友根、任声策、杜梅：《我国企业牵头创新团队合作：总体特征、网络演化及其启示——基于国家科技进步奖项目的分析》，《科学学与科学技术管理》2023 年第 12 期。

曹霞、于娟：《创新驱动视角下中国省域研发创新效率研究——基于投影寻踪和随机前沿的实证分析》，《科学学与科学技术管理》2015 年第 4 期。

陈丛波、叶阿忠：《数字经济、创新能力与区域经济韧性》，《统计与决策》2021 年第 17 期。

陈劲、杨硕、幸辉等：《新时代人才强国战略下中国高校创新人才评价体系研究》，《科学与管理》2023 年第 5 期。

陈琼琼、马近远：《区域创新体系中的深圳高等教育发展——基于三螺旋模式的分析》，《特区实践与理论》2022 年第 1 期。

陈伟、修春亮：《新时期城市群理论内涵的再认知》，《地理科学进展》2021 年第 5 期。

陈钰：《我国区域创新格局的中长期回顾与展望》，《全球科技经济瞭望》2021 年第 7 期。

程娜：《东北老工业基地智能化转型发展研究》，《社会科学辑刊》2020 年第 5 期。

初玉、毕迅雷：《合理布局打造区域科技创新中心》，《学习时报》2021 年 7 月 28 日。

储节旺、曹振祥：《综合性国家科学中心情报保障体系和运行模式构建——以合肥为例》，《图书情报工作》2018 年第 8 期。

戴宏伟、胡喜飞：《区域双核结构对省域经济发展的影响研究——基于空间杜宾模型的实证分析》，《地理学报》2023 年第 10 期。

杜德斌、何舜辉：《全球科技创新中心的内涵、功能与组织结构》，《中国科技论坛》2016 年第 2 期。

冯冬发、张涛、李奥、宫汝娜：《异质性空间随机前沿模型的参数估计及应用》，《统计研究》2023 年第 1 期。

冯烨、梁立明：《世界科学中心转移的时空特征及学科层次析因（上）》，《科学学与科学技术管理》2000 年第 5 期。

郭湖斌、邓智团：《新常态下长三角区域经济一体化高质量发展研究》，《经济与管理》2019 年第 4 期。

郭将、许泽庆：《产业相关多样性对区域经济韧性的影响——地区创新水平的门槛效应》，《科技进步与对策》2019 年第 13 期。

国子健、钟睿、朱凯：《协同创新视角下的区域创新走廊——构建逻辑与要素配置》，《城市发展研究》2020 年第 2 期。

韩子睿、魏晶、张雯、宋艳红：《产业科技创新中心建设的战略路径研究》，《技术经济与管理研究》2017 年第 6 期。

郝汉舟、刘彦文、沈琼婕等：《创新要素流动及影响因素研究述评》，《技术经济》2020 年第 5 期。

何涌：《R&D 投入能促进企业创新质量的提升吗？——基于风险投资的调节作用》，《经济经纬》2019 年第 4 期。

贺灿飞、李伟：《演化经济地理学与区域发展》，《区域经济评论》2020 年第 1 期。

侯建、陈恒：《自主研发、技术转移方式与区域创新质量》，《中国科技论坛》2016 年第 11 期。

胡彪、王子腾、马广兴等：《创新驱动发展战略背景下区域科技创新服务体系建设研究》，《经营管理者》2023 年第 12 期。

胡悦、马静、李雪燕：《京津冀城市群创新网络结构演化及驱动机制研究》，《科技进步与对策》2020 年第 13 期。

黄海霞、陈劲：《创新生态系统的协同创新网络模式》，《技术经济》2016 年第 8 期。

黄钊坤：《中非科技合作模式与推进策略研究》，《科学管理研究》2019 年第 1 期。

姜博、马胜利、王大超：《中国高技术产业创新质量内涵与测度研究》，《社会科学》2019 年第 3 期。

蒋殿春、王晓娆：《中国 R&D 结构对生产率影响的比较分析》，《南开经济研究》2015 年第 2 期。

蒋天颖、谢敏、刘刚：《基于引力模型的区域创新产出空间联系研究——以浙江省为例》，《地理科学》2014 年第 11 期。

金华：《新中国 70 年工业发展脉络、历史贡献及其经验启示》，《改革》2019 年第 4 期。

靳景玉：《区域经济联盟组织机制研究——以成渝经济区域为例》，科学出版社 2018 年版。

经济增长前沿课题组：《经济增长、结构调整的累积效应与资本形成——当前经济增长态势分析》，《经济研究》2003 年第 8 期。

巨文忠、张淑慧、赵成伟：《国家创新体系与区域创新体系的区别与联系》，《科技中国》2022 年第 3 期。

黎文靖、郑曼妮：《实质性创新还是策略性创新？——宏观产业政策对微观企业创新的影响》，《经济研究》2016 年第 4 期。

黎梓生：《全球价值链视域下农业产业集群升级的作用机制与推进路径》，《农业经济》2021 年第 10 期。

李春香：《城市流视角下武汉都市圈中心城市建设与圈域协调发展研究》，《湖北社会科学》2022 年第 10 期。

李飞、陈岩、张李叶子：《海外并购整合、网络嵌入均衡与企业创新质量》，《科研管理》2019 年第 2 期。

李林、杨晓宇、何建洪：《基础研究是否推动我国先进制造技术向国际前沿收敛——基于追赶阶段与技术子领域差异的分析》，《科技进步与对策》2022 年第 11 期。

李琳、牛婷玉：《基于 SNA 的区域创新产出空间关联网络结构演变》，《经济地理》2017 年第 9 期。

李美桂、赵兰香、张大蒙：《基于产业知识基础的北京科技创新中心建设研究》，《科学学研究》2016 年第 12 期。

李清均：《新时代东北振兴战略：本质、机理与路径》，《哈尔滨工业大学学报》（社会科学版）2020 年第 3 期。

李拓晨、石孖祎、韩冬日等：《数字经济发展与省域创新质量——来自专利质量的证据》，《统计研究》2023 年第 9 期。

李砚忠、赵成伟：《产学研协同创新的发展变迁、实践价值与路径选择》，《科技中国》2021 年第 1 期。

李砚忠、赵成伟：《科技创新驱动条件下双循环新发展格局：阐释、误区及路径》，《理论学刊》2021 年第 1 期。

李滋婷、张爱宁：《区域科技创新能力差距实证研究——基于甘肃、宁夏和贵州的对比分析》，《科技管理研究》2021 年第 9 期。

李子彪、李晗、陈丽娜：《知识邻近性对城市间技术协同创新的影响研究——以京津冀城市群为例》，《科技与管理》2022 年第 5 期。

梁琦、肖素萍、李梦欣：《数字经济发展、空间外溢与区域创新质量提升——兼论市场化的门槛效应》，《上海经济研究》2021 年第 9 期。

林毅夫、董先安、殷韦：《技术选择、技术扩散与经济收敛》，《财经问题研究》2004 年第 6 期。

刘冬梅、陈钰、玄兆辉：《新时期区域科技创新中心的选取与相关建议》，《中国科技论坛》2022 年第 7 期。

刘冬梅、吕佳龄：《创新驱动可持续发展的中国实践与反思》，《科技中国》2020 年第 11 期。

刘冬梅、赵成伟：《成渝地区建设全国科创中心的路径选择》，《开放导报》2021 年第 3 期。

刘冬梅、赵成伟：《东北地区建设区域科创中心构想》，《开放导报》2021 年第 6 期。

刘凤朝、张娜、赵良仕：《东北三省高技术制造产业创新效率评价研究——基于两阶段网络 DEA 模型的分析》，《管理评论》2020 年第 4 期。

刘冠辰、乔志林、陈晨：《异质性研发对区域创新发展的影响研究——基于省际面板数据的实证分析》，《云南社会科学》2021 年第 1 期。

刘志杰、熊筱伟、孙福全：《成渝建科创中心应强化产业特色》，《四川日报》2020 年 10 月 26 日第 001 版。

柳卸林：《技术创新经济学》（第 2 版），清华大学出版社 2014 年版。

柳卸林、葛爽、丁雪辰：《工业革命的兴替与国家创新体系的演化——从制度基因与组织基因的角度》，《科学学与科学技术管理》2019 年第 7 期。

卢召艳、黎红梅、魏晓等：《城市群核心区域科技创新潜力评价及影响因素——以长株潭城市群核心区为例》，《经济地理》2022 年第 4 期。

陆大道：《我国新区新城发展及区域创新体系构建问题》，《河北经贸大学学报》2018 年第 1 期。

陆剑宝、符正平：《海南自由贸易港与粤港澳大湾区联动发展的路径研究》，《区域经济评论》2020 年第 6 期。

陆玉麒、俞勇军：《区域双核结构模式的数学推导》，《地理学报》2003 年第 3 期。

吕佳龄、张书军：《创新政策演化：框架、转型和中国的政策议程》，《中国软科学》2019 年第 2 期。

吕薇：《新时代中国创新驱动发展战略论纲》，《改革》2018 年第 2 期。

吕薇、马名杰、戴建军、熊鸿儒：《转型期我国创新发展的现状、问题及政策建议》，《中国软科学》2018 年第 3 期。

马志超、贾丰源、白宇航等：《兰州—西宁城市群绿色经济效率测度及影响因素研究——基于超效率 SBM-ML 和 Tobit 模型的分析》，《地域研究与开发》2022 年第 4 期。

孟德友、陆玉麒：《基于铁路客运网络的省际可达性及经济联系格局》，《地理研究》2012 年第 1 期。

倪一宁、孟宁、马野青：《进口竞争、对外技术引进与企业创新质量提升》，《世界经济研究》2023 年第 7 期。

宁启蒙、胡广云、汤放华等：《科技创新与新型城镇化相关性的实证分析——以长株潭城市群为例》，《经济地理》2022 年第 8 期。

潘教峰、刘益东、陈光华等：《世界科技中心转移的钻石模型——基于经济繁荣、思想解放、教育兴盛、政府支持、科技革命的历史分析与前瞻》，《中国科学院院刊》2019 年第 1 期。

齐晓丽、聂天雷：《多维邻近下的跨区域产学合作创新绩效演化及影响研究——基于社会网络分析法和 QAP 方法分析》，《河北企业》2023 年第 6 期。

宋潇：《成渝双城经济圈区域合作创新特征与网络结构演化》，《软科学》2021 年第 4 期。

苏美丽、刘凤芹：《基础研究投入与企业生产率差异：创新与选择效应》，《经济管理》2022 年第 10 期。

孙良顺：《区域协同创新体系建设的共性机制与差异分析——以国内十家高科技园区为例》，《郑州大学学报》（哲学社会科学版）2023 年第 6 期。

孙瑜康、李国平：《京津冀协同创新中北京辐射带动作用的发挥效果与提升对策研究》，《河北经贸大学学报》2021 年第 5 期。

孙宇、彭树远：《长三角城市创新网络凝聚子群发育机制研究——基于多值 ERGM》，《经济地理》2021 年第 9 期。

陶良虎、郑炫、王格格：《创新要素流动与区域创新能力——基于政府和市场的调节作用》，《北京邮电大学学报》（社会科学版）2021 年第 6 期。

田国胜、张嘉桐、刘春天、白文翔：《区域性科技成果转化能力提升的探讨——以东北两省数据指标比较为例》，《中国高校科技》2020 年第 7 期。

田学斌、卢燕：《新发展格局下京津冀产业链创新链深度融合推动河北产业高质量发展——2021 京津冀协同发展参事研讨会综述》，《中共石家庄市委党校学报》2022 年第 1 期。

涂建军、况人瑞、毛凯、李南羲：《成渝城市群高质量发展水平评价》，《经济地理》2021 年第 7 期。

宛群超、袁凌：《创新要素流动与高技术产业创新能力》，《科研管理》2021 年第 12 期。

王刚波、官建成：《纳米科学与技术之间的联系：基于学术型发明人的分析》，《中国软科学》2009 年第 12 期。

王娟、任小静：《基础研究与工业全要素生产率提升——任正非之问的实证检验》，《现代财经》（天津财经大学学报）2020 年第 6 期。

王珊珊、王宏起：《技术创新扩散的影响因素综述》，《情报杂志》2012 年第 6 期。

王铁旦、罗强、彭定洪等：《粤港澳大湾区高新技术产业区域品牌价值评估》，《昆明理工大学学报》（社会科学版）2021 年第 1 期。

王潇婉、武健：《如何发挥高校对科创走廊发展的支撑作用》，《中国高校科技》2019年第8期。

王钺：《研发要素流动是否促进了区域创新质量的空间收敛——基于城市舒适性的视角》，《北京理工大学学报》（社会科学版）2021年第3期。

王志刚、邱长波：《中国内地省区间SCI论文合作网络演化分析》，《情报科学》2019年第11期。

卫平、杨宏呈、蔡宇飞：《基础研究与企业技术绩效——来自我国大中型工业企业的经验证据》，《中国软科学》2013年第2期。

魏海勇、李少杰：《德国大学科研创新的政策机制与实践借鉴》，《中国高等教育》2018年第20期。

魏良益、李后强：《从博弈论谈成渝地区双城经济圈》，《经济体制改革》2020年第4期。

吴延兵：《中国工业R&D产出弹性测算（1993—2002）》，《经济学》2008年第3期。

肖刚、杜德斌、戴其文：《中国区域创新差异的时空格局演变》，《科研管理》2016年第5期。

肖小溪、李晓轩：《关于国家战略科技力量概念及特征的研究》，《中国科技论坛》2021年第3期。

邢战雷、马广奇、刘国俊等：《基于专利分析的陕西省高校科研创新能力提升策略探索》，《科技管理研究》2019年第14期。

徐圆、邓胡艳：《多样化、创新能力与城市经济韧性》，《经济学动态》2020年第8期。

许庆瑞：《全面创新管理——理论与实践》，科学出版社2007年版。

闫东升、孙伟：《外资时空格局与驱动因素的尺度对比研究》，《地理科学》2023年第11期。

颜银根、安虎森：《演化经济地理：经济学与地理学之间的第二座桥梁》，《地理科学进展》2013年第5期。

杨博旭、柳卸林、王宁:《中国区域创新能力时空演变和趋势分析》,《科技管理研究》2022 年第 7 期。

叶雷、曾刚、曹贤忠、周灿:《中国城市创新网络模式划分及效率比较》,《长江流域资源与环境》2019 年第 7 期。

尹西明、苏雅欣、陈劲等:《场景驱动的创新:内涵特征、理论逻辑与实践进路》,《科技进步与对策》2022 年第 15 期。

尹希文:《中国区域创新环境对产业结构升级的影响研究》,博士学位论文,吉林大学,2019 年。

余泳泽、刘大勇:《我国区域创新效率的空间外溢效应与价值链外溢效应——创新价值链视角下的多维空间面板模型研究》,《管理世界》2013 年第 7 期。

俞立平、张矿伟、朱晓雨等:《短期与长期创新质量对高技术产业投资的影响》,《科技进步与对策》2024 年第 9 期。

喻忠磊、唐于渝、张华等:《中国城市舒适性的空间格局与影响因素》,《地理研究》2016 年第 9 期。

袁胜军、俞立平、钟昌标等:《创新政策促进了创新数量还是创新质量?——以高技术产业为例》,《中国软科学》2020 年第 3 期。

袁野、吴超楠、陶于祥等:《基础研究如何推动我国关键核心技术创新?——基于新一代人工智能专利的实证研究》,《科学学与科学技术管理》2023 年第 10 期。

张公一、张畅、郭鑫:《面向区域创新系统的知识库形成路径研究》,《图书情报工作》2017 年第 17 期。

张古鹏、陈向东、杜华东:《中国区域创新质量不平等研究》,《科学学研究》2011 年第 11 期。

张贵、温科:《协同创新、区域一体化与创新绩效——对中国三大区域数据的比较研究》,《科技进步与对策》2017 年第 5 期。

张鸿鹤、马荣康、刘凤朝:《基于引力模型的东北地区创新产出空间联系研究》,《大连理工大学学报》(社会科学版)2017 年第 4 期。

张惠娜、栾鸾、王晋:《创新要素向企业集聚模式与机制分析——以北京地区为例》,北京理工大学出版社 2018 年版。

张杰、郑文平:《创新追赶战略抑制了中国专利质量么?》,《经济研究》2018 年第 5 期。

张军、吴桂英、张吉鹏:《中国省际物质资本存量估算:1952—2000》,《经济研究》2004 年第 10 期。

张茂榆、冯豪:《城市群政策助推经济高质量发展的机制研究——基于四个国家级城市群的经验证据》,《经济问题探索》2021 年第 9 期。

张瑞、文兰娇、王宁柯、牟珊珊:《科技创新对城市土地绿色利用效率的影响——以武汉都市圈 48 个区县为例》,《资源科学》2023 年第 2 期。

张文忠:《中国不同层级科技创新中心的布局与政策建议》,《中国科学院院刊》2022 年第 12 期。

张欣炜、林娟:《中国技术市场发展的空间格局及影响因素分析》,《科学学研究》2015 年第 10 期。

张莹、董晓辉:《京蒙科技合作的典型模式和推进机制研究》,《科学管理研究》2022 年第 2 期。

赵成伟:《科技创新支撑引领"双循环"新发展格局的路径选择》,《科技中国》2021 年第 7 期。

赵成伟、刘冬梅:《新时期我国区域创新布局的优化研究》,《全球科技经济瞭望》2022 年第 12 期。

赵成伟、刘冬梅、王砚羽:《产业疏解对京津冀协同发展的作用路径及效果研究》,《经济与管理评论》2022 年第 3 期。

赵成伟、孙启明:《京津冀人口与第三产业分布匹配研究——兼论影响首都人口疏解效果的因素》,《求是学刊》2018 年第 6 期。

赵成伟、孙启明、王砚羽:《北京核心区人口疏解效果评价研究》,《北京邮电大学学报》(社会科学版)2017 年第 6 期。

赵成伟、翟瑞瑞、曹智等:《京津冀协同创新多维测度研究》,《科技进步与对策》2023 年第 16 期。

赵成伟、张孟辉、李文雅等：《京津冀协同创新机制探讨——基于主体协同与区域协同视角》，《中国科技论坛》2023 年第 12 期。

赵东霞、韩增林、赵彪：《东北地区城市经济联系的空间格局及其演化》，《地理科学》2016 年第 6 期。

赵蓉、王鉴雪、李强：《融合发展视角下高技术产业升级韧性研究》，《软科学》2023 年第 2 期。

赵昱、杜德斌、柏玲等：《国际创新资源流动对区域创新的影响》，《中国科技论坛》2015 年第 2 期。

赵正国：《我国如何建设国家技术创新中心》，《科学学研究》2018 年第 7 期。

赵志耘：《创新驱动发展：从需求端走向供给端》，《中国软科学》2014 年第 8 期。

郑鹏、侯建国、邵玉昆等：《深化科技合作推进粤桂琼区域创新体系建设》，《科技管理研究》2018 年第 3 期。

郑艳婷、李智贤、张可云：《经济追赶、创新水平与经济可持续发展——基于长江中游和成渝城市群的比较分析》，《学术研究》2022 年第 11 期。

中国科学技术发展战略研究院：《中国区域科技创新评价报告（2020）》，科学技术文献出版社 2020 年版。

中国社会科学院工业经济研究所课题组、张其仔：《"十四五"时期我国区域创新体系建设的重点任务和政策思路》，《经济管理》2020 年第 8 期。

种照辉、高志红、覃成林：《创新型城市建设的区域协同创新效应研究》，《西部论坛》2022 年第 6 期。

周灿、曾刚、曹贤忠：《中国城市创新网络结构与创新能力研究》，《地理研究》2017 年第 7 期。

周春山、邓鸿鹄、史晨怡：《粤港澳大湾区协同发展特征及机制》，《规划师》2018 年第 4 期。

周麟、叶振宇:《构建高质量区域创新体系 促进高水平科技自立自强》,《光明日报》2023 年 8 月 1 日第 11 版。

周锐波、邱奕锋、胡耀宗:《中国城市创新网络演化特征及多维邻近性机制》,《经济地理》2021 年第 5 期。

周勇:《区域创新体系中行为主体的协同关系研究——基于政府主导视角》,《中国特色社会主义研究》2016 年第 5 期。

朱婕、徐晔、陶长琪:《优化创新要素配置 推动经济高质量发展》,《中国社会科学报》2021 年 11 月 3 日。

朱庆华、李亮:《社会网络分析法及其在情报学中的应用》,《情报理论与实践》2008 年第 12 期。

[德] 奥古斯特·勒施:《经济空间秩序——经济财政与地理间的关系》,王守礼译,商务印书馆 2010 年版。

[德] 柏林科学技术研究院:《文化 VS 技术创新——德美日创新经济的文化比较与策略建议》,吴金希等译,知识产权出版社 2006 年版。

[美] 亨利·埃茨科维兹:《三螺旋创新模式:亨利·埃茨科维兹文选》,陈劲译,清华大学出版社 2016 年版。

[挪威] 比约恩·阿什海姆、[挪威] 阿尔内·伊萨克森、[奥地利] 米夏埃拉·特里普尔:《区域创新体系概论》,上海市科学学研究所译,上海交通大学出版社 2020 年版。

Akcigit U., Baslandze S., Stantcheva S., "Taxation and the International Mobility of Inventors", *American Economic Review*, Vol. 106, Iss. 10, 2016.

Boschma R. A., "Proximity and Innovation: A Critical Assessment", *Regional Studies*, Vol. 39, No. 1, 2005.

Cooke P., Uranga M. G., Etxebarria G., "Regional Systems of Innovation: An Evolutionary Perspective", *Environment and Planning A*, Vol. 30, 1998.

Cooke P. , "Regional Innovation System: General Findings and Some New Evidence from Biotechnology Clusters", *Journal of Technology Transfer*, Vol. 27, 1992.

Cooke P. , "Regional Innovation Systems: Competitive Regulation in the New Europe", *Geoforum*, Vol. 23, No. 3, 1992.

Freedman C. , "Technological Infrastructure and International Competitiveness", *Industrial and Corporate Change*, Vol. 13, No. 3, 2004.

Freedman C. , *Technology Policy and Economic Performance: Lessons from Japan*, London: Pinter Publishers, 1987.

Furman J. , Porter M. , Stem S. , "The Determinants of National Innovative Capacity", *Research Policy*, Vol. 31, 2002.

Gersbach H. , Sorger G. , "Hierarchical Growth: Basic and Applied Research", *Center of Economic Research at ETH Zurich Working Paper*, Vol. 9, 2009.

Hage J. , Hollingsworth J. R. , "A Strategy for the Analysis of Ideas' Innovation Networks and Institutions", *The Organization Studies Journal*, Vol. 5, No. 21, 2000.

Haner U. E. , "Innovation Quality—A Conceptual Framework", *International Journal of Production Economics*, Vol. 80, Iss. 1, 2002.

Hansen Morten T. , Birkinshaw Julian, "The Innovation Value Chaiz", *Harvard Business Review*, Vol. 85, 2007.

Henry Etzkowitz, *Academic Industry Relations: A Sociological Paradigm for Economics Development*, Boston: Harvard Business School Press, Vol. 4, 1997.

Huggins R. , Thompson P. , Johnston A. , "Network Capital, Social Capital, and Knowledge Flow: How the Nature of Inter-organizational Networks Impacts on Innovation", *Industry and Innovation*, Vol. 19, No. 3, 2012.

Huggins R. , Thompson P. , "A Network-based View of Regional Growth",

Journal of Economic Geography, Vol. 14, No. 3, 2014.

Huggins R. , "Forms of Network Resource: Knowledge Access and the Role of Inter-firm Networks", *International Journal of Management Reviews*, Vol. 12, No. 3, 2010.

Huggins R. , Prokop D. , "Network Structure and Regional Innovation: A Study of Universityindustries", *Urban Studies*, Vol. 54, No. 4, 2017.

Kim H. , Huang M. , Jin F. , et al. , "Triple Helix in the Agricultural Sector of Northeast Asian Countries: A Comparative Study Between Korean and China", *Scientometrics*, Vol. 90, No. 1, 2012.

Lanjouw J. , Schankerman M. , "Patent Quality and Research Productivity: Measuring Innovation With Multiple Indicators", *Economic Journal*, Vol. 114, Iss. 495, 2004.

Lesage J. P. , Pace R. K. , *Introduction to Spatial Econometric*, New York: CRC Press (Taylor and Francis Group), 2009.

Loet Leydesdorff, *The New Communication Regime of University, Industry and Government Relations*, New York: The Free Press, Vol. 9, 1997.

Lucas R. , "On the Mechanics of Economic Development", *Journal of Monetary Economics*, 1988.

Lundvall B. , *The New Knowledge Economy in Europe*, Edward Elgar, 2002.

Marshall A. , *Principles of Economics*, London: Macmillan, 1890.

Martin R. , "Regional Economic Resilience, Hysteresis and Recessionary Shocks", *Journal of Economic Geography*, Vol. 12, No. 1, 2012.

Maryann P. Feldman, "The New Economics of Innovation, Spillovers and Agglomeration: A Review of Empirical Studies", *Economics of Innovation and New Technology*, Vol. 8, 1999.

Michael E. Porter, "Clusters and the New Economics of Competition", *Harvard Business Review*, Vol. 6, 1998.

Nelson R. , Winter S. , *The Theory of Economic Development*, Boston: Harvard University Press, 1982.

OECD, *The Knowledge Based Economy*, Paris: OECD, 1996.

Porter M. , "The Competive Advantage of Nations", *Harvard Business Review*, Vol. 68, No. 2, 1990.

Porter M. , "The Competive Advantage of Nations", *Harvard Business Review*, Vol. 68, No. 2, 1990.

Prettner K. , Werner K. , "Why it Pays Off to Pay us Well: The Impact of Basic Research on Economic Growth and Welfare", *Research Policy*, Vol. 45, Iss. 5, 2016.

Reilly W. J. , *Methods for the Study of Retail Relationships*, Austin: University of Texas Press, 1929.

Rogers, Everett M. , *Diffusion of Innovations*, New York: The Free Press, 1995.

Rosenberg N. , "Why do Firms do Basic Research (With Their Own Money)", *Research Policy*, Vol. 19, Iss. 2, 1990.

Salter A. J. , Martin B. R. , "The Economic Benefits of Publicly Funded Basic Research: A Critical Review", *Research Policy*, Vol. 30, Iss. 3, 2001.

Saxenian A. L. , *Regional Advantage*, Blackwell Publishing Ltd. , 1996.

Schumpete J. A. , *Capitalism, Socialism and Democracy*, London: Routleduge, 2013.

Teemu M. , Tommi I. , "Innovation Quality in Knowledge Cities: Empirical Evidence of Innovation Award Competit-ions in Finland", *Expert Systems with Applications*, Vol. 41, Iss. 12, 2014.

Toole A. , "The Impact of Public Basic Research on Industrial Innovation: Evidence from the Pharma Ceutical Industry", *Research Policy*, Vol. 41, Iss. 1, 2012.

Verspagen B. , W. Schoenmakers, "The Spatial Dimension of Patenting by

Multinational Firms in Europe ", *Journal of Economic Geography*, Vol. 4, 2004.

Yang R., Che T., Lai F., "The Impacts of Production Linkages on Cross-Regional Collaborative Innovations: The Role of Inter-Regional Network Capital", *Technological Forecasting and Social Change*, Vol. 170, 2021.

Yu B., "Does Innovative City Pilot Policy Stimulate the Chinese Regional Innovation: An Application of Did Model", *International Journal of Environmental Research and Public Health*, Vol. 20, No. 2, 2023.

Yu L. P., Li H. Y., Wang Z. G., et al., "Technology Imports and Self-innovation in the Context of Innovation Quality", *International Journal of Production Economics*, 2019.

Yuasa M., "Center of Scientific Activity: Its Shift from the 16th to the 20th Century", *Japanese Studies in the History of Science*, Vol. 1, No. 1, 1962.

后　记

炎炎夏日、酷热难耐，然而，乌鲁木齐却格外的凉爽。在新疆维吾尔自治区"天池英才"高层次人才培养项目和新疆大学'双一流'建设学术著作出版专项资金等资助下，本书得以正式出版。感谢孙继红研究员、向仙虹副教授、李南博士和刘一秀硕士，你们不仅对本书的出版做出巨大贡献，更是有力推动了后续科研工作的展开。此外，还有对专著具体章节付出辛勤劳动的李文雅、夏丹妮、王亚鑫和李俊兰同学，再一次对你们的付出表示诚挚的感谢。

自从2014年攻读博士研究生开始，也就是真正意义上从事科研工作正好已满十年。十年时间在历史的长河中不长，但是对于一个青年博士而言却不短。科研工作不容易搞，行政工作和科研工作兼顾更不容易，注定要付出更多的时间和精力。三十而立，四十不惑，回首往昔，有心酸、有泪水，更有收获。我觉得，这其中收获最大的就是合作，尤其是长期的、相互信任的合作。这似乎对于科研工作来说是一件相对困难的事情。没有各位同仁学生的帮助，本书无法完成；没有一直以来几位挚友的鼓励（我有时也称之为战略性合作伙伴关系），本书根本无从下笔；没有自治区、大学的支持，本书无法出版。深受儒家思想熏陶，我认为为人一生，一定要有三五挚友，不仅是科研工作的合作者，更是生活中的好友，可以更少，但绝对不能多，因为在信息化极其发达的今天，朋友这一词在很多场合并重新定义了。希望这些挚友始于科研、融入生活、惠及一生。

　　关于区域创新体系的研究似乎已经开始了很多，而且是最早起始于西方。但是，相关理论研究成果中国化的程度还不高，仍然缺乏对我国创新发展实践的指导性。在我国，乃至全球大力提倡创新驱动的今天，我们团队将继续沿着创新驱动发展这条道路，围绕区域创新这一主题继续研究。在本书进行宏观区域创新体系分类的基础上，下一步将围绕创新资源集聚与扩散这一问题，从微观层面展开更多研究。

2024 年 6 月 27 日午后于阿拉尔塔河花园酒店